骑士与瘟疫

[英]乔恩·怀特 编著

黄媛 译

MEDIEVAL HISTORY

中国画报出版社·北京

图书在版编目（CIP）数据

骑士与瘟疫 / (英) 乔恩·怀特编著；黄媛译. --
北京：中国画报出版社，2021.7（2022.10重印）
（萤火虫书系）
书名原文：ALL ABOUT HISTORY: MEDIEVAL HISTORY
ISBN 978-7-5146-1994-2

Ⅰ.①骑… Ⅱ.①乔… ②黄… Ⅲ.①世界史 - 中世纪史 Ⅳ.①K13

中国版本图书馆CIP数据核字(2021)第019473号

All About History: Medieval History
Articles in this issue are translated or reproduced from All About History: Medieval History, Third Edition and are the copyright of or licensed to Future Publishing Limited, a Future plc group company, UK 2018.

著作权合同登记号：图字01-2020-6893

骑士与瘟疫

[英] 乔恩·怀特 编著　黄媛 译

出 版 人：于九涛
责任编辑：赵世明
审　　校：崔学森
责任印制：焦　洋
营销编辑：孙小雨

出版发行：中国画报出版社
地　　址：中国北京市海淀区车公庄西路33号　邮编：100048
发 行 部：010-88417360　010-68414683（传真）
总编室兼传真：010-88417359　版权部：010-88417359

开　　本：16开（787mm×1092mm）
印　　张：14.5
字　　数：176千字
版　　次：2021年7月第1版　2022年10月第2次印刷
印　　刷：北京汇瑞嘉合文化发展有限公司
书　　号：ISBN 978-7-5146-1994-2
定　　价：70.00元

欢迎阅读
骑士与瘟疫

中世纪是西方历史在罗马帝国崩溃后一个动荡与重组的时期。人们常常认为，中世纪是充斥着黑暗、无知、流血和疾病的悲惨世界，虽然战争、入侵和宗教迫害是这一时期的重要主题，但中世纪也充满了勇敢的探险家、革命的艺术家和思想家，以及鼓舞人心的统治者，他们伟大的遗产留存至今。如今的历史学家已经认识到，中世纪并非历史的断裂，而是古代和现代之间承前启后的时代，这段历史不是一个逻辑、一条线索就能说清的。

本书并未按照传统的时间顺序编排，而是提炼出这个时代的几个主题——战争与探索、宗教与国家、文化与生活，展示出一个个关键事件与伟大人物组成的历史剖面。从横扫英伦的维京海盗，到攻陷圣城耶路撒冷的萨拉丁，再到挽救法兰西命运的农家女贞德，从现代宪政的起源文件《大宪章》，到将理性引入神学的托马斯·阿奎那，再到伊莎贝拉女王创立的西班牙宗教裁判所，读者可以从本书中更加直观且整体地认识这一千年的漫长历史，透过笼罩在中世纪历史上层层传说的雾霭，了解那个黑暗与光明并存的迷人时代。

目 录

6　黑暗与光明并存的时代

战争、入侵与探索

- 22　中世纪的武器和盔甲
- 25　如何攻占中世纪城堡
- 36　如何通过训练成为骑士
- 40　阿尔弗雷德大帝
- 46　维京人统领海洋
- 58　征服者威廉
- 70　马可·波罗的传奇旅程
- 82　一个世纪的血雨腥风
- 88　阿金库尔的国王之战
- 92　圣女贞德

教会与国家

- 100　神圣罗马帝国的崛起
- 107　圣托马斯·阿奎那
- 110　查理曼
- 116　萨拉丁的耶路撒冷围攻战
- 128　"狮心王"理查血腥的十字军东征
- 142　圣殿骑士团惨遭出卖
- 158　《大宪章》的诞生
- 164　卡斯蒂利亚的伊莎贝拉与西班牙宗教裁判所

165

214

生命、死亡与现代之路

180　十二个中世纪的流行风尚

186　封建主义的到来

190　中世纪的日常生活

196　中世纪的宴会

199　中世纪欧洲的艺术和文化

207　但丁·阿利吉耶里

210　中世纪的罪与罚

212　黑死病之劫

220　中世纪是如何塑造世界的

黑暗与光明并存的时代

中世纪是人类历史的转折时期，罗马衰落之后，
西方文明不得不重新调整再继续前进。

在公认的西方历史分期中，中世纪介于古典时代与现代之间。它通常分为三个时期，早期约为公元500—1000年，全盛期约为公元1000—1500年，晚期则约为公元1300—1500年。公元1500年之后，世界进入了早期现代和地理大发现的时代。这些年代的界定并非一成不变，仅为方便起见而约定俗成。

古典时代的终结见证了欧洲的剧变，伴随着大量移民的迁徙。中世纪早期常被视为一个混乱不堪、缺少法度的时代，蛮族统治者在罗马帝国临死的剧痛中划分领土。我们今天所认识的大部分欧洲国家均起源于中世纪，如西班牙、英格兰和法兰西等国初见雏形，德意志和意大利的邦国也逐渐登场。

这是一个宗教研究和宗教冲突共存、科学进步和科学镇压共生的时代。艺术和文学一路领先、蓬勃发展，一直持续到文艺复兴时期。随着火药的传入，战争也随军队基本构成的变化发生了改变，不变的是战争的血腥。中世纪给人一种浪漫的联想：侠义勇猛的骑士在世上行走，而国王则在城堡之中统治。现实情况却完全不同：瘟疫、饥荒和战争夺走了数百万人的生命。尽管如此，灾难之中，中世纪时期在文学、科学和文化方面仍有巨大贡献，其影响延续至今。我们今天所掌握的大部分知识都起源于诸如托马斯·阿奎那（Thomas Aquinas）、安萨里（Al-Ghazali）和马可·波罗（Marco Polo）等时代伟人的发现和旅行。

> 与现在普遍的观点相反，中世纪的人们并不认为地球是平的；这种观点到维多利亚时代才出现。

千年历程

尼卡暴动
532

在君士坦丁堡的一场战车竞赛中爆发了骚乱，来自两支敌对的队伍——绿党和蓝党。部分原因为政治上的不满，暴民谴责查士丁尼大帝和他的妻子狄奥多拉（Theodora），并宣布另立新王取而代之。狄奥多拉听说丈夫决定逃跑，就斥责他说："皇家紫袍是最高贵的裹尸布。"尴尬归尴尬，查士丁尼大帝下令平息暴乱，随后发生的暴力事件造成多达3万人死亡。查士丁尼保住了自己的皇位，继而夺回了意大利的大部分地区，并发展了东罗马帝国的势力。

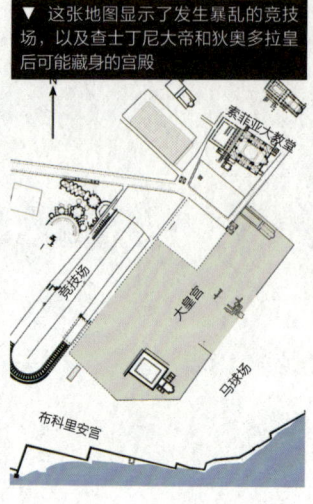

▼ 这张地图显示了发生暴乱的竞技场，以及查士丁尼大帝和狄奥多拉可能藏身的宫殿

耶路撒冷围攻战
1187

十字军在哈丁（Hattin）战败后，萨拉丁的军队包围了圣城耶路撒冷。指挥守城的是伊贝林的贝里昂（Balian of Ibelin）他决定放弃这座城市以挽救其居民的生命。与几年前十字军的行为形成鲜明对比，萨拉丁让支付了赎金的基督徒离开。任何无力支付的人都被卖作奴隶。圣城的陷落震惊了欧洲，两年后，第三次十字军东征开始了。

▲ 十字军占领圣城后发现了真十字架的遗迹

奥多亚塞废黜末代皇帝
奥多亚塞（Odoacer）推翻末代皇帝罗慕路斯·奥古斯都（Romulus Augustulus）的统治，自立为意大利王，这通常被视为西罗马帝国的终结。
476

罗慕路斯·奥古斯都将王冠拱手让给勇士奥多亚塞

普瓦捷战役
一支法兰克军队在普瓦捷（Poitiers）制止了摩尔人侵略欧洲。这场战役曾一度被认为是中世纪早期历史上的一场关键战役，其意义受到了密切关注。
732

查理曼统治时期
在他的统治下，欧洲北部享受着加洛林文艺复兴。
768—814

《埃普特河畔圣克莱尔条约》
法兰克人和诺曼人之间的《埃普特河畔圣克莱尔条约》（Treaty of Saint-Clair-sur-Epte）致使其有权在法国北部永久定居，进而导致了诺曼底公国的建立。
911

牛津大学是英语世界里最古老的大学之一

参加十字军东征
教皇乌尔班二世（Urban II）号召发动第一次十字军东征来解放圣地。这次十字军东征以占领耶路撒冷和建立十字军王国而结束。
1096—1099

第三次十字军东征
"狮心王"理萨拉丁在中东的沙地上激战。十字军的目标耶路撒冷仍然掌握在穆斯林手中。
1189—1192

查士丁尼瘟疫
随着瘟疫肆虐，地中海盆地周围数百万人罹难，君士坦丁堡的人口几乎减半。
541—542

穆罕默德之死
穆斯林信仰的先知离世，葬在其妻子阿莎的房间里。
632

林迪斯芳修道院是维京袭击的牺牲品

早期维京突袭
维京人袭击了林迪斯芳岛（Isle of Lindisfarne），洗劫了那里的修道院。这标志着维京时代的开始。
793

阿尔弗雷德大帝崛起
在阿尔弗雷德的统治下，威塞克斯（Wessex）王国挫败了维京入侵者，其王室成为学者的避风港。
871—899

黑斯廷斯战役
征服者威廉在战场上击败了哈罗德·戈德温森（Harold Godwinson），并夺取了英格兰王位，撤换了许多英格兰本土贵族。
1066

牛津大学成立
由于英格兰学生被禁止在巴黎学习，牛津大学作为世界一流的学习中心正式开放。
1167

托马斯·贝克特之死
1170

托马斯·贝克特（Thomas Becket）是坎特伯雷大主教，几位效忠亨利二世（Henry II）的骑士于1170年在坎特伯雷大教堂将其杀害。事发之前，贝克特曾把亨利的一些主教逐出教会。亨利曾因此说过："谁能帮我摆脱这个麻烦的牧师？" 他对贝克特的不满广为人知。他的手下据此认为国王希望贝克特从世上消失，于是出手杀了主教。这一令人发指的行为引起了轩然大波，并影响了亨利余下的统治生涯。

▲ 中世纪的《祈祷书》中描绘刺杀贝克特的插图，约1390年绘

第四次十字军东征
1202—1204

由于第三次十字军东征未能攻占耶路撒冷，教皇英诺森三世（Innocent III）呼吁再战，这次是借由埃及进行攻击。在途中，十字军转移到君士坦丁堡，试图恢复被废黜的皇帝伊萨克二世·安格洛斯（Isaac II Angelos）的皇位，以换取支持。他在成功加冕为皇帝之后，在一次民众起义中遇刺身亡。也因此，所有承诺给十字军的支持都化成泡影了，十字军于是野蛮地洗劫了这座城市。这一举动加速了东罗马帝国的衰亡，扩大了西方天主教会和东方东正教会之间的分歧。

◀ 十字军从陆地和海上袭击了这座城市

▲ 在与法国人的对抗中，克雷西会战是首场英格兰长弓发挥巨大作用的战役

克雷西会战
1346

在百年战争中爱德华三世（Edward III）在位时期，英格兰人在克雷西会战（Battle of Crecy）中取得了决定性的胜利。作为70年后的阿金库尔战役中的主要兵器，长弓在这场战斗中发挥了同样重要的作用，当长弓与一些早期加农炮一起进攻时，能够迅速摧毁法国的军队。战斗中一个特别值得纪念的事件是波希米亚的约翰（John of Bohemia）之死。这位国王在战斗前已失明十年之久，国王把自己的马系在护卫的马上，骑马参战，最终战死沙场。

扬·胡斯被烧死
1415

扬·胡斯（Jan Hus）被认为是最早的教会改革者之一，因为他生活在马丁·路德和约翰·加尔文等其他著名改革者之前。胡斯宣扬的新教教义的前身违背了天主教的圣餐教义，所以他因宣扬异端教义而被烧死在火刑柱上。在他去世5年后，胡斯的教义的追随者，被称为胡斯派（Hussites），耗费11年的时间阻挡基督教世界的联合力量，并在所谓的胡斯战争（Hussite Wars）中挫败了5次教皇发动的围剿。尽管罗马竭尽打击，捷克的许多人在扬·胡斯去世多年后仍遵循了他的教导。

▲ 虽然不像路德那样广为人知，但扬·胡斯的学说在早期改革者中非常具有影响力

《大宪章》
起草《大宪章》是为了谋求英格兰国王约翰和他叛逆的领主之间的和平。《大宪章》限制了国王对其臣民的权利。
1215

蒙古铁骑
蒙古人涌入中东和东欧。只有成吉思汗的死才能使这些人免遭屠杀。
1237—1242

成吉思汗之死可以说拯救了西方，使其免于毁灭

百年战争开始
这场长达100多年的战争见证了5代英格兰国王和法国国王争夺法国的王位。
1337

瓦特·泰勒农民起义
瓦特·泰勒率领一支发军迫使英格兰国王理查二世（Richard II）做出让步。起义被镇压，其领导人被处决。
1381

阿金库尔战役
在阿金库尔战役中，英格兰的亨利五世虽然兵力不如法国，但其利用可怕的长弓摧毁了规模大得多的法国军队。
1415

君士坦丁堡沦陷
穆罕默德二世攻破了君士坦丁堡的城墙，结束了东罗马帝国的统治。
1453

西班牙宗教裁判所
伊莎贝拉女王和斐迪南国王设立了西班牙宗教裁判所，但它不像欧洲其他宗教裁判所那样"嗜血"。
1478

阿尔比十字军[1]
卡特里派（Cathars）是基督教的异端教派，在卡尔卡松（Carcassonne）和法国南部其他地方被追捕和屠杀。
1209—1229

奥斯曼帝国建立
奥斯曼一世在安纳托利亚建立了奥斯曼帝国，帝国的名字来自奥斯曼一世自己的名字。
1299

班诺克本战役
苏格兰国王罗伯特·布鲁斯（Robert the Bruce）带领军队战胜英格兰人。《阿布罗斯宣言》（Declaration of Arbroath）在1320年确保了苏格兰独立。
1314

黑死病
黑死病这种流行病夺去了数千万人的生命。
1347

尼科波利斯战役
在尼科波利斯十字军东征期间，奥斯曼人击溃了欧洲各国的盟军。
1396

一幅描绘尼科波利斯战役的画作，此画内容所展示的时代信息不甚准确

葡萄牙找到通往印度的贸易航线
葡萄牙探险家瓦斯科·达·伽马环行非洲大陆，发现了一条通往印度的海上航线。
1497—1498

▲ 贞德虽然身着盔甲，但人们认为她并没有真正参加过战斗

圣女贞德
约1412—1431

农家女出身的圣女贞德（Joan of Arc）激励法国军队在百年战争一时的失败后夺取胜利。贞德声称见过上帝与天使，她确信法国将战胜英格兰，并表明支持法国尚未加冕的国王查理七世（Charles VII）。她参军后，法国人在奥尔良赢得了决定性的胜利。无论她走到哪里，她都能振奋法国人的精神。后来，她被俘虏并移交给英格兰人，年仅19岁就被烧死在火刑柱上。

奥斯曼军队入侵瓦拉几亚
1462

"穿刺公"弗拉德（Vlad the Impaler）拒绝向穆罕默德二世（Mehmed II）朝贡，于是奥斯曼军队入侵了瓦拉几亚公国（Wallachia，现罗马尼亚）。因寡不敌众，兵炮不足，弗拉德撤回自己的公国，采用焦土政策[2]，拒绝向奥斯曼人提供任何物资。弗拉德的统治野蛮无度，用穿刺之刑杀死了两万余人。看到这种情况，奥斯曼军队决定不再继续追击，返回家园。

▲ 一些人认为"穿刺公"弗拉德是布莱姆·斯托克（Bram Stoker，1847—1912）笔下《吸血鬼德古拉》的灵感来源

---

[1] 阿尔比十字军又称卡特里派十字军，是教皇诺森三世发动的军事讨伐。——译者注（如无特别说明，全书脚注皆为译者注）
[2] 焦土政策：一种通过烧毁农作物来摧毁敌人的食物来源的军事战略。

▲ 查士丁尼皇帝统治下的东罗马帝国经历了该国最为动荡而又荣耀的时期

中世纪早期 476—约1000

罗马衰落后，欧洲的边界开始重塑，
游走的"蛮族"在衰落帝国的遗骸上找寻利益

　　古典时代的结束，也是中世纪的开始，恰逢西罗马帝国的沦陷，传统上可追溯至公元476年。这一年，一位名叫奥多亚塞的人推翻了最后一任罗马皇帝罗慕路斯·奥古斯都，成为意大利国王。虽然关于帝国衰落的时间仍然存在争议，但这个年份可以作为历史的一个路标，标志着历史由此进入了新的时期。罗马帝国的中央集权瓦解催生了中世纪欧洲的王国。伴随着盎格鲁-撒克逊人入侵英格兰，法国的法兰克王国以及西班牙的哥特王国的建立，欧洲的国界开始发生变化。我们今天所知的民族主义思想在这个时候不大可能存在，因为每个现代地理意义上的国家在当时都分裂成了若干交战的王国。

　　东罗马帝国成功地经受住了风暴的考验，没有受到西罗马帝国灭亡的影响。它的首都君士坦丁堡，同时也是希腊正教会的中心，成为学术和创新的灯塔，像查士丁尼这样的统治者在寻求重新点燃罗马的火光。但这个梦想被一种名为查士丁尼瘟疫（又名腺鼠疫）的流行病所阻碍。腺鼠疫肆虐于君士坦丁堡、萨珊王朝（Sasanian Empire，伊斯兰教兴起前的最后一个波斯帝国）和地中海周边的许多城市。2500万至5000万人因这种疾病丧生，这一数字约占当时世界人口的13%。

西欧暂时没有受到这时期这种瘟疫的侵袭，但它又成为许多不同派系之间冲突的温床。法兰克王国出现了查理曼，他忙于将北欧不同的王国带入基督教阵营。在9世纪，罗马灭亡300年后，加洛林帝国（Carolingian Empire）的查理曼加冕为罗马皇帝，再现了罗马帝国的荣光。通过征服、宗教皈依和社会改革，北欧进入了所谓的加洛林文艺复兴时期。虽然帝国的寿命没有超过查理曼自己的寿命，但查理曼为法国和德国在中世纪的壮大奠定了基础。

当太阳从加洛林帝国落下时，欧洲另一个冲突时期即将开始：维京时代。维京人是来自挪威、瑞典和丹麦等斯堪的纳维亚国家的突袭者，他们寻求的是贸易和掠夺。在793年臭名昭著的林迪斯芳突袭之后，这支战队在欧洲一路向前，从爱尔兰开始，一直打到伊斯坦布尔海峡和俄罗斯并建立了一系列殖民地。一些勇敢的探险家甚至来到北美，比克里斯托弗·哥伦布那次意义重大的航行还要早几个世纪。维京人驾驶着长船，在河流里航行和在海洋上航行一样熟练，可以轻而易举地突袭和征服，使盎格鲁-撒克逊和法兰克王国屈膝投降。但像阿尔弗雷德大帝这样的人物也奋起直面这些侵略者，在击败入侵者的同时，奠定了英格兰统一的基础。

当欧洲与这些问题做斗争时，一股强大的新力量正在中东和非洲崛起：伊斯兰哈里发。几个世纪以来，波斯帝国及其继任者一直在伊朗和中东掌权，但因其与东罗马帝国战争不断而变得衰弱。倭马亚王朝（Umayyad Caliphate）的领

"黑暗时代"

中世纪早期在历史上被视为野蛮时期，但这一时期全都是黑暗与毁灭吗？

"黑暗时代"这个词既有好的内涵，也有坏的内涵。它起源于这样一种观点：西罗马帝国灭亡后，中央集权开始瓦解，许多省份如不列颠和高卢都没有留下文明和技术。这一时期，书面记录和文物十分稀少，"黑暗"的内涵便由此而来，因为这段时期没有像其他历史时期那样多的史料。社会忽然间连钉子也不会制造了、人民无法无天、社会陷入无政府状态，再加之几乎没有停歇过的战争等，助长了"黑暗时代"理论，即生活在这个时代意味着要过艰难而残酷的生活。历史学家们一直对这一标签争论不休，因为它可能不是一个公正的评价。伊斯兰世界此时正经历一个黄金时代，在科学、数学和建筑方面取得了诸多突破。闪闪发光的清真寺得以建造，宗教和科学著作得以产生，并与古典作家的写作重新联系起来。尽管人们对"黑暗时代"这个词的确切含义仍存在分歧，但它已成为中世纪早期的标准标签，在大众思想中根深蒂固。事实上，称其为"黑暗"可能指的是这一时期书面资料的缺乏，而不是指其流血和无政府的状态。尽管战争仍然在当时的政治中发挥着重要作用，但类似的暴力也同样出现在"黑暗时代"之前和之后的时期，并非这一时期的专属特征。

▲ 意大利学者和诗人彼得拉克是提出欧洲"黑暗时代"这一概念的人

▲ 410年，西哥特人（Visigoth）洗劫罗马，为衰落的帝国画上了句号

袖穆阿威叶·本·阿比·苏富扬（Muawiya ibn Abi Sufyan）攻占了这个衰弱的国家、统治了波斯人，从661年到750年一直掌权。在其权力的顶峰，倭马亚王朝的统治从西班牙、北非延伸到埃及、中东和伊朗。这种在领土上的巨大收益常常被视为阿拉伯黄金时代的一部分。从8世纪初起，开始收复失地运动①的基督徒挑战了西班牙摩尔人至高无上的地位。这引发了伊比利亚半岛的激烈斗争，用了将近800年才得以结束。

伟人建功立业的同时，普通人的生活主要是某种形式的农业生产。城镇中心的衰落使系统农业和封建主义得以兴起。这一制度的基础是统治者或统治阶级用对农奴的保护换取其在田间地头的劳作。与以前罗马帝国的制度不同，那时，人们效忠一个中心人物，而这种新制度依赖于封臣和领主之间的个人忠诚。在这一时期，这种关系成为中世纪统治结构的基础。

> 中世纪时期，动物的体型比现在小，牛羊的大小约是现在的三分之一。

---

① 收复失地运动是718年至1492年间位于西欧伊比利亚半岛北部的基督教各国逐渐战胜南部穆斯林摩尔人政权的运动。

中世纪盛期

约1000—约1300

尽管中世纪早期的残酷本质仍然存在,但文化创新逐渐开始显现

中世纪盛期也许是人们心目中最能代表中世纪的时期。正是在这个时代,我们看到了骑士和骑士准则的兴起。我们看到在欧洲和中东建造了巨大的石头城堡和教堂,基督教军队和伊斯兰军队在十字军东征的战场上厮杀。

在法国北部海岸,诺曼底公爵威廉准备入侵英格兰。根据他对王位的要求,在教皇的支持下,他在英格兰南部登陆,并在黑斯廷斯战役(Battle of Hastings)中击败了竞争对手哈罗德·戈德温森。威廉的许多追随者不仅为了忠诚而战,还为了在新征服的王国中获得土地。黑斯廷斯战役之后,盎格鲁-撒克逊人的精英阶层被强行挤下舞台,一批讲法语的诺曼新贵族被引入英国。上层社会的这次重组将为许多代英国王室和贵族铺平道路。与此同时,当伊斯兰军队占领耶路撒冷时,教皇乌尔班二世于1095年在整个基督教世界发出了武装对抗的号召。第一次十字军东征要求将圣地重归基督教控制之下,并在中东建立拉丁帝国。在接下来的几个世纪里,针对耶路撒冷和地中海东部其他城市的十字军东征多达九次。这些冲突见证了骑士团的兴起,如圣殿骑士团(Knights Templar)和医院骑士团(Knights Hospitaller)。这些骑士团为了保护朝圣者大篷车免受突袭而成立,后来成为基督教王国的突击队,并因他们的军事实力而备受尊敬。

基督教和伊斯兰教这两个宗教发生冲突的同时,欧亚大草原东部出现了新的威胁。在成吉思汗的领导下,蒙古铁骑开始走向世界。这台战争机器踏遍中国大地之后,将饥饿的目光转向西方的地平线。蒙古人攻打中东和东欧,击溃了所有前来迎击他们的军队。这些人因可汗之死而得救,因为入侵的军队需要返回蒙古选出新的领导人。虽然东方仍处在成吉思汗后裔的统治之下,但蒙古人再也不会向西进发了。除了带来死亡和毁灭之外,蒙古人还带来了一些技术改进,

▲ 威廉当时的画像几乎都没有幸存下来,他更精细的画像在1597—1618年才出现

据记载他们率先在欧洲使用了火药武器。他们从中国带来了所谓的"火棍",而中国人很早就发明了火药武器。

此时的欧洲正在摆脱所谓"黑暗时代"的污名,更明确地进行科学发展和宗教研究。对亚里士多德等古典思想家的重新发现,启发了像托马斯·阿奎那这样的学者,将神学和哲学原则结合起来,创造出信仰与理性的结合。随着知识的进步,建筑艺术也突飞猛进,哥特式风格脱颖而出。许多教堂和主教座堂,如法国的兰斯主教座堂和伦敦的威斯敏斯特大教堂,都建有标志性的外墙和宏伟的拱顶,现已被联合国教科文组织列为世界遗产。哥特式风格变得非常流行,并在19世纪和20世纪得到复兴。

然而,并非所有中世纪盛期的发展都是人为的。从950年到1250年左右,欧洲和包括中国在内的世界其他地区经历了长时间的温暖气候。历史学家们认为,温暖期使人们能在英

> 中世纪城堡有螺旋楼梯,顺时针方向往上蜿蜒,方便惯用右手的防卫者。

▲ 威斯敏斯特大教堂的会堂采用了哥特式的拱顶

▲ 占领耶路撒冷标志着第一次十字军东征的成功，这使十字军国家得以建立

骑士准则的兴起

骑士精神是骑士们赖以生存的战士准则和道德准则，是一种在各个时代不断发展的观念。现在，我们更熟悉的是专注于服务女性的骑士精神，通常是一位侠义男子扮演师长和保护者的角色。这个有点老套的思想源自十字军东征时期。在阿基坦的埃莉诺（Eleanor of Aquitaine）推广这些想法之前，欧洲的骑士们沉浸于战斗和暴力的武力传统中。随着骑士准则的出现，人们期望骑士能够更加严格地要求自己，坚持一定的行为准则。这包括对下层社会（主要指农民）的体恤、给富有的敌人符合他们身份的待遇、在战场上的公平和仁慈，以及对出身高贵女性的尊重。

骑士精神与亚瑟王传奇有着内在的联系，在亚瑟王传奇中，英勇的骑士拯救女主角和杀死野兽的故事激发了欧洲中世纪宫廷的想象力。这种风气极大地改变了宫廷礼仪，宫廷爱情在华丽的装饰和竞赛中变成了一股纯洁浪漫的风潮。马上长矛比武和肉搏战等军事实力的比赛成为欧洲最受欢迎的消遣之一，骑士们通过穿越欧洲大陆来到这里以展示自己的实力，从而可能赢得宫廷女士的青睐。

骑士精神比中世纪持续的时间要长。在重装骑士在战场上失宠很久之后，它作为一系列的文化传统，仍得到延续。

格兰南部种植葡萄，北欧人对格陵兰岛和北美的殖民可能是由于北冰洋没有封冻，否则这些冰会阻碍他们的船只。然而，随着气温再次下降，这些地方变得不再适宜居住，有关格陵兰岛居民的最后一次的书面记录出现在1408年。

当北欧人向西航行时，一位名叫马可·波罗的威尼斯商人已经向东出发了。他在著名的丝绸之路上旅行，是向大多数欧洲人介绍遥远的中亚和中国的人。1260年，他造访了当时统治中国的成吉思汗之孙忽必烈的宫廷。除了留下激动人心的故事，马可·波罗还影响了欧洲地图学，这有助于未来一个世纪对东方的探索。虽然马可·波罗不是第一个造访东方的欧洲人，但他是其中第一个详细记录自己游历的人，这使他名声大噪。

▲ 图中，一位名叫康拉德·冯·林堡的骑士正由其领主夫人授予战甲

▲ "死亡之舞"与"骷髅之舞"是黑死病期间和之后常见的绘画主题

中世纪晚期 约1300—约1500

尽管欧洲充斥着流行病和宗教分裂，
但这一时期的欧洲将成为文艺复兴的文化灯塔

中世纪晚期同时见证了最为深重的灾难与最为耀眼的成就，也许比早期和盛期有过之而无不及。在14世纪和15世纪，发生了一系列被称为中世纪晚期危机的事件。除了瓦特·泰勒农民起义，百年战争和玫瑰战争等之外，黑死病和大饥荒等自然灾害肆虐欧洲大部分地区，多年来一直阻碍英格兰等地的进步。欧洲所享受的温暖期在中世纪晚期结束了，并迎来了小冰期。气温的下降对农作物产生了不利影响，导致了1315—1317年的大饥荒，但与随后发生的事情相比，只能说是小巫见大巫罢了。

当全欧洲都以为已然从查士丁尼瘟疫的破坏中恢复过来的时候，一种更严重的致命疾病，即黑死病，降临欧洲。从1346年至1353年，这场流行病在东方和欧洲的大部分地区肆虐。从亚洲的干旱平原开始，这种疾病迅速沿丝绸之路蔓延到克里米亚，然后在几年内传播到欧洲。关于细菌是如何传播的，人们众说纷纭。比如是来

> 审判动物并不罕见，最早的记录是1266年处死了一头猪。

自老鼠身上受病毒感染的跳蚤，或是通过咳嗽和打喷嚏传播的空气污染物。然而，毫无疑问，死亡人数是灾难性的，据最高的估计，死亡人数达到两亿人。全球人口骤减，连伦敦、佛罗伦萨和锡耶纳等大城市都失去了60%的人口，更别提小村庄了。紧随其后的经济损失也使国家动荡不安，比如工人短缺，物价飞涨。统治者试图控制市场价格，但以失败告终，法国的札克雷暴动（the Jacquerie）和英格兰的瓦特·泰勒农民起义便是这种压价的直接结果。

除此之外，宗教改革还使作为西方社会黏合剂的天主教会分崩离析。德国神父马丁·路德对教会日益严重的腐败现象感到失望，他在1517年撰写的《九十五条论纲》（Ninety-five Theses）是分裂的起点。这些论纲列出了对教会的不满，抨击了诸如赎罪券之类的行为，即人们可以通过向教会支付金钱来减少他们死后在炼狱中的时间。受文艺复兴时期鼓励挑战现状的人文主义思想的影响，新教神学开始反对天主教的圣餐理论。两个教派就圣餐中人们摄入的是真正的基督血液和身体，还是名义上的灵性祭品的问题发生激烈争执。为了应对这一挑战，天主教会在特兰托大公会议（Council of Trent）提出反对宗教改革，以阻止新教的传播。这导致了欧洲宗教的分裂，大部分北欧人成为新教徒，而南欧人仍然是天主教徒。

中世纪晚期，基督教徒和穆斯林势力之间的激烈争斗仍在继续。奥斯曼帝国崛起成为一个主导力量。1453年，穆罕默德二世用他可怕的火炮攻陷君士坦丁堡，为东罗马帝国

久负盛名的面孔

探索一些中世纪最具影响力的人物

中世纪早期

查理曼
约740年—814年1月28日

查理曼被称为"欧洲之父"。"查理曼"意为"查理大帝"。他统治着西欧的大部分地区，也就是众所周知的加洛林帝国。他早年的大部分时间都在征战中度过，很享受征服其他欧洲王国并使它们信仰基督教的成功，特别是撒克逊人和伦巴第人。从778年到800年，他领导了对西班牙穆斯林的入侵，并在叛乱威胁要推翻教皇的权力时帮助了教皇利奥三世（Leo III）。为了表彰他帮助拯救基督教世界，教皇加冕查理曼为"罗马人的皇帝"，这一头衔将巩固他作为欧洲最强大的基督教统治者的声誉。他死后，其帝国因无休止的战争而四分五裂。

中世纪盛期

阿基坦的埃莉诺
约1122年—1204年

埃莉诺激情满满，与当时任何其他男性统治者不相上下，她是西欧最富有、最有权势的女性之一。从父亲那里继承阿基坦公国（Duchy of Aquitaine）后，她成为基督教世界中最受欢迎的女性。埃莉诺为了不被他人控制，自己仔细挑选求婚者，她首先嫁给了法国国王路易七世（Louis VII），后来又嫁给了英格兰的亨利二世。她的功绩之一是在第二次十字军东征中帮助她的儿子们反抗他们的父亲亨利二世。她活到了80多岁，除了一个儿子以外，其余的儿子都没有她长寿。

中世纪晚期

穆罕默德二世
1432年3月30日—1481年5月3日

穆罕默德二世是最著名的苏丹之一，也是土耳其和其他伊斯兰国家的英雄。他被冠以"征服者"的称号，并且实至名归。在他的统治下，奥斯曼帝国占领了东罗马帝国的瑰宝——君士坦丁堡，并在南欧和东欧取得了巨大的进展，与"穿刺公"弗拉德这样的人交战。他拥有一个学习型的宫廷，许多艺术家、神学家和思想家济济一堂。他去世多年之后，奥斯曼帝国的文化依旧繁荣，地理边界依然牢固，由此可见他的能力之强。

·17·

画上了句号。基督教虽然失去了对安纳托利亚的控制，却随着收复失地运动的结束即1492年征服格拉纳达后在西班牙站稳脚跟。卡斯蒂利亚的伊莎贝拉与阿拉贡的斐迪南二世结婚，现代西班牙也随之诞生。

同年，克里斯托弗·哥伦布搭乘圣玛利亚号到达了新大陆的巴哈马，这为地理大发现铺平了道路。欧洲主要大国开始试图建立帝国，但没过多久，激烈的竞争就削弱了它们的力量。

随着奥斯曼帝国在地中海东部日益占据主导地位，欧洲的基督教国家不得不寻找贸易替代路线。葡萄牙水手们很快绘制出了非洲海岸图，于1498年发现了一条通往印度的海上航线，这使葡萄牙与西班牙形成了直接竞争的关系。

中世纪晚期，人口数字起伏较大。随着城市化进程的加快，许多欧洲和中东城市开始拥有10万以上的人口，这表明城市正在成为政治和学术的中心，而不是像以前几个时期那样以个人为中心。这一时期的世界在大众看来更为熟悉，西班牙、葡萄牙、法国和英国等现代国家始见雏形。

▼ 这幅由福斯托·佐纳罗创作的现代绘画展示了穆罕默德和奥斯曼军队以强大的阵容接近君士坦丁堡时的情形

文艺复兴的起源

古典艺术和文学如何激发欧洲艺术的复兴？

文艺复兴虽然源自法语中"重生"一词，但实际上肇始于意大利。这是一个社会和文化大动荡的时期，同时也给人们机会重新审视并振兴欧洲的古典遗产。

13世纪佛罗伦萨艺术家们的作品中可以找到这一运动的第一声"低语"。文学作品，如但丁·阿利吉耶里（Dante Alighieri）的史诗《神曲》，内容更多涉及人类的特点和行为，而不是严格的宗教观念。

不只是作家促成了这种文化觉醒，画家也做出了贡献。例如，画过但丁肖像的乔托以一种"栩栩如生"的风格绘画。与早期中世纪艺术家更具象征意义的表现手法不同，这种向更准确和更广视角的手法转变是一个巨大的革新。更多的解剖学知识也助力这种现实风格的蓬勃发展，这在很大程度上帮助了像列奥纳多·达·芬奇这样的艺术家的创作。

哲学也发生了变化，主要是因为重新发掘了亚里士多德等作家的古典文本。人文主义是一种新的哲学，旨在寻找人类在宇宙中的位置。人文主义不将人视为有罪，致力于寻求世界上的理性和方法，这又一次与中世纪早期的一些思想大相径庭。

像其他人一样，艺术家同样需要获得报酬，急需找到赞助人。这一时期的意大利富商通过与东方的贸易变得腰缠万贯。位于旧罗马帝国中心地带的城邦争相成为新的欧洲艺术中心。

战争、入侵与探索

中世纪时期充满了勇敢的探险家、嗜血的暴君和传奇的战士。

- 22　中世纪的武器和盔甲
- 25　如何攻占中世纪城堡
- 36　如何通过训练成为骑士
- 40　阿尔弗雷德大帝
- 46　维京人统领海洋
- 58　征服者威廉
- 70　马可·波罗的传奇旅程
- 82　一个世纪的血雨腥风
- 88　阿金库尔的国王之战
- 92　圣女贞德

中世纪的武器和盔甲

骑士装甲精良，跃马驰骋。他们富有且受人尊敬，能够用一系列毁灭性武器置敌人于死地。

中世纪时期的生活很少是安宁祥和的，在这漫长的时期内，战争频发，因此必须有一大批强大的战士，他们可以在必要时投入战斗来捍卫财产和其领主。

战斗人员中最高阶的是骑士，贵族阶级花费巨资雇用他们。他们在马背上英勇战斗，以此换取统治者或领主的土地或封地。这些统治者或领主在封建主义的政府模式下雇用骑士。

这种模式确保骑士成为光荣的精英阶级战士后，与贵族有密切的联系。但是，他们被要求遵守骑士准则，这去除了他们行为当中某些粗野的方面。

逐渐地，相对没有受过训练的农民阶级成为步兵，掌握更多技能的中产阶级自由民也参加了战斗。但是，骑士才是中世纪的标志，几个世纪过去了，他们的武器和盔甲已成为标志性的象征。

骑兵来了

中世纪的骑兵是训练有素、纪律严明的职业军人。他们的专业知识十分重要，特别是在发动突袭方面。主要有两类骑兵——轻骑兵和重骑兵——前者的装备轻便，一般执行侦察和小规模战斗等威胁较低的任务。

重骑兵则由骑士组成，装甲精良，携带最危险的武器。他们在马背上的高位和机动性可以给敌人造成极大的伤害，他们与步兵并肩作战。除了扮演决定性的角色和守卫城堡，骑士们也备受尊重，他们通常可以得到一部分土地作为奖赏。

四种可怕的武器

有着巨大穿透力的戟

作为当时的瑞士军刀（戟在14世纪和15世纪的瑞士军队中的确很流行），戟由一根又长又尖的木长矛、一把斧刃和一个钩子组成，用来把骑手从马上掀下来。其柄可用金属加固。

提供快速远程攻击的长弓

长弓因具有远程攻击能力而备受青睐，其长度超过1.8米，通常由欧洲红豆杉和浸有胶水的麻绳制成。弓箭手每分钟可以射出多达12支箭来消灭敌人，这一作战方式在百年战争中的作用尤为明显。

致命武器晨星锤

晨星锤是可怕的武器，与狼牙棒有相似之处，区别在于以圆球取代球刺突或刀刃。步兵和骑兵都会使用它。他们抓住木柄，将晨星锤砸向敌人的脸或腿。

必不可少的骑士剑

骑士们很少在没有剑的情况下行走，这使其成为中世纪最常见的武器之一。骑士剑具有巨大的象征意义，可在防御战中刺和砍，是笔直的双刃武器，剑长约80厘米，通常与盾牌一起使用。

穿着闪亮盔甲的骑士

骑士们穿着板甲,这使他们免受攻击。板甲由几个部分组成,这不仅使它便于穿着,而且使骑士能够灵活地行走和战斗。一套完全包裹着穿戴者的盔甲可以重达25公斤,因此考虑到骑士们所消耗的能量,他们必须非常强壮。

即便如此,全副板甲只到中世纪末期才使用。在中世纪早期,人们开始使用罩衫形状的锁子甲,逐渐增加装甲以提供更全面的保护。这期间还有一个过渡期,这时候骑士穿的是板甲衣,板甲衣的每块板甲都在底衣的内侧堆叠起来。

头盔
有各种各样的头盔,包括开面盔、考文垂头盔、十字军头盔和猎犬头盔,它们都有一个共同的作用:保护头部和面部。当士兵不参加战斗时,会把面甲掀起来,使自己看得更清楚。护喉甲可以保护喉咙免受剑击。

胸甲
胸甲覆盖躯干,保护胸部免受敌方武器的攻击,虽然它在中世纪早期失宠,被更灵活的锁子甲取代,但它在13世纪又被重新投入使用。

上臂护甲
上臂护甲覆盖上臂,同时允许臂膀灵活地运动。前臂护甲覆盖前臂,腋窝护甲则固定在胸甲和上臂护甲之间,用来保护腋窝。

金属护手
为了保护手和手腕,可以用金属制成金属护手戴在羊皮手套外,也可以用锁子甲制成金属护手。无论哪种材料,其重量和结构决定了金属护手作为一种临时武器也很有效。

长剑
长剑的十字剑柄本身具有一定长度,再加上110厘米长的刀刃,使这种武器比可靠的骑士剑还要长。它在中世纪晚期特别流行,往往需要双手持剑,十字剑柄有时用作袭击对方骑兵的钩子。

腿甲
这块板甲用来保护大腿。欧洲大陆的士兵倾向于骑马作战,因此只需要保护他们免受正面的伤害;而在英格兰,徒步作战也很普遍,因此腿甲则倾向于保护包括腿背在内的整个大腿部位。

如何攻占中世纪城堡

从摧毁城墙到饿死守军，
中世纪的攻城战需要创新的战术、耐力和决心。

城堡是中世纪世界的权力基础，由国王、贵族和骑士控制。要攻下一个城堡并不容易。要想成功攻下一座城堡，必须有好的战略。首先，进攻部队需要占领周围的土地，向城堡主人灌输恐惧。如果谈判和外交破裂，进攻部队可能会通过夺取补给线和掠夺当地来恐吓对手。如果白旗仍未升起，攻城战将正式开始。在攻击之前，攻方有时会派一名信使到被围困的城堡，通知守军进攻部队的意图。在收到这个通知后，城堡将补充武器和装备，准备抵御即将到来的风暴。

破坏守军防御工事的方法有很多种。一种昂贵但颇具破坏性的方法是使用巨大的木制攻城武器。从长距离投石机到金属覆盖的冲车，这些攻城武器从四面八方攻击城堡。最好的木匠、铁匠

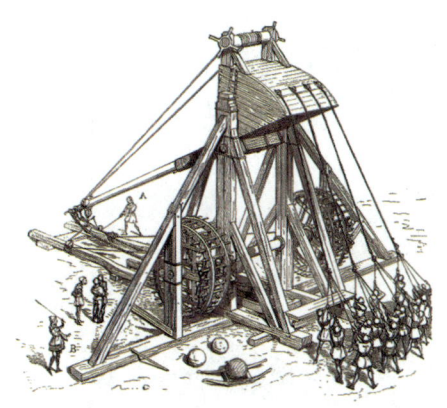
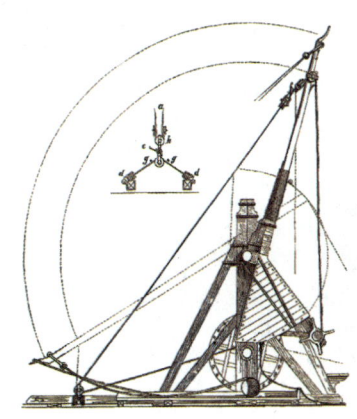

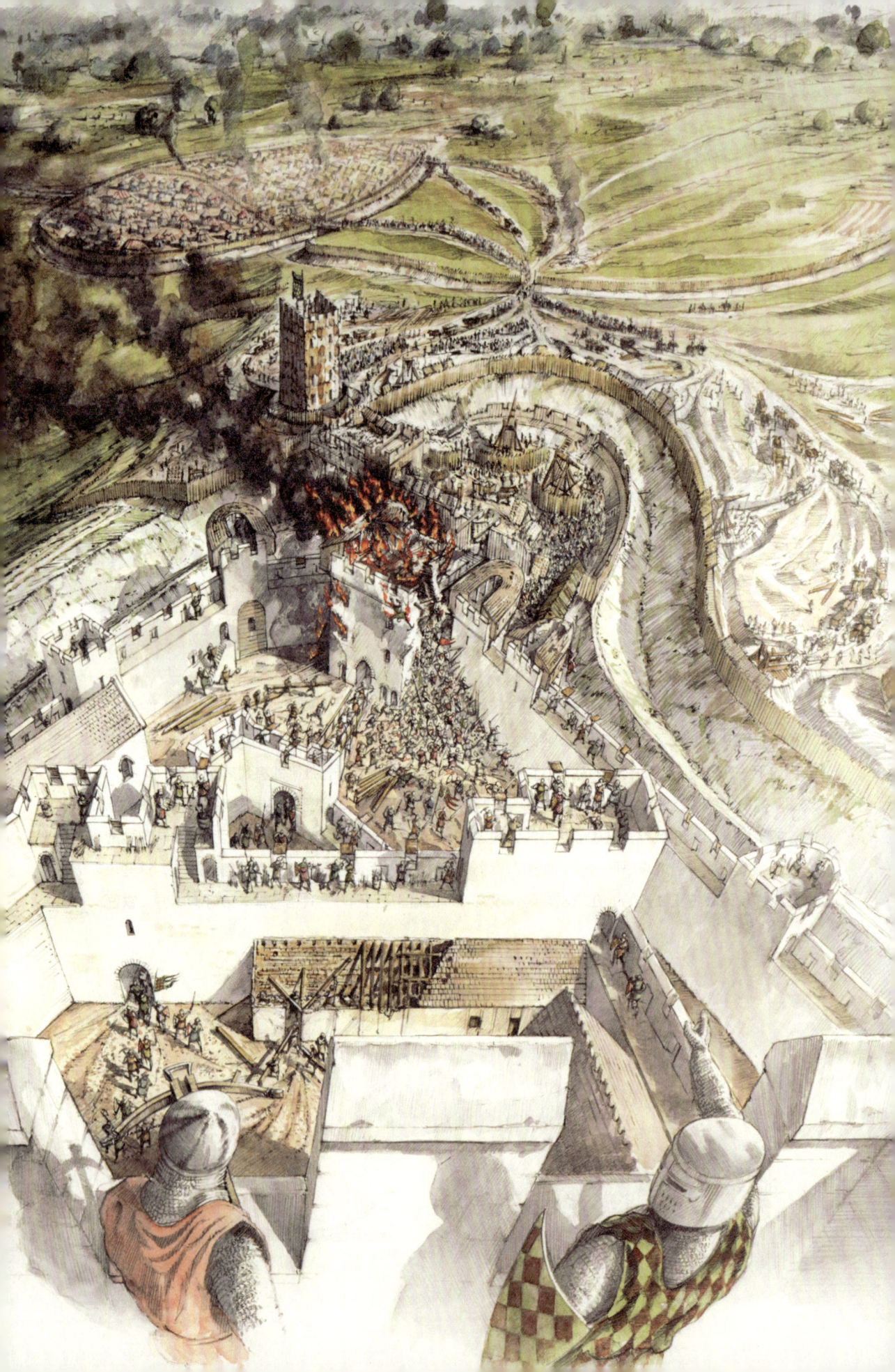

被请来制造战争机器,而骑士则提供军事力量。还需准备牲畜、木材、工具和补给。在与城堡有一段安全距离的地方搭建起营地之后,准备工作即可开始。

同时,守军也做好了自己的准备。通常需要实施焦土政策。这将使得周边地区无任何耕地可供掠夺,有效消耗入侵军队的现有资源。焦土政策会对守方自己的土地造成严重损害,但如果它有助于防止攻城战,那也是值得的。在城堡内,人们武装起来,把一座座仓库填满,以迎接接下来发生的事情。攻占城堡是一个浩大而艰难的过程,需要创造性的战略、丰富的资源、坚定的决心和幸运女神的眷顾。准备好你的射石机,战斗马上打响。

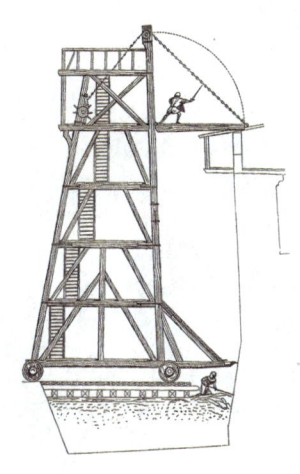

五次血腥的中世纪攻城战

中世纪规模最大、耗时最长和最具破坏性的一系列攻城战

耶路撒冷 1099年

耶路撒冷是历史上被围攻最多的城市之一,在1099年的第一次十字军东征中。它经历了最血腥的一次围攻。穆斯林和犹太人在十字军冲破城门后遭到屠杀,十字军自身也遭受惨重损失。

阿卡 1189—1191年

谈判破裂后,萨拉丁在第三次十字军东征期间包围了十字军的大本营阿卡(Acre)。攻城战总共持续了23个月,虽然导致许多十字军战士死亡,但萨拉丁被击败,连带他夺回十字军王国的努力也受到重挫。

盖拉德堡 1204年

经过8个月的围攻,这座法国城堡坚固的防御工事最终被国王腓力击垮。攻城战几乎用到了所有类型的攻城武器,并同时在陆地和海上向城堡发动攻击。

罗切斯特城堡 1215年

作为第一次男爵战争的一部分,围攻罗切斯特城堡战役是攻方在城堡下挖掘以破坏地基的一个典型例子。他们以猪油燃起的大火攻城,随着冬天的到来,守军最终投降。

凯尔城堡 1599年

凯尔城堡是整个爱尔兰最坚不可摧的城堡,埃塞克斯伯爵在伊丽莎白一世女王的命令下围攻堡垒。城堡很快屈服于炮火,这次战役显示了加农炮的出现如何终结了中世纪的城堡时代。

选择你的武器

有了大把可供挥霍的金钱和可供征服的王国，领主们就会花大价钱购买现有最大、最好的攻城武器

为了在中世纪的攻城战中尽可能获得最大的胜利，巨大的攻城武器被用来摧毁城堡及城中居民。这些雄伟的机器隆隆作响，甚至可以不发一箭就迫使城堡屈服。不同的攻城武器能针对不同类型的城堡进行攻击，因此指挥官会根据将要面对的地形和对手防御能力来选择需要的攻城武器。城堡在建造时往往考虑到攻城战，所以许多城堡被护城河和陡峭的城墙围护。采取不同的攻城武器来保持攻击的多样性和彻底性也是很重要的。例如，尽管攻城塔会受到箭雨袭击，却不会有大碍，反而能使守方陷入绝境，而投石机和冲车也能对城堡的其他部分造成损害。为了确保他们的武器能够经久耐用并且尽可能有效，领主们需要寻找最好的工匠和工具来建造他们的木制武器大军。

▲ 1346年，英格兰人用石弩和加农炮攻击法国加来的城墙

攻城塔

这种高耸的塔状结构的武器在中世纪是致命的

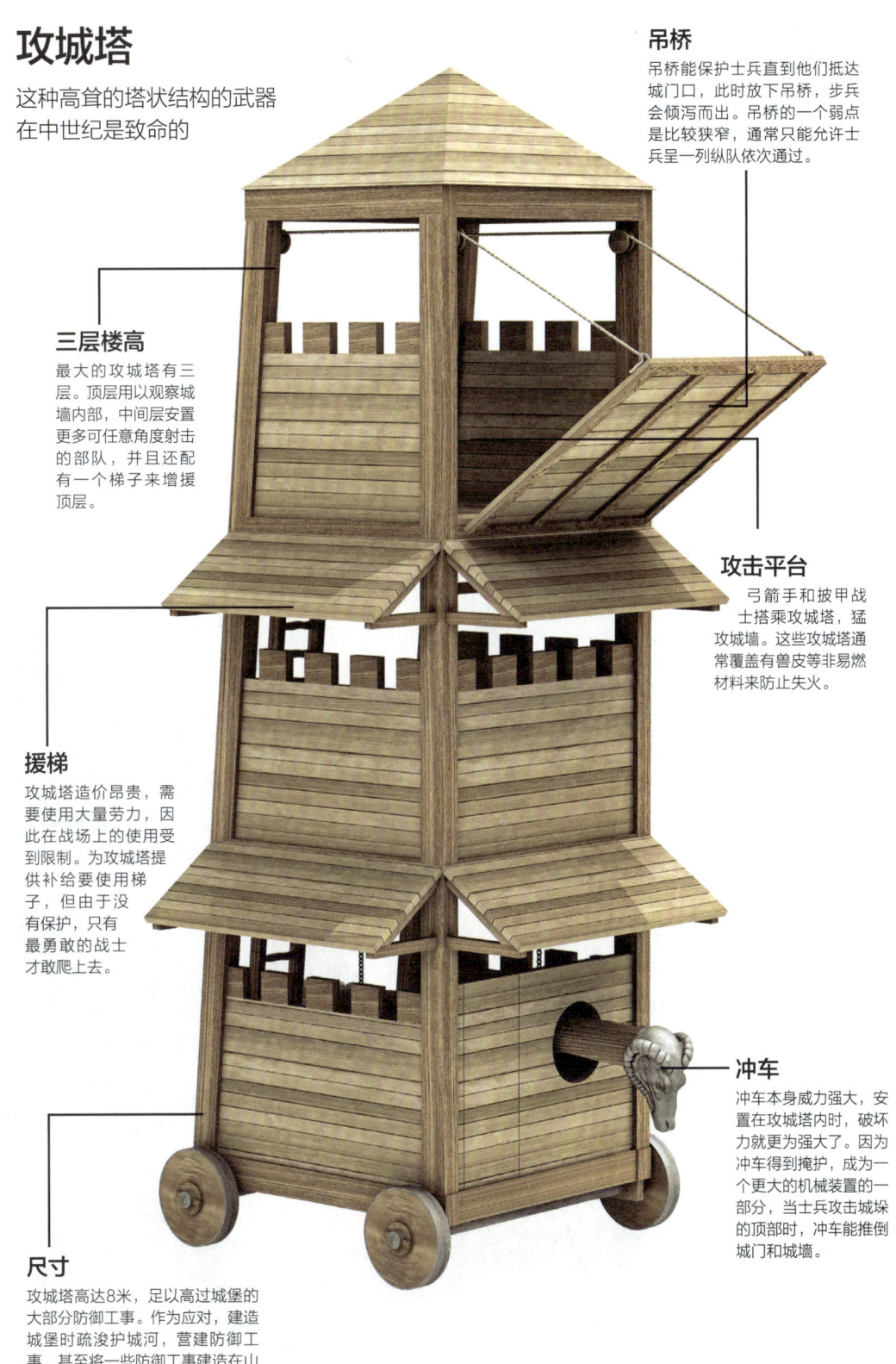

吊桥
吊桥能保护士兵直到他们抵达城门口，此时放下吊桥，步兵会倾泻而出。吊桥的一个弱点是比较狭窄，通常只能允许士兵呈一列纵队依次通过。

三层楼高
最大的攻城塔有三层。顶层用以观察城墙内部，中间层安置更多可任意角度射击的部队，并且还配有一个梯子来增援顶层。

攻击平台
弓箭手和披甲战士搭乘攻城塔，猛攻城墙。这些攻城塔通常覆盖有兽皮等非易燃材料来防止失火。

援梯
攻城塔造价昂贵，需要使用大量劳力，因此在战场上的使用受到限制。为攻城塔提供补给要使用梯子，但由于没有保护，只有最勇敢的战士才敢爬上去。

冲车
冲车本身威力强大，安置在攻城塔内时，破坏力就更为强大了。因为冲车得到掩护，成为一个更大的机械装置的一部分，当士兵攻击城垛的顶部时，冲车能推倒城门和城墙。

尺寸
攻城塔高达8米，足以高过城堡的大部分防御工事。作为应对，建造城堡时疏浚护城河，营建防御工事，甚至将一些防御工事建造在山顶上，可以抵消攻城塔的作用。

·29·

投石机

在加农炮时代之前，这是中世纪最令人望而生畏的攻城武器

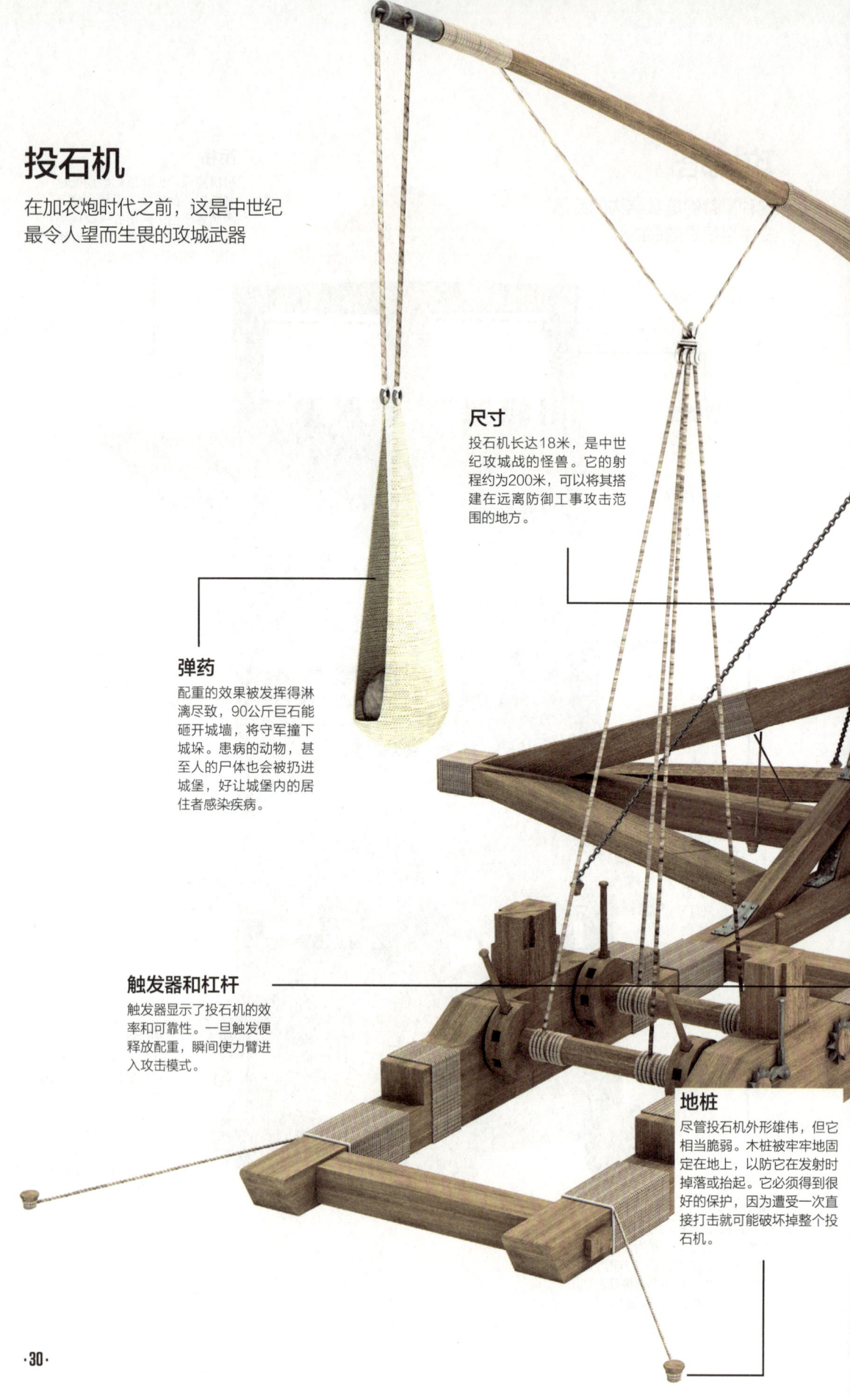

尺寸
投石机长达18米，是中世纪攻城战的怪兽。它的射程约为200米，可以将其搭建在远离防御工事攻击范围的地方。

弹药
配重的效果被发挥得淋漓尽致，90公斤巨石能砸开城墙，将守军撞下城垛。患病的动物，甚至人的尸体也会被扔进城堡，好让城堡内的居住者感染疾病。

触发器和杠杆
触发器显示了投石机的效率和可靠性。一旦触发便释放配重，瞬间使力臂进入攻击模式。

地桩
尽管投石机外形雄伟，但它相当脆弱。木桩被牢牢地固定在地上，以防它在发射时掉落或抬起。它必须得到很好的保护，因为遭受一次直接打击就可能破坏掉整个投石机。

声东击西
一队投石机无情的攻击可以一直压制住城堡的守军。当守军疲于应付投石机的威胁时，其他攻城武器和进攻手段则能发挥更大效用。

攻击系统
巨大的力臂使投石机发射的弹丸有很远的射程。平均来说，臂长约8.12米，力臂连接到投石机的转轴上。

配重
使用重力系统而不是通过扭转，使投石机比射石机更有优势。通过使用配重，它可以用更快的速度发射更大的载荷。这项技术是中世纪最尖端的技术之一。

引诱守军出城
由于投石机经常超出城堡弓箭手的射程，它可以诱使守军升起城门吊闸，离开城垛的安全地带出来作战。

冲车和石弩
石弩更为人所知的名字是射石机，它是罗马弩炮的升级，使用扭转技术来投掷弹丸。冲车也许是所有攻城武器中最原始的，但它非常有效。冲车用来撞击城墙，使用时往往加上钢盖的木桩，它也可以融合到一个更大的结构中去。

发起攻击

当谈判破裂，恐吓亦是徒劳的时候，攻城战是唯一的选择

发动攻城战不仅仅是准备好攻城武器，发射第一枚炮弹。根据可用的力量和城堡的布局，每次攻击都会以不同的方式开始。不过，大多数情况下，攻方会首先向城堡内发射被砍下的头颅，进行心理战。然后，第一个目标将是城墙最弱的部位。作为应对，守方在其各脆弱之处部署障碍物，并加大对最强大的攻城武器的攻击。攻城战成功的关键是持续攻击，因为攻击的中断会给守军修复损失的时间。还必须阻止物资、武器等补给运抵城堡。如果还没有取得突破，攻方就会分散进攻。城堡经常人手不足，因此从多个角度进攻能使他们不堪重负。如果这仍然不起作用，那么是时候发挥创意了。挖地道是一种在远离火线时进入城堡的常见方式。攻城战可能需要数月甚至数年的时间，但攻方往往比守方熬得更久。只要切断城堡的补给线，营养不良和忍饥挨饿只是时间问题。

罗马人曾经为我们做过什么？
冲车和攻城塔都是在古代首次使用，但在中世纪得到了很大改进。攻城塔现在更大、更完备，可以攻打更高的城墙，而冲车有更坚固的钢帽，因而具备更大的穿透力。

增援
长期攻城战需要的不仅仅是最初的突击队。增援是长期围攻的必要条件，因为疲劳和战亡人数增多可能会使进攻部队难以应付。

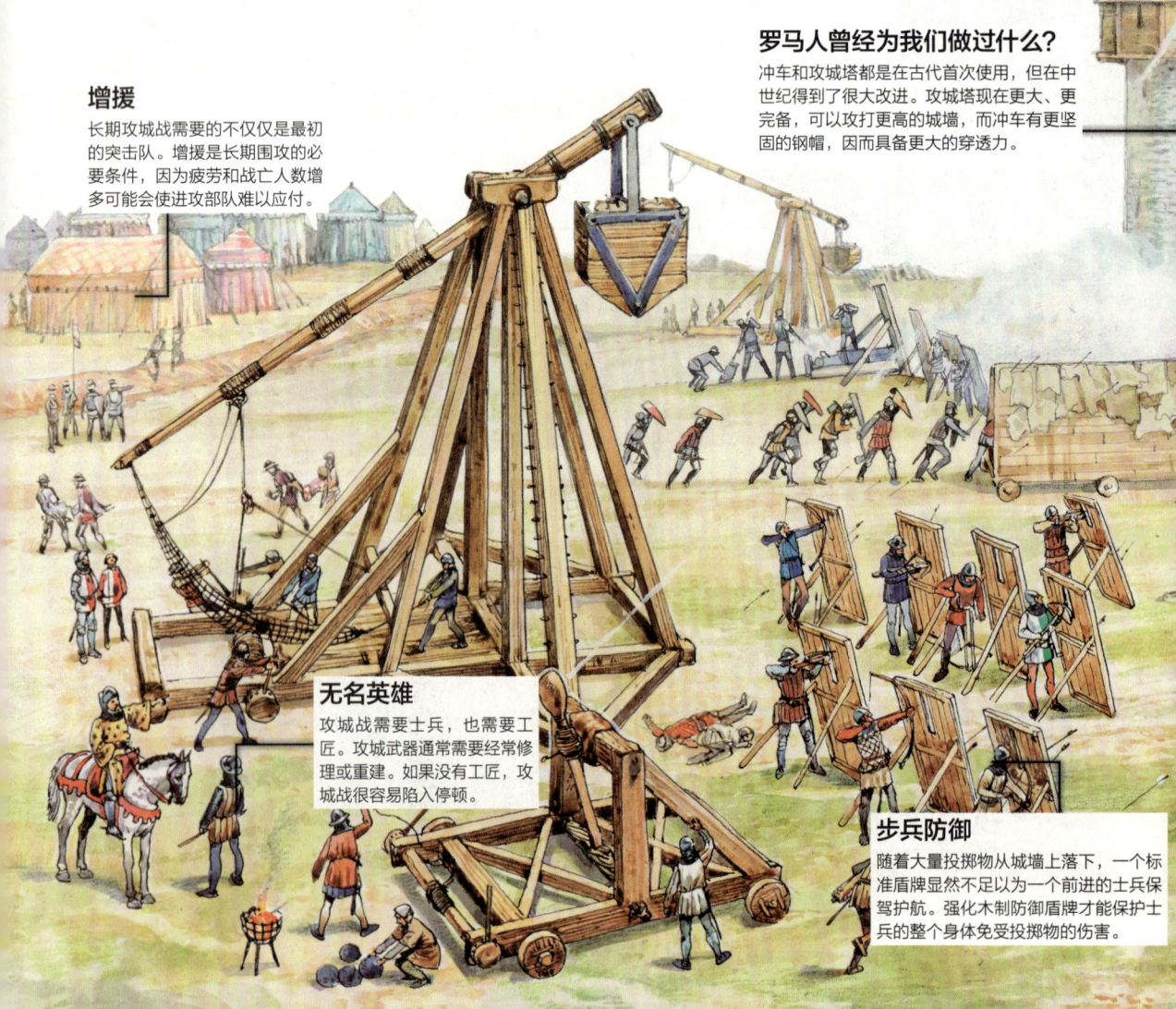

无名英雄
攻城战需要士兵，也需要工匠。攻城武器通常需要经常修理或重建。如果没有工匠，攻城战很容易陷入停顿。

步兵防御
随着大量投掷物从城墙上落下，一个标准盾牌显然不足以为一个前进的士兵保驾护航。强化木制防御盾牌才能保护士兵的整个身体免受投掷物的伤害。

重点防御区
最大、最坚固的塔楼被设置在最容易受到攻击的地方。人们将其设计得比最高的攻城塔还要高,塔楼由弓箭手把守,并用额外的石头加固。

吊桥
通过护城河唯一的路是吊桥。吊桥在敌人进攻时关闭,它由金属吊闸和顶部的箭孔进一步加以保护,守方可通过这些箭孔向前进的敌人投掷、射击。

地面防御
护城河是许多城堡的标配。它是一条人工挖掘的简易水道,能有效地防止冲车和攻城塔接近城垛。那些试图越过护城河的士兵将成为弓箭手的活靶子。

下一个时代
加农炮是终结中世纪城堡的武器。它能轻而易举地炸穿石头,使攻城朝着有利的方向发展。

如何保卫城堡
当攻击者来到家门口时,这些措施可以让你摆脱困境

寻找间谍
在攻城战之前,经常需要派间谍去调查城堡的弱点。为了防止类似特洛伊木马的攻击,城堡的统治者会密切监视进出城门的人员和物资。

罐中的涟漪
整个攻城战中一些最恶毒的战斗是在地道里进行的。如果守军在这里输了,他们的防线就会被彻底破坏,所以守卫会在城墙附近放一罐水,当敌方在地下挖地道时,水会出现涟漪。

专门的城垛
城堡的城墙在建造时就已考虑到进攻时的防御,因此到处都是反攻城的工事。箭孔方便弓箭手攻击进攻者,而塔楼和城楼则可作为守卫部队的据点。入口处的外堡通道则是敌人的死亡陷阱。

退守至城堡主楼
当外墙被攻破时,稳固的城堡主楼就显得至关重要。如果城堡主楼被包围,唯一机会就是坚持住,直到援军赶到,并希望食物没有耗尽。

盟军援助
如果进攻部队全神贯注于攻城战,则很容易受到守军从后方进行的袭击。进攻部队任何的分心都会减弱进攻火力,这会给守军反击的机会,从而一举战胜进攻部队。

攻占城堡

随着外墙的倒塌，是时候攻占中庭，冲进城堡主楼了

当城墙被攻破，尸体散落在堡内广场时，城堡防御中心的主楼是胜利的唯一障碍。虽然有些城堡主楼仅仅是中心建筑，但许多主楼都有自己的防御工事，比如箭孔和垛口是保护城堡的最后一道防线。进攻的士兵聚集在堡内广场时，很容易受到弓箭的袭击。只有板甲有机

如何处理敌人

赢下战局之后，必须处理守军留下的东西

俘虏
守军将妇女和儿童逐出城堡主楼。这种残忍的策略使进攻部队有机会将俘虏当作讨价还价的工具，迫使对方投降。

全歼
结束攻城战的一种普遍方法是杀死所有挡道的人。有时贵族会被扣留以索要赎金。但是，很多时候就像1224年贝德福德城堡（Bedford Castle）之围时那样，不留任何活口，以此作为对其他人的警告。

新的居住者
如果城堡位于战略要地或是有影响力的军事基地，侵略军就会占领它。它将作为一个边境的前哨，原来的守军将被流放或奴役。

有陷阱
城堡的守军会设置各种陷阱。新的居住者需要自己一一探明，这个过程很艰难。此时利用俘虏是个好办法。

夷为平地
加农炮的出现使城堡更容易被摧毁。对于许多城堡来说，英格兰内战是它们的告别演出，但城堡仍是有价值的，例如斯特林城堡（Stirling Castle）在一个世纪后被用来抵抗詹姆士党人的围困。

▲ 石弩和投石机在摧毁城墙时极具破坏性

▲ 伊斯兰军队对葡萄牙新托里什（Torres Novas）城堡的围攻

会对抗弩箭的威力，所以，攻破城堡主楼之前，身着锁子甲的士兵将一直处于危险之中。城堡的仓库也位于城堡主楼，因此在被围攻的情况下，城堡内的守军最好能尽量长时间地坚守。主楼现在是守军占领的唯一建筑，攻方可以从控制城堡中的其他建筑中获益。掠夺军械库可以获得额外的武器和工具，围攻结束后，仓库可能会遭到突袭，马厩中的马匹也会被带走，为下一次进攻充实力量。保卫主楼是最后的手段，主楼失守通常意味着侵略者的胜利。

一旦拿下城堡，城堡统治者的命运就由进攻部队来决定了，这取决于他们有多残忍。当所有敌人都被解决后，就可以做出选择：统治城堡，使其成为新占领王国的中心；或者将其夷为平地，宣告世人这废墟就是抵抗的下场。不管怎样，下次攻城战很可能不会太远。准备好你的投石机！

如何通过训练成为骑士

成为一名优秀的骑兵战士需要十多年的训练。

在中世纪欧洲的大部分地区，以服务为回报的封建土地授予制度占据了主导地位。国王把大片土地给了那些最富有的贵族，以换取军事支持。同样，这些贵族把小块土地分给下层领主，这些领主最终把土地租给农民耕种。然而，虽然国王和大贵族对战斗并不陌生，但真正的战士阶层却是那些骑士之类的下层贵族。他们的战斗技能受到重视，如果在战斗中被俘，技能好的往往会被赎回。而获得这些技能需要多年的决心和奉献。

你需要的有

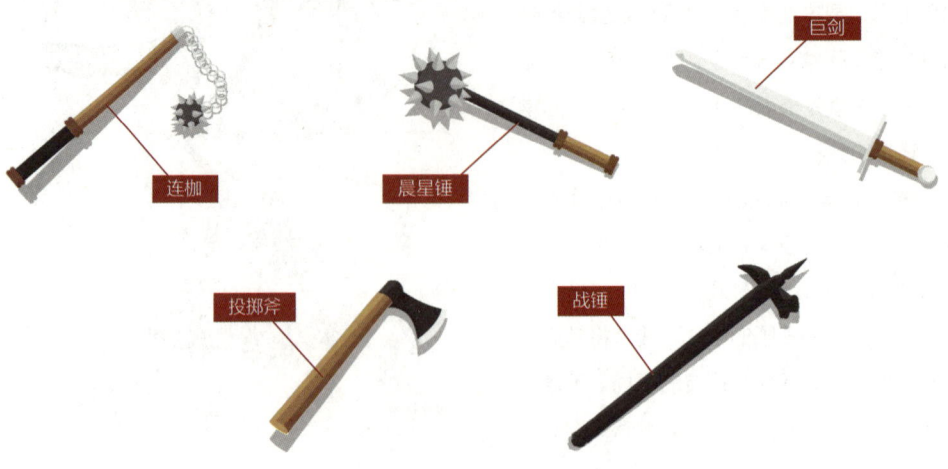

连枷　　晨星锤　　巨剑　　投掷斧　　战锤

骑兵

盾牌
用于防御，也为了在激烈的混战中通过骑士的盾徽加以辨认。

骑枪
骑枪的长度大约为4米，有一个扁平的钝头用于马上长矛比武，但在战时会做得更锋利一些。

盔甲
到1400年，全身钢板盔甲提供近乎全身的保护。保护头部的中头盔威慑力很强。

马匹
军马是最受欢迎的品种，它强壮、快速、敏捷，而其他品种如快马或旅行马也被广泛使用。

马衣与马甲
骑士参加马上长矛比武时，会给战马披上一件带有骑士盾徽的马衣。在战时，则会给战马披上马甲。

四大著名骑士团

圣殿骑士团
约1118—1312年，中东
这个军事宗教团体保护朝圣者前往圣地，但由于法国国王腓力四世（Philip Ⅳ）的压力，被教皇克雷芒五世（Clement V）解散。

条顿骑士团
约1190年至今，德国
成立于十字军东征期间，起先作为一个护理单位，后转为军事单位，再后来前往波罗的海地区征服异教。今天它是一个宗教慈善组织。

嘉德骑士团
1348年至今，英格兰
由爱德华三世建立，由君主、威尔士亲王和不超过24名成员组成。

金羊毛骑士团
1430年至今，法国
由腓力三世在勃艮第建立，后来与奥地利和西班牙建立了联系。

如何……不去……享受骑士身份的好处

法国国王亨利二世正春风得意。《卡托-康布雷西和约》（Peace of Cateau-Cambrésis）已经缔结，结束了与西班牙长达60年的领土争夺战。他的女儿伊丽莎白嫁给了西班牙国王腓力二世，巩固了两国关系。同样是条约签署国的英格兰把加来归还给法国，就连亨利有病的儿子弗朗索瓦也与苏格兰女王玛丽成婚，从而巩固了另一个联盟。法国的前景正如这位40岁国王的气色一样，看起来相当好。为了庆祝，亨利这位狂热的猎人和马上长矛的比武高手，举行了一场比赛。他在法国宫廷里挑战洛尔热斯的领主、苏格兰卫队长加布里埃尔·蒙哥马利（Gabriel Montgomery）。兵刃相接时，蒙哥马利的骑枪断裂。碎片飞散，刺穿了亨利的眼睛，径直射入了他的脑部。亨利旋即赦免了蒙哥马利，但伤情很快恶化，他十天后就离世了。

01 出身富贵

虽然出身贫贱的农民子弟升为骑士并非闻所未闻，但出身大富大贵之家却大有裨益。贵族骑士拥有昂贵的马匹和装备，他们的后代能得到所有的优势，但在未来令人生畏的岁月里，他们仍然需要证明自己值得尊敬。

02 游戏变得认真起来

约七岁左右，男孩就开始成为领主侍童。侍童会学习射箭、猎鹰和马术，当然还有骑士精神，即骑士生活的准则。重要的是，玩木剑能巧妙地教会你剑术的重要技巧。

03 用服务换知识

侍童14岁左右就成为侍从。侍从已经学会在木马上使用骑枪，但现在需要在真马上强化这些技能。不过，照料马匹也是侍从的任务之一，当然还有清理盔甲和武器。聪明的侍从通过观看他们服务的骑士的马上长矛比武就能学到很多东西，但观看的同时，也需要完成其他职责范围内的任务。

04 走向真实的战场

如果国王召唤骑士去战斗，骑士通常会带上侍从。在此之前，他可能会教侍从关于城堡防御和攻城战的知识——现在侍从将得到亲身实践。最严酷的课程之一便是生死，谁也逃不了。无论是自吹自擂的国王还是羽翼未丰的侍从，战场上总有流血牺牲。

05 在战斗中锤炼

活着才能讲述自己的故事，活着才能在新的一天再战。为了纪念逝去的朋友，侍从努力成为优秀的战士。在接下来的征战中，侍从毫不犹豫地加入徒步骑士，在残酷血腥的肉搏中并肩作战。勇气和果敢加上勤奋学习来的技能能够使他们脱颖而出。

06 轻拍肩膀

侍从晋升为骑士的年龄通常是21岁。然而，非凡的战场勇气可以让侍从早早便获得这项荣誉。经过一个晚上的单独祈祷，侍从发誓要保护国王并侠义行事。国王用一把剑轻拍侍从的肩膀，侍从听到了珍贵的仪式词："起身吧，骑士！"

阿尔弗雷德大帝

同时是战士、学者和盎格鲁-撒克逊国王的阿尔弗雷德领导了一场伟大的运动来统一他的王国,摆脱维京入侵者。

在9世纪英格兰黑暗而不祥的光景中,把不列颠群岛当作家乡长达400年之久的盎格鲁-撒克逊文明此时正处于崩溃的边缘。凶悍的战士从镶有龙头形象破浪神的维京长船登上英格兰海岸,寻找掠夺和制造流血事件的机会。在茅草屋里,孩子们蜷缩在家人身边,邻居们惊慌失措的尖叫声让孩子们害怕不已——这尖叫声是无情突袭者的名片。维京入侵者并不满足于仅获得庄稼或黄金,但对于像盎格鲁-撒克逊人这样的农民来说,失去庄稼或黄金已经够糟糕的了。维京人想奴役和虐待盎格鲁-撒克逊人,并摧毁他们原有的社会。随着其他盎格鲁-撒克逊王国的分裂或被征服,威塞克斯王国(西撒克逊人的王国)孤立无援地对抗这一不可阻挡的威胁。正是在这个凄凉而又四面楚歌的世界里,国王埃塞尔伍尔夫(Aethelwulf)的妻子奥斯博加(Osburh)在公元849年在伯克郡一个不起眼的村庄生下了他们的第五个儿子。夫妻俩给他取名为阿尔弗雷德,他将永远改变盎格鲁-撒克逊人的命运。

阿尔弗雷德被迫快速成长,学习盎格鲁-撒克逊战士的生活方式。他学习骑马、放鹰、狩猎,最重要的是,如何用盾自卫、用剑杀人。与当时其他盎格鲁-撒克逊家庭一样,他成长于一个大家庭,几代同堂,长辈们把知识传给年轻人。阿尔弗雷德把从父亲手下的战士身上学到的实践经验视为一种责任,而他真正感兴趣的是父亲热衷研究的学术著作。他特别喜欢诗歌。一个关于他学习诗歌的故事显示了他对诗歌的热爱及决心,这种坚定将伴随他长大成人:他的母亲向五个儿子许诺,谁能把一本盎格鲁-撒克逊诗集背下来,

> 阿尔弗雷德是不列颠群岛的第一位国王,为其国土上的人民建立了一套全面的法律。

维京人冲向盎格鲁-撒克逊人，却死在盎格鲁-撒克逊人的盾牌和利剑之下。

阿尔弗雷德的学术造诣在不列颠群岛是无与伦比的。他懂得拉丁语，并建立了第一所贵族学校。

▲ 阿尔弗雷德伪装成一名游吟诗人潜入丹麦营地

作为战士和战术家的阿尔弗雷德

阿尔弗雷德统治时期的战争不适合胆小的人。战斗包括数千名凶猛的战士用利剑、斧头、锤矛或任何其他锋利的东西互相残杀，这些东西在失控的肉搏战中比比皆是。当胜利者从当地民众手中夺取战利品如庄稼和奴隶时，战场将血流成河。盎格鲁-撒克逊人的战术是建立一道盾墙来保护他们的战士不受投掷物的攻击，这在一定程度上提高了士兵的存活率，这样就可以进行近距离的肉搏战，但是其效果对于高度机动的敌人来说是有限的，比如维京人，他们擅长迅速包围敌人。阿尔弗雷德意识到了这个问题，也意识到了召集分散的、不情愿的居民来阻止维京入侵的弊端。他下令组建一支新的盎格鲁-撒克逊海军，这支海军拥有比维京人更大的舰艇，并在威塞克斯王国各地建造防御工事，以便战士们能够有效保卫家园免受侵略。他还建立了一支机动常备军，这支常备军能比地方民兵和陆军更快地应对外国威胁。这也意味着维京人不能再对征服了的人民掠夺土地、行使统治，这使阿尔弗雷德巩固了对自己王国的控制。

谁就能得到这本带有精美插画的诗集。阿尔弗雷德不识字，所以他找了一位老师，让老师一遍一遍地读书上的每一行诗，直到自己完全记住为止。他赢得了奖品并向他的家人证明，但凡他想要什么东西，他就一定能够得到。

公元865年，一支维京军队登陆盎格鲁-撒克逊人的东盎格鲁王国（Kingdom of East Angles），童年的游戏和诗歌故事戛然而止。这些铁血战士的故事在他父亲的宫廷里流传开来，人们普遍担心他们是不可战胜的。阿尔弗雷德却并不这样认为；如果说他多年来对祖先的了解和狩猎游戏教会了他什么，那就是没有一个敌人是无法战胜的。庞大的维京军队，由可怕的勇士哈夫丹（Halfdan）和"无骨者"伊瓦尔（Ivar the Boneless）率领，入侵诺森布里亚王国（Kingdom of Northumbria），抢劫约克，然后转向东盎格鲁王国。维京人俘虏了东盎格鲁王国的国王爱德华，为了显示自己的力量，他们在异教徒的祭祀仪式上杀死了爱德华，并将爱德华的王国更名为东盎格利亚王国（East Anglia），然后将注意力转向威塞克斯王国，并在870年迅速占领了雷丁小镇。

毫无疑问，阿尔弗雷德明白维京人在其他盎格鲁-撒克逊王国所造成的恐怖和破坏会波及威塞克斯王国。阿尔弗雷德和他的哥哥埃塞尔雷德（Aethelred）打算在公开的战斗中与维京人交手，于是动员士兵在他们的军队中服役，经过几天的行军，他们在阿什当（Ashdown）附近的山脊上遇见了维京人。

维京人对阿尔弗雷德的勇猛进攻惊讶不已。据编年史学家阿塞尔主教说，他像一头"野猪"一样向山上发起攻击，撕开了维京人的防线。在他哥哥还在祈祷时，维京人就已被迫撤退。据说，战场上"布满了尸体"。维京人四处掠夺多年，眼下终于棋逢对手。

整个威塞克斯王国都在庆祝阿尔弗雷德的胜利，但胜利是短暂的。阿什当之战之后是一次又一次的失败。威塞克斯的大片地区很快就被维京人控制了。正是在871年这段艰难的日子里，埃塞尔雷德逝世，阿尔弗雷德登上王位。他知道，自己再也无法击败维京人，于是尝试收买他们，为王国赢得一些喘息的机会。但突袭很快继续，876年，阿尔弗雷德与他最大的对手维京首领古思伦（Guthrum）在韦勒姆（Wareham）交锋。一次攻城战中，阿尔弗雷德在多塞特（Dorset）海岸用长船封锁了维京人的出海通道，古思伦被击败，并以北欧战神奥丁（Odin）的戒指起誓，向阿尔弗雷德宣誓和平。但古思伦食言，谋杀了阿尔弗雷德的使者，并在一个基督教节日于奇彭纳姆（Chippenham）对阿尔弗雷德的部队发起猛攻，给其造成了毁灭性的打击。古思伦的这一行为是为了向其战神奥丁重申自己的信仰，但这一切却让阿尔弗雷德无法原谅。

阿尔弗雷德逃过一劫，但他手下的大部分人都被维京军队杀死或俘虏了，似乎大势已去。他跑进沼泽地带，在接下来的几个月里逃避追捕，最终躲进了一个农民家里。后来的编年史上记录了这样一个故事，他因王国的危难身心俱疲，农

> 阿尔弗雷德对基督教的忠诚众所周知；据说教皇给了他一块真十字架的碎片。

妇要他照看一下炉子里的面包，他脑子里一片混乱，把面包都烤焦了。农妇责备他说："伙计，你看到面包烤糊了，却犹犹豫豫没翻过面儿来烤，但我从烤箱里新烤好的面包，你倒是很乐意吃。"据说阿尔弗雷德没有惩罚她，而是表现得很谦恭。这个故事不仅显示了国王沦落的处境，还显示了这一时期的磨难如何影响了他的性格。

阿尔弗雷德没有放弃他的王国，而是在南安普敦（Southampton）集结战士，用游击战术来对付突袭者，直到他能在爱丁顿（Edington）的最后一次交手中夺取胜利。这是阿尔弗雷德戎马生涯中最伟大的战役。这一刻由他的一位文士记录下来："随后，一队人马很

分裂的社会

亲属和领主
盎格鲁-撒克逊社会的纽带主要有两个：一个是民众对亲属与族人的忠诚，另一个是他们对贵族和国王的忠诚。

入侵的土地
盎格鲁-撒克逊人本身就是不列颠群岛的侵略者。盎格鲁和撒克逊部落起源于德国和丹麦，在英格兰各地建立了定居点，征服了本地人。在阿尔弗雷德时代，撒克逊人已在英国完全定居，现在受到维京人的威胁。

语言障碍
不列颠群岛是不同部落聚集的国际大拼盘，人们讲着不同的语言和方言。安格尔语、撒克逊语、挪威语、凯尔特语和拉丁语在这一时期结合在一起，构成了现代英语的基础。

分裂的宗教
在此期间，欧洲没有占主导地位的宗教。基督教正变得越来越广泛，但各种形式的异教仍然在许多地区占据统治地位，包括不列颠和斯堪的纳维亚的王国。盎格鲁-撒克逊人于601年皈依基督教，并将维京入侵称为"异教徒入侵"。

战士社会
每个"自由"的盎格鲁-撒克逊男性都可以被领主随时召唤去参加战斗。这些队伍往往在装备简陋，每个战士都必须自己武装自己，而且需要强有力的领导才能将这些不守规矩的家伙团结在一起。

快就准备好了，战士们英勇作战，列队出征，举着胜利的旗帜，黎明时分，英雄们戴着头盔，盾牌铮铮作响。"古思伦率领一支庞大的冲锋队冲向盎格鲁-撒克逊部队，希望用勇猛的气势击溃阿尔弗雷德和他的手下。阿尔弗雷德决心坚守阵地，而不是退却。他们不能再失败了。他命令部下组成一道坚不可摧的盾墙，维京人冲向盎格鲁-撒克逊人，却死在盎格鲁-撒克逊人的盾牌和利剑之下。阿尔弗雷德随后带队杀入维京人在奇彭纳姆的营地并"在他们中间大肆屠杀"，直到维京人撤退回堡垒并陷入"绝望的深渊"。身陷重围又饥肠辘辘的古思伦被迫投降。

古思伦和他的维京军队从威塞克斯王国撤退了，但这并不意味着他们作为一个整体离开了英格兰。维京人在东盎格利亚王国和诺森布里亚王国建立了定居点，成为当地人的邻居，而不是突袭者。阿尔弗雷德看到了这一点，于是迫使古思伦皈依基督教，并成为他的教父，这件事充分体现出他的敏锐智慧。这样一来，阿尔弗雷德确信古思伦效忠的誓言能保证王国的稳定。维京人的威胁在爱丁顿战役之后并没有消失，作为一名战士，阿尔弗雷德知道，对威塞克斯的攻击随时可能发生。他加强防御，兴建保护乡村的要塞体系，还根据《圣经》制定了新的法律，巩固了他的权力。

战争胜利后的几年，他最英明的行动是加强了和其他盎格鲁-撒克逊王国之间的团结。阿尔弗雷德认为，一个联合起来的王国比一个分裂的国家更强大，更能抵御外国入侵，因此他把目光锁定在伦敦，这是整个英格兰最重要的贸易城市。伦敦由一位名叫塞奥尔伍尔夫（Ceolwulf）的麦西亚国王控制，国王于880年去世，阿尔弗

决定性时刻
阿什当之战
871年1月8日

维京人一路扫荡，直指威塞克斯王国，阿尔弗雷德带领人马袭击了阿什当地区维京人的阵地。阿尔弗雷德知道，召集所有可用的战士是确保胜利的唯一途径，于是他找到了一块萨森石并向里面猛力吹气，发出的巨响召集了所有战士作战。战斗持续了几个小时，维京人和盎格鲁-撒克逊人正面交锋，造成数百人死亡，但最终阿尔弗雷德获胜，维京军队向东撤退。阿什当之战是阿尔弗雷德的第一次胜利。

时间轴

● **战士的诞生**
阿尔弗雷德出生在伯克郡的旺蒂奇（Wantage）。他是国王埃塞尔伍尔夫和他的第一任妻子奥斯博加的小儿子。埃塞尔伍尔夫坚持让他的孩子们依次继承王位，这使阿尔弗雷德成为第五顺位继承人。**849年**

● **罗马朝圣**
阿尔弗雷德前往罗马朝圣，在罗马，他被教皇任命为罗马执政官。他还在法兰克国王秃头查理（Charles the Bald）的宫廷里待了一段时间，他在那里了解了他最大的敌人：维京人。**853年**

● **与埃尔斯威斯结婚**
阿尔弗雷德与麦西亚的埃尔斯威斯结婚，以此显示对抗维京人入侵的团结。有一种说法称她是"英格兰真正的、亲爱的夫人"。**868年**

● **维京入侵**
维京人入侵东盎格鲁王国，英格兰的大部分地区被丹麦军队占领。阿尔弗雷德被任命为国王的顾问。**865年**

● **与"无骨者"伊瓦尔之战**
在麦西亚王国，阿尔弗雷德和埃尔雷德与"无骨者"伊瓦尔领导的维京军队展开激烈战斗。但维京人一发现他们的抵抗就会迅速将其镇压。**868年**

● **阿尔弗雷德成为继承人**
为了防止在维京入侵时出现继承危机，尽管国王埃塞尔雷德自己有孩子，他还是同阿尔弗雷德成为王位继承人。**871年1月**

雷德在他的死亡中所扮演的角色尚不明确。任何牵连都会玷污他作为英格兰"宠儿"的名声。当时伦敦是盎格鲁-撒克逊人的定居点。无论伦敦是被攻占还是被攫取，这座城市都在886年被阿尔弗雷德控制。这一行为，连同他的长女嫁给了麦西亚人的领主埃塞尔雷德的事件，使整个英格兰的盎格鲁-撒克逊人在脆弱的和平中团结起来。

到了890年，阿尔弗雷德年事已高。他胃痛严重，这使得他的体力日渐不支。在王国中统治一系列各不相同的定居点绝非易事，但他仍然是麦西亚最有影响力的人。尽管如此，他继续通过教化臣民来建筑自己的王国。他把许多书从拉丁文翻译成英文，其中包括《英吉利教会史》和大格列高利的《牧养关怀》，这些书教导主教们履行职责。阿尔弗雷德对英格兰教会发展的贡献使他获得了巨大的认可，以至于他最忠实的追随者都想将其封圣。

899年，阿尔弗雷德驾崩，享年50岁，将一个安全而强大的王朝传给了他的儿子爱德华。盎格鲁-撒克逊人在接下来的167年里继续统治英格兰，直到1066年的另一次大规模入侵——征服者威廉的诺曼征服。阿尔弗雷德凭借他的勇敢、战士技能和政治头脑获得了这一切：盎格鲁-撒克逊人记得他是"英格兰的牧羊人，英格兰的宠儿"；而历史赋予他一个更伟大的称号——阿尔弗雷德大帝。

> 人们普遍认为阿尔弗雷德患有克罗恩病，这可以解释他瘦弱的体格和持续的健康问题。

决定性时刻
遭古思伦背叛
878年1月

维京军队入侵多塞特的韦勒姆失败后，首领古思伦向阿尔弗雷德投降，并承诺将其军队撤回麦西亚王国。他以维京战神奥丁的圣戒起誓。但古思伦没有履行他对战神的誓言，背叛了阿尔弗雷德，逃走并重新集结他的人马，摧毁了阿尔弗雷德在奇彭纳姆的军队，迫使阿尔弗雷德逃到乡下去。《盎格鲁-撒克逊编年史》记载，阿尔弗雷德栖身于农民的住所，情绪低落，不敢出战，孤独寂寞。

决定性时刻
爱丁顿战役
878年5月

阿尔弗雷德一生中最伟大的战役是他最后一次在战场上与宿敌古思伦的对决。这场战斗是王国求生存的殊死搏斗。威塞克斯王国的大部分地区已受到来自聚集在王国北部的维京部落的威胁。阿尔弗雷德命令他的手下形成一道密集的盾墙，这是盎格鲁-撒克逊军队常用的战术。战士们众志成城，共同对抗强大的维京军队。阿尔弗雷德大获全胜，追击维京人到奇彭纳姆，阿尔弗雷德的部队围住该城，用饥饿战迫使古思伦投降。

伦敦解放
阿尔弗雷德通过一次有争议的行动控制了伦敦，这可能涉及他对该地区的围攻。他占领了不列颠群岛上最重要的贸易城市，从而获得了事实上对盎格鲁-撒克逊人所有领土的统治权。**886年**

《阿尔弗雷德法典》
在学习拉丁语之后，阿尔弗雷德向他的王国颁布了一系列法律，这些法律汇集在一本基于《圣经》中基督教教义的"审判书"（《阿尔弗雷德法典》）中。他利用这些法律来加强他在其他盎格鲁-撒克逊王国的影响力。**893年**

1 — **加冕为王**
塞尔雷德死后，阿尔弗雷德加冕为威塞克斯国王。有消息称维京人在王国内赢得了更多的胜利。阿尔弗雷德并没有与他们战斗，而是为和平而奋...
871年4月23日

878 — **《韦德莫尔条约》**
阿尔弗雷德与古思伦签署了一项和平条约，该条约赋予维京人对东盎格利亚王国的控制权，条件是维京人充分尊重盎格鲁-撒克逊人的权利，并且立即停止在威塞克斯王国的市镇抓取当地人当奴隶。**878年**

883 — **获赠真十字架**
为了表彰阿尔弗雷德的虔诚，教皇玛理诺一世（Marinus I）向阿尔弗雷德和他的宫廷赠送了一块他认为是真十字架的碎片，以及其他无价的珍宝。**883年**

886

893

899 — **英雄之死**
阿尔弗雷德于公元899年驾崩，享年50岁，他为其后嗣留有一块安全的国土，让威塞克斯王国成为英格兰三个盎格鲁-撒克逊王国的龙头老大。人们尊他为阿尔弗雷德大帝。
899年

维京人统领海洋

维京人被描绘成嗜血的海盗，掠夺无辜的村民。
维京人还通过一个有利可图的贸易网络统领着海洋。

大西洋上恶浪滔天，巨大的白帆随之裂开，但船仍然继续航行。这艘战舰长而光滑，由坚固的橡木制成，劈波斩浪，海水在甲板上激荡。船员团结一致，他们强壮的肌肉用力将桨深深划入水中，船驶向前，冲过湍急的波浪。他们用力把船靠岸，纷纷涌向海滩。战士们穿着厚厚的羊毛套衫，手持各种武器，从长长的锋利长矛到巨大的战斧一应俱全。一个人用洪亮的声音朝其他人大喊，并把他的剑刺向空中，其他人则大声回应。然后，所有人如山呼海啸般迎着风向山上冲去。他们的目的地是哪儿？一座海滨修道院，里面堆满了唾手可得的黄金、宝石和大量食物，而只有一群安静、谦逊的修士在保护它。

可怕的侵略者进攻无辜的修道院、掠夺其珍贵物品的情景，是许多人在面对"维京"这个词时首先想到的画面。北欧部落被描绘成强奸犯和掠夺者的形象非常深入人心，以至于人们常常忘记"维京"这个词本身就意味着探险。人们很容易认为这些人只不过是海盗——从那些无力自卫的人身上掠夺财富。不可否认的是，这种情况的确发生了：维京侵略者从斯堪的纳维亚航行到不列颠群岛的海岸和更远的地方，入侵村庄和修道院，杀害居民和修士，夺走他们的财富，这在不少第一手资料中均有提及。今天仍有证据表明，为了防止无情的侵略者发现，焦急的城镇居民急于藏匿他们的财富。

然而，这只是故事的一半。维京文明发展的动力有两个：一个是让他们名声大噪的残暴袭击，另一个是贸易。维京人不仅在他们入侵的土地上建立了新的殖民地，而且还开拓了重要的贸易路线，这使他们的国家成为世界上最繁荣的国家之一。

在一年中的大部分时间里，同样是这批掠夺城镇的维京人，或在田地里不知疲倦地劳作，或创造精巧而珍贵的装饰品和珠宝，以此来丰富他们日益繁荣的文明。

> 与现代人的成见相反，维京人很讲卫生，许多人每周至少洗一次澡。

邪恶的维京人

认识斯堪的纳维亚最可怕的掠夺者

"红魔"埃里克 951—1003
臭名昭著的理由： 因谋杀罪被驱逐出冰岛，于是转而去殖民格陵兰岛。

古思伦 未知—890
臭名昭著的理由： 对威塞克斯国王阿尔弗雷德大帝发动战争。

"远行者"英格瓦尔 未知
臭名昭著的理由： 掠夺里海海岸。

鲁道夫·哈拉尔德森 未知—873
臭名昭著的理由： 突袭不列颠、法兰西和德意志。

"无骨者"伊瓦尔 未知
臭名昭著的理由： 带领异教徒大军入侵英格兰各个盎格鲁-撒克逊人王国。

维京航海

维京人是造船专家,维京人航海能够比以前的任何文明时期的人航行得更远……

早在克里斯托弗·哥伦布偶然发现美洲大陆的几个世纪前,维京人就把大西洋当成他们的后院。维京人掌握了俄罗斯的水系,还到达过中东。伟大的航行使他们领跑于这个快速发展的世界。维京人新兴文明的蓬勃发展多亏了一个发明的帮助:船。

整个维京社会都是围绕船只组织的,这些船只比以往的更大、更轻、更快,经过多年的完善,既具有抗衡大西洋危险风暴的能力,也具有在浅河中掠过的光滑结构。这些强大而高效的船只使其孔武有力的乘客能够在世界各地建立殖民地。建造和维护这些船只成为维京社会的基础。

维京人利用强大的海上力量在欧洲沿海进行贸易,而大英帝国此时只是一群无法保卫海岸的分散王国。维京水手们知道,同样的目的地,走水路比走陆路往往更加容易,有些旅程在海上需要5天,而陆地上则需要一个月,他们利用了这一点。前往陌生而令人兴奋的异国他乡定居的人进行了更远的航行,维京文明由此传播到冰岛、格陵兰岛,甚至北美大陆。

维京人的长船在海浪中颠簸,船头雕刻着的凶神恶煞的龙头造型的破浪神,以及船身那长长的、光滑的曲线,无疑是个壮观的景象,但对船上的人来说,生活并没有那么迷人。由于没有遮蔽物,晚上水手们把帆当作临时帐篷,在毯子或动物皮制成的睡袋下面瑟瑟发抖。仅有的补给是干肉或咸肉以及水、啤酒或酸奶。沉船并不是什么大悲剧,而是在长途旅行中预料得到的。通常情况下,几个星期、几个月甚至几年都没有人知道沉船的消息,因此也就不会有救援行动。在横渡大西洋的残酷航程中,有多少船只失踪都不稀奇。当红魔埃里克(Erik the Red)前往格陵兰岛时,他最初的25艘船中只有14艘安全抵达。

然而,正是维京人愿意承担这些风险的决心和顽强的意志使他们获得了珍贵的异国珍宝,并沿各国海岸线进行贸易。到了8世纪末,维京航海家开始入侵英格兰,这将永远改变这个岛国的命运。到860年,这种开拓精神使得他们进攻君士坦丁堡,约20多年后,在885年,维京船攻击了巴黎这座强大的城市。维京人为了贸易、领土扩张、掠夺和冒险开展了许多次历史性航行,其影响至今仍然能在世界各地感受到。

> 一些维京人被安葬在装有他们生前的武器、财宝甚至奴隶的船上。

可怕的破浪神
船的前部通常装饰着一个兽首雕刻,通常是龙和蛇的混合体。这些破浪神是可拆卸的,只有在船接近陆地时才会装上,因为海上的颠簸风浪可能会对其造成严重损坏。

木制船体
所有维京船都以同样的方式制造:把重叠起来的橡木或松木板钉在一起。用涂有焦油的羊毛或其他动物皮毛来填充木板之间的间隙,对船进行加固,使其防水。

羊毛帆
维京长船有一个约10米宽的方形帆，很可能是用羊毛制成的，虽然没有保存至今的帆来证实这一点。为了使其在被水打湿时保持船帆的形状，羊毛上覆盖着交错的皮带。

> 维京妇女可以自由拥有财产并要求离婚。

控制方向的桨
这种类似舵的桨安装在船尾的右舷，用于驾驶船只，与现今的替代品相比需要耗费大量的体力劳动。"右舷"（starboard）一词就是源自这种"方向桨"（steerboard）的位置。

提高速度的桨
桨的长度因使用地点而异。维京船上没有座位，所以划桨手坐在储物柜上。通常在靠近海岸或河流时划桨提速，在海上航行时桨则被存放起来。

承重的龙骨
船的龙骨是最先制造的部分，它是水线以下船体承重的重要部分，其设计还需允许船体在浅水区航行。有时船会有一个假外龙骨，当船被拖到海滩上时，这部分会首先受到磨损。

小舱
维京长船为战争而生，所以它的速度至关重要。正因为如此，小舱的装载能力很小，只有存放高价值货物和战利品的空间。商船则能够运载更多的货物，并为牲畜提供运输空间。

桨孔
这些是用于插入船桨的孔，船身两边从头至尾都有。这些孔也可以用来固定护盾，但只有当船在港口时才会这样做，因为船在行驶时，如果护盾不慎落水，失去这种重要保护后的风险就太大了。

导航
在历史上最伟大的探险家诞生之前，维京人已经在世界各地航行。但是，没有指南针、卫星或无线电，这个斯堪的纳维亚部落是如何精确地绘制世界地图的呢？答案比你想象的要简单——经验。维京旅行家不依赖设备，而是相信大自然会引导他们。他们会研究恒星和太阳的位置，甚至海洋的颜色和波浪的运动也会告诉他们离陆地还有多远。每次航程结束，水手们就会向其他希望进行同样航行的人讲述他们的航程。这种古老的智慧代代相传。

维京水手唯一需要的工具与太阳有关。例如，中午时分用日晷检查船是否在航线上。雾天不见太阳时，还会使用太阳石。这块石头通过接触光照时改变颜色，能指示太阳在云层后面的位置。

突袭

没有一所修道院能免受从海外席卷而来的蹂躏

他们在夜深人静的时候到达。夜色浓重,修士们直到船靠岸才看见它。修士们已经明白,现在求救为时已晚。一名修士跑进了大厅,尖叫着把其他人从床上叫醒:"恶魔来了!他们来了!他们来了!"一些修士呼喊求救,而另一些则迅速行动起来,抓起珍贵的物品藏在衣服里。但门已经倒下,入侵者已经到来。他们身材魁梧,比那些谦逊的修士们见过的任何人都要高大,他们一头金发,手里握着锐利的武器。他们冲向修士,拳打脚踢。修士们有的求饶,有的连求饶的机会都没有。没有时间进行谈判——怎么能与纯粹的、肆无忌惮的暴力进行谈判呢?他们挥动斧头和刺刀的时候,只有死亡、毁灭和鲜血。只有一位修士设法逃脱了大屠杀。他迅速地穿过人影,跳进外面的蒿草里。他看着一具又一具尸体被从修道院扔了出去,他看着那些还活着的同伴被从悬崖上抛到海里,他看着异教徒用火焰点燃圣墙。在微弱的火光中,热风拍打着他的脸和长袍。他麻木地抓着一只金色的圣杯,这是他逃跑前唯一能救出的东西。侵略者拿走了剩下的东西,把所有的贵重物品都装进他们大船上的袋子里。入侵者从岸边溜走,几乎和他们到达时一样,

> 金发是维京人的流行发色,他们经常漂染自己的头发和胡须。

▲ 维京人对英格兰海岸的疯狂袭击

最致命的武器

斧
战斧是最常见的维京武器之一，其头和柄比用作工具的斧要大、要长。有些斧子和人一样长，需要用双手挥舞。还有小一些的投掷斧。

剑
剑刃可长达90厘米，按照剑的设计，使用者应一手持剑，另一手持盾。只有地位高的维京人才佩带有精美剑柄的剑。剑经常被赋予像拉格比特（legbiter）这样的名字，并且代代相传。

弓箭
维京弓由欧洲红豆杉、桲树或榆树制成，拉力约为45千克。拉弓时，弓被拉回至胸部，而不是下巴。箭形状各异，由铁、鹰羽和青铜组合制成。

刀
维京人有两种刀——普通单刃刀和短剑——类似于现代的开山刀。短剑比普通刀具更重，采用斜口造型。

矛
维京矛是农民阶级的主要武器，2—3米长的木柄顶端有一个金属头。矛根据用途来设计，既可以刺插也可以投掷。作为北欧众神之王奥丁的武器，它具有重要的文化意义。

迅速消失在黑暗之中。

　　793年，一支维京船在英格兰东北部附近航行，突袭了林迪斯芳的一座基督教修道院。对维京人来说，这个充满宝藏的建筑是一个不容错过的机会，但对于英格兰的许多人来说，这次令人震惊的无端攻击标志着维京袭击的灾难降临了。这些零星但暴力的袭击继续在英格兰海岸蔓延，到855年，一支被称为"异教徒大军"（Great Heathen Army）的部队抵达东盎格鲁王国。他们横扫全国，攻打城市，占领土地。斯堪的纳维亚战士还发动了对爱尔兰海岸和整个欧洲大陆的入侵。这些袭击甚至延伸到波罗的海和波斯。史学家们对这种迅速扩张的最初原因有着激烈的争论，有些人认为这次突袭是对基督教传播的野蛮回应，有些人认为斯堪的纳维亚人多地少，还有人认为他们只是喜欢冒险的快感。不管是什么原因，入侵给当时的人们留下了一道永久的伤疤。

图解维京战士

维京人如何突袭

1 准备
维京人并不随意袭击,他们的突袭行动都是精心策划的。他们首先会确定一个薄弱的目标,沿着海岸线攻击,他们对此驾轻就熟。因为他们拥有世界上速度最快的船只,所以会在没有任何预兆的情况下发动攻击,确保任何救援都无法及时到达。到了9世纪中叶,这些攻击队伍的规模已经升级为拥有300—400艘船只的大型舰队。

2 备马
维京船的设计使其易于在河流上行驶,但如果目标离他们的船有一段距离,他们就会下船骑马。由于船上没有马,他们会突袭附近的村庄寻找坐骑。这些马被用来在陆地上行军并运输战利品。

3 偷袭
虔诚而谦卑的修士们面对手持利器的凶猛对手毫无胜算。训练有素的维京人会对修道院发动突然的恶毒攻击,杀死神职人员。一些修士被剥光衣服扔到外面,一些修士被俘,还有的修士被抛进海里。

4 烧杀抢掠
一旦解决掉修士,维京人就会任意抢劫。他们掠夺任何可以拿到的贵重物品和食物,尤其是珍贵的文物。然而,他们往往忽略了宝贵的《圣经》。他们把现场洗劫一空后,就会放火焚烧修道院和周围的村庄。

5 逃跑
维京人带着俘虏和战利品回到船上扬帆远航。他们随后会出售夺来的黄金、珠宝和神圣的徽章,被俘的修士们也会在欧洲奴隶市场上卖个好价钱。

头盔
事实上,维京人并没有牛角头盔。他们头盔的眼睛和鼻子部位都有防护设计。现存完整的维京头盔只有一个——其他的可能在代代相传后还是被当作废品处理了。

毛发
无论男女,人们都青睐长发。剃光头,或在脖子后面挽一个小发髻也是被接受的。男人们会仔细打理他们的胡须。

林迪斯芳突袭

林迪斯芳是英格兰东北海岸的一个神圣岛屿,在中世纪是该国北部基督教福音传播的大本营。然而,在793年,维京人突袭林迪斯芳修道院,掀起了一股席卷全世界基督徒的惊涛骇浪。6月7日,维京突袭者入侵修道院并"以掠夺和屠杀的方式摧毁了林迪斯芳上帝的教堂。"虽然这次袭击不是该国遭遇的第一次,但其特殊性在于袭击直指这个基督教国家北方的心脏。一位中世纪学者在记叙这次袭击时写道:"在英国,从来没有出现过像我们现在这样遭受异教种族袭击的恐怖事件……异教徒在祭坛周围洒下修士的鲜血,践踏教堂里修士的尸身,就像践踏街上的粪便一样。"

▲ 林迪斯芳修道院至今仍是朝圣之地

盔甲
锁子甲罩衣或金属盔甲对普通突袭者来说太贵了，皮革也是一样，所以这些只留给地位高的人穿。普通的维京人可能穿着用羊毛做的日常服装打仗。

盾牌
圆形盾牌很常见，由杉木或杨木等轻质木材制成，边缘用皮革或铁加固。圆形盾牌直径可达120厘米，但大多在75至90厘米左右。

鞋子
鞋子通常由一块缝成脚掌形状的长皮革制成。维京人用皮带把靴子固定在脚上，配上厚厚的羊毛袜来保暖。

贸易

促使维京人不断向前的，不是残暴的本性，而是一个复杂而繁荣的贸易网络

虽然突袭和掠夺提供了快速获取财富的途径，但这并不是稳定的生活方式，也不是建立文明的方式。为此，维京人投入了大量时间来建立繁荣而强大的贸易网络。卓越的造船技艺使他们能够前往遥远的地方进行贸易，获得大量奇异和有价值的货物。他们特别设计的商船能够运载多达35吨的货物，包括白银与牲畜。

8世纪中叶，西波罗的海沿岸开始出现贸易市场，人们从四面八方赶来交易各种商品。随着这些市场的繁荣，商人们决定在沿途永久定居下来，这些市场因而转变为贸易城镇。瑞典的比尔卡（Birka）、挪威的库邦（Kaupang）和丹麦的赫德比（Hedeby）都发展成为繁荣的贸易定居点，居民多为手艺人和商人。不列颠群岛沿海

▲ 有证据表明维京人是许多商品的专业贸易商

也出现了繁荣的贸易城市，约克和都柏林发展成为主要的贸易中心。

随着贸易繁荣起来，维京人越过波罗的海和俄罗斯的河流，越走越远。他们在基辅和诺夫哥罗德（Novgorod）建立了更多的贸易城镇。维京商人甚至来到了伊斯坦布尔，这是黑海对面强大的拜占庭帝国的首都。这些惊险的旅程只有维京人敢大胆尝试，他们冲过危险的急流，与敌对的当地人作战。维京人继续向内陆发展贸易，把货物运到耶路撒冷和巴格达。丝绸之路的诱惑和东方异国的财富让人难以抵挡，维京人在俄罗斯的贸易中心与远东商人会面，用皮毛和奴隶交换丝绸和香料。

银币是当时最常见的支付方式，与今天的货币不同，今天的货币有特定的面值，而当时的银币通过天平称重来确定价值。这是因为当时许多银币被熔化，并制成精巧而美丽的首饰来交易。维京人贸易网络的巨大规模可以在今天瑞典发现的英格兰银币窖藏中窥见一斑，更不用说在那里发现的4万枚阿拉伯银币和3.8万枚德国银币了。甚至北欧碗、地中海丝绸和波罗的海斧头也被发现埋在英格兰的地下。这个庞大而辉煌的贸易网络吸引了大批热切而才华横溢的艺术家和手艺人。维京珠子制造商从西欧进口玻璃，制造出一系列素雅的珠子，供富人打扮自己，而来自波罗的海沿岸国家的大量琥珀则被制成吊坠和玩具。熟练的维京工匠将进口的青铜器改造成精美的饰品和胸针，鹿角甚至被用来制作精致漂亮的梳子。

> 维京人的婚礼庆祝活动是当地的大型活动，通常会持续一个多星期。

突袭者还是商人？

斯图尔特·佩里，也就是公众熟知的法斯托夫·杰拉尔特松，是乔维克集团的互动团队领导。他在乔维克维京中心管理一支维京互动团队，并带领该团队进行考古研究和特色历史解说。

维京入侵背后的动机是什么？他们只是嗜血的突袭者，还是他们有更文明的目标？

维京人入侵的动机很简单：农田。维京人，或者说北欧人此时正在寻找土地。此处"北欧人"是一个更准确地名字，因为"维京人"特指"打了就跑"的海上突袭者。

斯堪的纳维亚缺乏足够的耕地——那里水多、山多，无法支撑一定规模以上的人口。维京人自793年开始袭击英格兰海岸，也就是著名的林迪斯芳突袭后，他们看到了英格兰各地肥沃的农田、健康的庄稼和肥壮的牛群。再加上修道院和城镇里的财富，他们因此非常喜欢来此突袭，英格兰成了一个完美的扩张目标。

至于是不是"嗜血的突袭者"，维京文化确有这个因素，但维京人的袭击不仅仅是为了暴力，也是为了牟利。维京人很少会完全摧毁一个定居点，原因很简单，他们还想再来一次！突袭是鲁莽小伙子们的工作，但它不是中世纪早期斯堪的纳维亚半岛生活的焦点。乔维克维京中心借各种机会都在传达这一信息。

征服者威廉

探索诺曼底的私生子如何凭借出人意料的勇气和对敌人的残酷打击成为英格兰国王。

1066年1月5日,英格兰国王"忏悔者"爱德华(Edward the Confessor)去世,没有留下子嗣。临终前,他把王位留给了王国中最有权势的人,威塞克斯伯爵哈罗德·戈德温森。国王死后的第二天,哈罗德在伦敦受到英格兰权贵的欢迎,加冕为王。消息传到海峡对岸法国北部最有权势的贵族诺曼底公爵那里时,他勃然大怒。诺曼底公爵威廉相信他才是英格兰王位的继承人,哈罗德窃取了他的王位,所以作为合法的继承人,公爵会不惜一切代价来夺回他的王位;也由此,他成为征服者威廉。

40年前的一天,也就是1026年,威廉的父亲,耶莫瓦伯爵罗贝尔(Count Robert of the Hiémois)从法莱斯城堡(Falaise Castle)的房间窗户向外望去,看到下面一位年轻女子正沿着安特河散步。伯爵被她的美貌打动,命令他的仆人当晚把少女带到他的卧室。她的名字叫埃尔蕾瓦(Herleva),是一个低级制革工人的女儿。即使伯爵深深地爱上了她,埃尔蕾瓦也只不过是罗贝尔的情人而已。

然而,他们的关系在第二年8月5日开始变得更加复杂,诺曼底公爵理查三世(Richard III)突然病逝。理查的弟弟罗贝尔迅速采取行动夺取了公爵领地。在几位强大的诺曼权贵支持下,不久他就成为诺曼底公爵罗贝尔一世(Robert I)。大约在同一时间,埃尔蕾瓦发现她有了孩子。到1028年底,新公爵的私生子威廉出生了。因为埃尔蕾瓦是个平民,因此罗贝尔不能娶她。公爵没有马上承认他的儿子,所以威廉在母亲位于吉布赖的家里度过了人生的第一年。尽管罗贝尔仍然

描绘威廉征服英格兰的巴约挂毯(Bayeux Tapestry),高50厘米,长近70米。

哈罗德窃取了他的王位，所以作为合法的继承人，公爵会不惜一切代价来夺回他的王位。

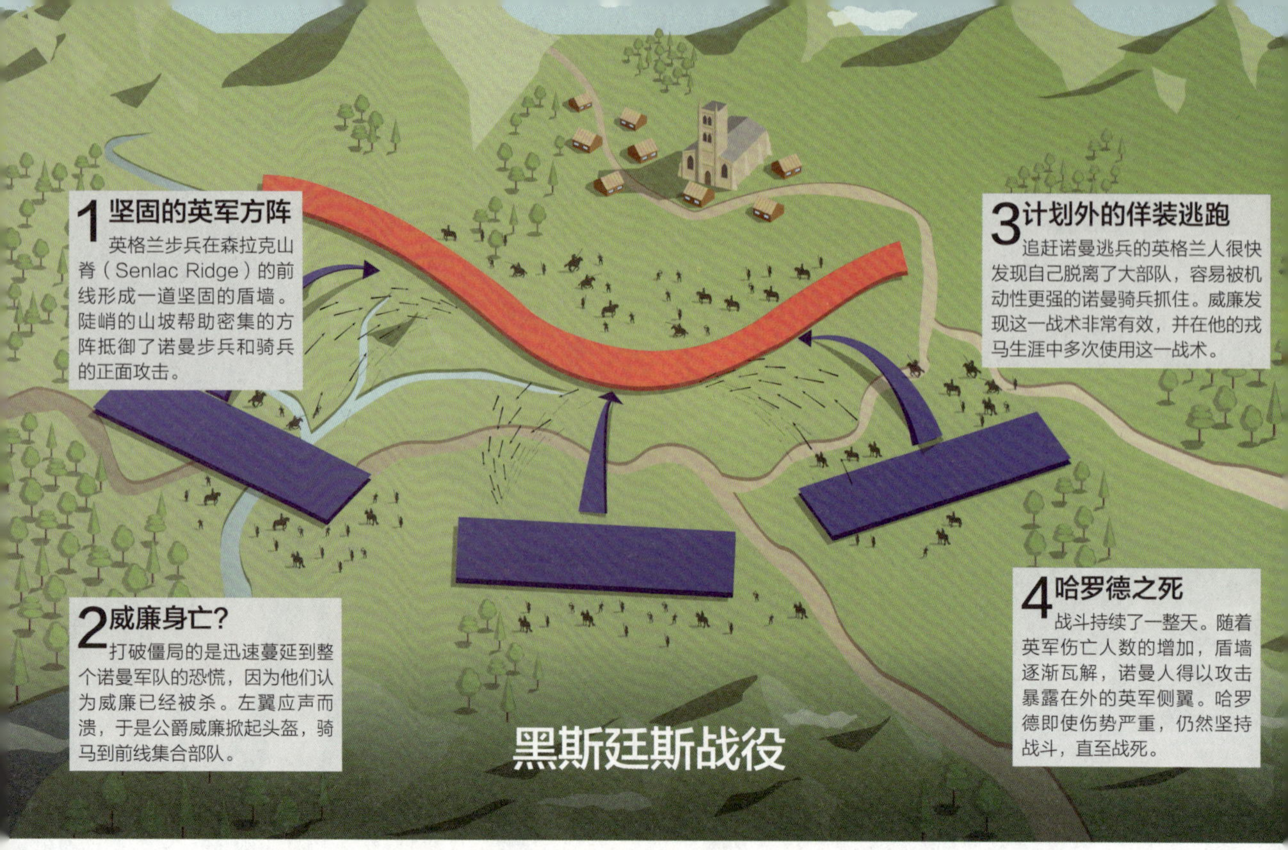

黑斯廷斯战役

1 坚固的英军方阵
英格兰步兵在森拉克山脊（Senlac Ridge）的前线形成一道坚固的盾墙。陡峭的山坡帮助密集的方阵抵御了诺曼步兵和骑兵的正面攻击。

2 威廉身亡？
打破僵局的是迅速蔓延到整个诺曼军队的恐慌，因为他们认为威廉已经被杀。左翼应声而溃，于是公爵威廉掀起头盔，骑马到前线集合部队。

3 计划外的佯装逃跑
追赶诺曼逃兵的英格兰人很快发现自己脱离了大部队，容易被机动性更强的诺曼骑兵抓住。威廉发现这一战术非常有效，并在他的戎马生涯中多次使用这一战术。

4 哈罗德之死
战斗持续了一整天。随着英军伤亡人数的增加，盾墙逐渐瓦解，诺曼人得以攻击暴露在外的英军侧翼。哈罗德即使伤势严重，仍然坚持战斗，直至战死。

不愿意让埃尔蕾瓦做他的妻子，但最终还是给了她应有的尊重，安排她与小贵族埃鲁安·德·孔特维尔（Herluin de Conteville）结婚。当她的儿子被宣布为公爵的合法继承人时，她得到了更大的荣誉。然而，这也意味着威廉在很小的时候就与母亲分居，并被带到法莱斯城堡与父亲一起生活。

威廉的父亲在1035年前往耶路撒冷朝圣时去世。年仅7岁的他又经历了一次痛苦。但幸运的是，父亲罗贝尔生前聪明地采取了预防措施，让他的贵族们接受他的儿子作为诺曼底公爵的继承人，然后才启程。然而，这位新公爵可以说失去了父母双亲，他与母亲几乎没有接触，这对他的童年影响颇深。罗贝尔还任命了几位近亲、值得信赖的顾问和忠诚的伙伴来照顾威廉，

在自己远行朝圣的时候管理王国。这些人，如威廉的叔父鲁昂大主教罗贝尔，很乐意履行他们的职责，当得知罗贝尔公爵永远也回不来的时候，他们继续履职，直至威廉成年。

威廉公爵成长期间未遭毒手实属不易。大主教罗贝尔有效地治理了公爵领地，直到1037年去世。随后，贵族们利用公爵少不更事与敌对家族互相倾轧，增加自己的土地，甚至密谋推翻威廉，将公爵领地据为己有，公国一片混乱。这些人中许多都是公爵家族的成员，因他们是诺曼公爵理查一世的后裔而被称为理查党。由于这一血统，一些理查党认为他们对公国的继承权远大于"私生子威廉"。

随着威廉逐渐长大，他的几名监护人陆续被杀，威廉被暴力威胁所包

俘虏
威廉要求伯爵居伊把哈罗德交给他看管时，伯爵听从了他，把这位英格兰贵族送到了尤堡。

围。1042年5月下旬，公爵住在沃德勒伊城堡（castle of Vaudreuil）。为了保护公爵，威廉的管家奥斯本在他睡觉时躺在他身边。然而当刺客爬进房间站在床边时，他们两个都没有醒来。威廉醒来时，发现监护人已被割喉。随着小公爵逐渐习惯了身边人的死亡，他自己也设法安然无恙地活了下来。

1046年至1047年，理查党发动了全面的叛乱，威廉面临他出生以来最大的威胁。然而，年轻的公爵迅速采取了有效行动。威廉集结起他忠诚的附庸，并向他的领主法国国王亨利一世（Henry I）求援。不久，威廉和亨利集结了一支强大的部队来对抗叛军。在1047年的瓦尔斯沙丘战役（Battle of Val-ès-Dunes）中，法国国王镇压了诺曼反对派，而威廉在接下来的三年里则继续镇压小规模的叛乱。

到11世纪50年代初，威廉已经20多岁，不再需要摄政者的监督。威廉可以自由、完全地行使公爵权力，他平息了整个诺曼底的叛乱，然后将注意力移到别处。这不仅使他与令人生畏的安茹伯爵若弗鲁瓦二世·玛特尔发生了冲突，也使他与国王亨利发生了冲突，国王亨利开始担心这位羽翼日渐丰满的年轻公爵。在一系列国内外的征战中，威廉很快就树立起能够领导快速进攻、实施有效攻城战的凶猛战士这一名声。此外，他对那些惹怒他的人残暴惩罚的故事也在敌人之间广为流传。

威廉最恐怖的复仇事件之一发生在1052年的阿朗松（Alençon）。威廉突袭失败后，城墙上的守军大声辱骂他"私生子"，还用棍子打兽皮来

▼ 描绘1066年征服者威廉到达英格兰的画作

兄弟齐心
威廉离开诺曼底，对布列塔尼公爵柯南二世（Duke Conan II of Brittany）发动了一场战役，并迫使哈罗德同他一起战斗。

誓言
回到诺曼底，哈罗德以巴约圣物发誓要维护威廉对英格兰王位的要求，他很可能是被迫发誓的。

哈罗德·戈德温森
威塞克斯伯爵
哈罗德是一位强大的英格兰权贵。爱德华临终把王位交给哈罗德时，他本人在场。盎格鲁-撒克逊贵族的贤人会议（Witan）接受了他的加冕。

威廉
诺曼底公爵
1042年"忏悔者"爱德华成为国王之前，流亡在诺曼底公爵的宫廷。据说他为了表示感谢，答应把王位传给威廉。

"无情者"哈拉尔
挪威国王
挪威国王对王位的要求最弱，他只是想利用一个大好机会，通过征服繁荣的英格兰来增加他的财富和威望。

▲ 对征服者威廉来说，黑斯廷斯战役至关重要

▲ 有一些说法称威廉的军队在入侵后掠夺了英格兰乡村

嘲弄他的外祖父是个皮革匠。威廉一攻入城中就抓获36人，下令将他们的手脚全部砍断以示惩罚。在威廉后来的统治中，他仍会下令肢解他的死敌。然而，他最喜欢的惩罚手段是监禁，尤其是终身监禁。

尽管没有什么理由可以开脱公爵可怕的行为，但他在战争中的勇敢和对亲朋好友的奉献吸引了众多忠实的追随者。当他同母异父的弟弟们，也就是他母亲的其他儿子到了适当的年龄时，威廉给了他们土地和光荣的头衔。厄德（Odo）成为巴约主教，而罗贝尔（Robert）则成为莫尔坦伯爵。两人都成为威廉的坚定支持者，并与蒙哥马利的罗杰二世（Roger II of Montgomery）和威廉·菲茨奥斯本（William FitzOsbern）等其他值得信赖的人员一起，在

威廉改变欧洲的 6 种方式

1 征服英格兰大大加强了不列颠群岛和欧洲大陆之间的联系，特别是宗教机构之间的联系。

2 骑士在黑斯廷斯战役中强大的威力以及诺曼军队的统治使英格兰的骑兵增加。

3 威廉建造了许多城堡来帮助军队占领英格兰，从而为英格兰引入了先进的大陆城堡。

4 威廉慢慢清除了几乎所有盎格鲁-撒克逊的世俗权贵，致使英格兰几乎完全成为诺曼贵族的天下。

5 诺曼人重建英格兰宗教体制的过程为大多数地方教堂创造了独特的盎格鲁-诺曼风格。

6 在与教皇诸多的紧张冲突中，威廉成功地捍卫了诺曼公爵们选择自己主教的权利。

▲ 华威城堡建于1068年，至今仍屹立不倒

公爵身边组成了一个紧密的团队，竭力帮助他实现自己的目标。公爵最重要的关系是他的妻子玛蒂尔达（Matilda），弗兰德斯伯爵鲍德温五世（Baldwin V）的女儿。起初，他与她结合仅仅是为了联合法国北部最有权势的巨头之一。然而，随着时间的推移，这对夫妇深深地相爱了。威廉一辈子都对她忠心耿耿，甚至委任她处理领地上一些最重要的工作。

随着威廉公爵的势力日益增强，他的两个主要对手若弗鲁瓦伯爵和国王亨利于1053年联合入侵诺曼底。侵略军一分为二，完全失败了，一支军队在莫特梅尔被打败，另一支则应声撤退。他们在1057年再战，但威廉在瓦拉维尔之战（Battle of Varaville）中击败了盟军。几年之后，因为若弗鲁瓦伯爵和国王亨利先后去世，战争停止了。随着主要对手的离去，公国内的局势终于稳定下来，威廉不再被迫保卫自己的土地，而可以自由地进攻了。

1062年3月9日，曼恩伯爵赫伯特二世（Count Herbert II of Maine）去世后不久，威廉夺取这位已故权贵的领地，这是他领导的第一次重大征服。威廉声称赫伯特已指定他为该地的继承人。1064年，威廉还是借着这个理由占领了他敌人的附庸安茹伯爵的领地。两年后，公爵再次发表类似的声明，征服了比曼恩地区更大的地盘。

1064年或1065年，威塞克斯伯爵哈罗德·戈德温森越过英吉利海峡，意外登陆到蓬蒂厄伯爵居

哈罗德加冕
1066年1月6日，哈罗德在国王"忏悔者"爱德华的葬礼后登上了英格兰王位。

伊（Count Guy of Ponthieu）的领地。居伊命令手下抓捕这位富有的盎格鲁-撒克逊贵族，并把他和随从囚禁在博兰城堡（castle of Beaurain）。威廉得知哈罗德的情况后，立即抓住机会，强迫他的附庸居伊把哈罗德带到自己身边。哈罗德落入威廉手中后，威廉尽其所能操纵哈罗德，朝着自己最雄心勃勃的目标——英格兰王位奋进。

英格兰国王"忏悔者"爱德华幼时被迫逃离祖国，流亡在叔叔诺曼底公爵理查二世的宫廷。丹麦国王克努特（Danish King Cnut）于1016年入侵英格兰，并最终夺取了王冠，将爱德华的家族从继承人中除名。1042年，爱德华被允许回家，并重新获得与生俱来的权利——英格兰王位。国王归来的一个主要原因是威塞克斯王国强大的戈德温家族给予他的支持。出于感激，新国王将土地和头衔授予了哈罗德和他的兄弟。1045年1月，爱德华与哈罗德的妹妹伊迪丝（Edith）结婚，两人成为连襟，极大地巩固了这一联盟。由于爱德华与威廉、哈罗德都有亲戚关系，又都欠下了巨大的人情，所以两人都认为自己应该是无嗣老国王的第一继承人。

哈罗德被扣为人质，威廉用恩威并施的方式让这位英格兰权贵不仅接受他对王位的要求，还要帮助他在老爱德华去世

渡海
威廉率领他的军队到达海岸，士兵们登上700艘船横渡英吉利海峡。

▲ 描绘哈罗德二世宣誓效忠诺曼底公爵威廉的画作

诺曼城堡的内部

威廉引进的城堡被设计得坚不可摧

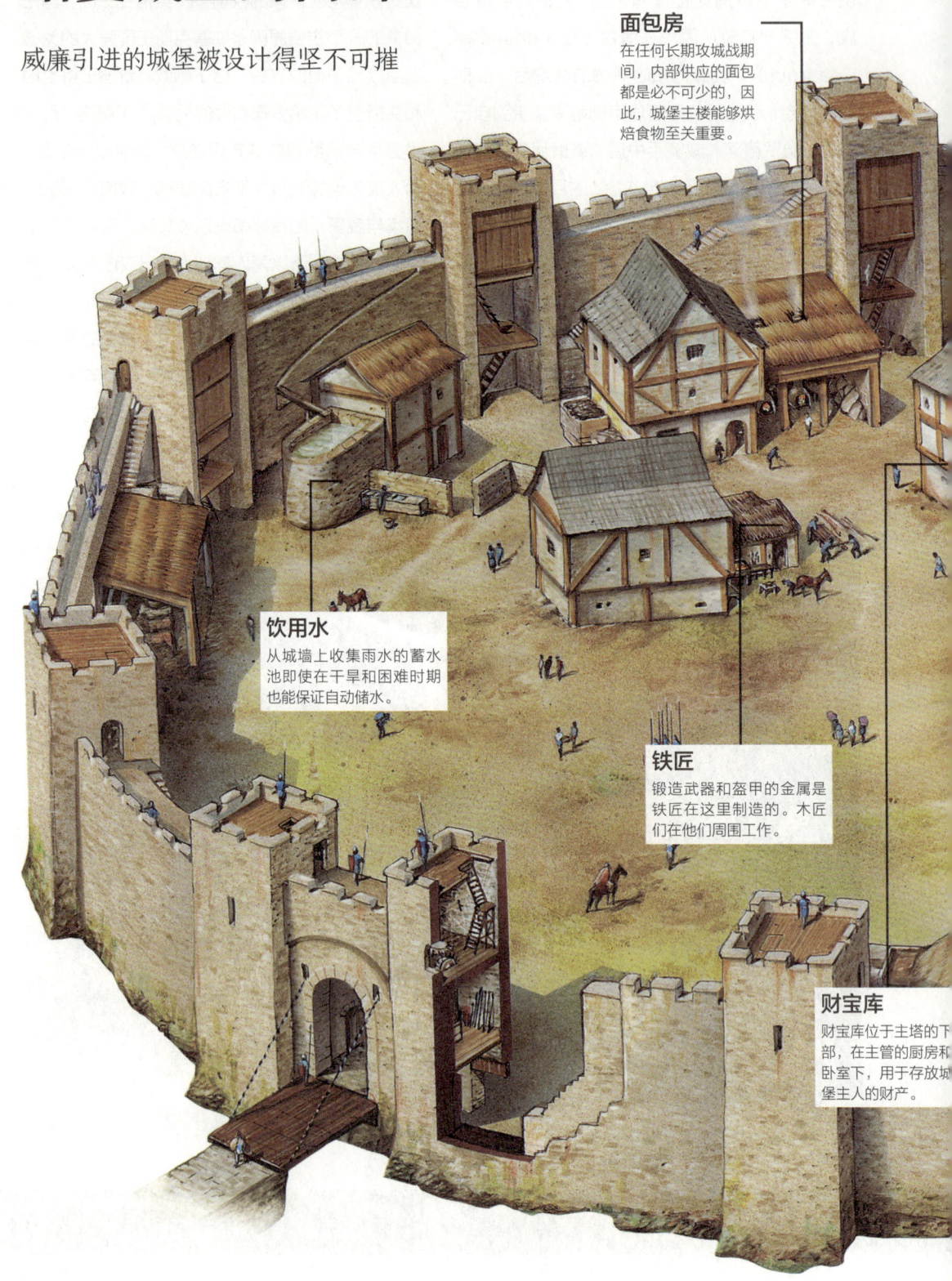

面包房
在任何长期攻城战期间,内部供应的面包都是必不可少的,因此,城堡主楼能够烘焙食物至关重要。

饮用水
从城墙上收集雨水的蓄水池即使在干旱和困难时期也能保证自动储水。

铁匠
锻造武器和盔甲的金属是铁匠在这里制造的。木匠们在他们周围工作。

财宝库
财宝库位于主塔的下部,在主管的厨房和卧室下,用于存放城堡主人的财产。

主塔

城堡的主塔是城堡防御中最后一个坚固的避难所。主塔是一个强有力的权力象征，防守好主塔至关重要。

小教堂

小教堂通常位于军械库的下方，女士卧室和补给储藏室的上方，通常用来举行宗教活动。

厕所

它们分布于不同的地方，供人们共同使用。护城河是污水的最终排放地。

王座大厅

城堡的权力中心，城堡主人在那里面授机宜，接待贵客。

地牢

囚犯在这些设施中遭到囚禁和酷刑，一般位于塔顶或地下。

▲ 征服者威廉在1066年圣诞节加冕为王

后获得英格兰王位。因此，哈罗德陪同威廉在1064年入侵布列塔尼，返回诺曼底后，哈罗德宣誓效忠威廉。威廉确信自己已经达到了目的，就让威塞克斯伯爵回到了他的岛上。

爱德华死后，人们得知哈罗德是在威逼之下向威廉宣誓，因此认为这是完全无效的。哈罗德还迅速得到了几位目睹爱德华指定哈罗德为继承人的证人的支持，同时赢得了英格兰贵族委员会的贤人会议选举。英格兰人接受了国王哈罗德二世，但威廉没有。威廉确信爱德华已经向他许诺了王位；他不会忘记这一事实，不会让这个英格兰人继承王位。

1066年秋，哈罗德的处境看起来很惨淡。威廉集结了一支入侵部队和700艘舰船组成的庞大舰队，挪威国王"无情者"哈拉尔也决定乘虚而入。然而，哈罗德和他的盎格鲁-撒克逊军队设法在9月25日的斯坦福桥战役（Battle of Stamford Bridge）中成功击溃了挪威人。他们被迫向南行军数百英里与诺曼人对峙。尽管威廉也遇到了一些挫折，但在9月28日之后不久，他满怀信心地抵达英格兰，并立即开始命令他的部下在佩文西（Pevensey）和黑斯廷斯（Hastings）建造城堡，以便在向哈罗德进攻时稳固新的领地。

1066年10月14日，黑斯廷斯血腥和残酷的战斗持续了一整天，直到哈罗德被杀才结束。在接下来的几周里，英格兰人逐渐屈服，到了年底，威廉在伦敦举行了加冕礼。尽管对外国政权的抵抗持续了几年，英格兰人却再也没有形成统一战线。为了平息叛乱，威廉下令开始建造一系列坚固的防御工事，同时，慢慢地把英格兰人从掌权的位置上撤走，取而代之的是他选择的诺曼人，比如他信任的朋友：蒙哥马利的罗杰二世和威廉·菲茨奥斯本。

当这些方法无法征服北方时，新国王再次被迫使用他最后的手段：可怕的暴力。1070年，该地区的叛乱发展到了威廉能够忍受的极限，他决心将这里变成一块荒地。大量人口被屠杀，教堂被洗劫，庄稼被毁，牲畜被宰。最后，那些幸存下来的人则死于饥饿，有反抗能力的人几乎无人幸免于难。

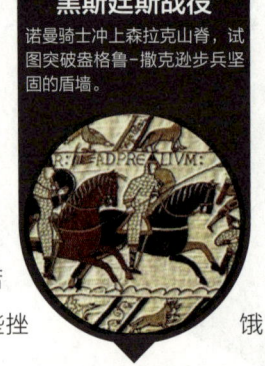

黑斯廷斯战役
诺曼骑士冲上森拉克山脊，试图突破盎格鲁-撒克逊步兵坚固的盾墙。

在威廉生命的最后二十年里，他作为征服者的时代已经过去。苏格兰人支持剩余的英格兰叛军，安茹和法兰西王国重新崛起，丹麦持续威胁入侵英格兰，敌人包围了威廉，但威廉始终设法捍卫了自己的领土。即使他的儿子罗贝尔·柯索斯（Robert Curthose）在1078年反抗他，威廉仍用他整个统治期间的一贯做法有效地平定了叛乱，尽管与继承人的决裂使他深受伤害。更糟糕的是，他逮捕了试图成为教皇的弟弟厄德。1083年，威廉心爱的妻子玛蒂尔达去世，威廉的悲痛情绪到达了顶点。

威廉在世时从未能完全修复与儿子的关系，但他在1085年下令编制《末日审判书》（Domesday Book），完成了最后一项伟大的成就。为了确切地知道他的新王国包含了多少财富，威廉对11世纪的英格兰进行了深入调查；对于工业革命前的文明来说，其详尽程度令人叹为观止，着实是无价之宝。之后不久，威廉试图再次通过征服维克辛（Vexin）来证明他的军事实力。然而年纪不饶人，国王腓力一世（Philip I）侮辱威廉说，越来越胖的威廉就像一个孕妇。威廉大发雷霆，猛攻芒特作为报复。他的部下烧毁了整个城镇，威廉在激动之下使他的马一跃而起，结果马鞍的鞍头猛地刺进了他的肚子。

9月9日，威廉因伤势引起的严重内出血而死。他与儿子达成了最后的和解，罗贝尔仍然被允许接替他成为诺曼底公爵。英格兰王位则被他的小儿子威廉·鲁弗斯（William Rufus）获得，威廉奋斗终生的征服成果毁于一旦。至此，短暂的诺曼底帝国与缔造它的强大统治者一同灭亡了。

来自法国的对手

亨利一世
法国国王
亨利在1047年帮助威廉在瓦尔斯沙丘战役中控制了公爵领地之后，很快就感受到势力日益强大的新公爵的威胁。1053—1054年和1057年，国王两次领军进攻诺曼底，试图制服他的对手，但均未成功。

富尔克四世
安茹伯爵
1068年，安茹伯爵富尔克从他的兄弟若弗鲁瓦三世手中夺取安茹之后，与国王腓力结盟对抗威廉。从11世纪70年代初开始，他曾多次试图夺回曼恩地区，但都以失败告终。

腓力一世
法国国王
腓力受到他的附庸——英格兰国王的威胁，于是与安茹和佛兰德结盟，来对抗诺曼底的力量。腓力的侮辱激怒了威廉，以至于威廉在芒特寻求复仇时，他的愤怒导致了自己的死亡。

哈罗德·戈德温森被杀
哈罗德被杀后，盎格鲁-撒克逊人的抵抗就停止了，英格兰军队逃离战场，诺曼人乘胜追击。

马可·波罗的传奇旅程

马可·波罗游历过许多充满异国情调的地方，
许多人都不相信他的故事，
他过着充满了惊奇和敬畏的非凡的生活。

马可·波罗的生活听起来像传奇故事一般。一位来自威尼斯的普通男孩被父亲和叔叔带着，横穿亚洲，遇到了世界上最有权势的统治者。统治者雇用了他17年，此后他回到故乡，将旅程见闻汇集成史上最著名的游记之一。

这是一个非同寻常的故事，而且（大部分情况下）是真实的。更不平常的地方在于，它是由一系列纯粹偶然的机会促成的。

马可出生的前一年（1253年），他的父亲尼可罗（Niccolò）和叔叔马特奥（Matteo）离开威尼斯前往东罗马帝国首都君士坦丁堡。这里曾是君士坦丁皇帝建造的基督教城市，现在是东正教的中心，与之相对应，罗马是西方天主教的中心。但是君士坦丁堡处于衰落之中，其经济由外国商人（尤其是威尼斯人）主导。尼可罗和马特奥带来了一批货物，开始着手将这批货物交换为珠宝。经过六年颇有利润的贸易（他们可能还不知道马可出生了），他们将目光投向了克里米亚（Crimea），在那里他们可以用自己的珠宝购买俄罗斯小麦、蜡、咸鱼和波罗的海琥珀，这些商品在欧洲需求量很大。在这里，命运几次发挥了作用。他们发现，两个威尼斯贸易基地索耳达亚（Soldaia，今天的苏达克）和卡法（Caffa，今天的费奥多西亚）都在刚刚建立的蒙古帝国内部。

克里米亚于1238年被蒙古人占领，是钦察汗国的一部分，这个帝国的西部从俄罗斯延伸到中国。为了躲避对手，他们向东行进了1000公里，前往汗国的首都萨莱（Sarai），那里是伏尔加河沿岸的一座有许多帐篷和马车的城市。又过了一年，当他们正要回家时，得知威尼斯的竞争城邦热那亚（Genoa）已经把威尼斯人赶出君士坦丁堡。只剩下一条可能的路线：再次向东前往布哈拉（Bukhara），然后经阿富汗长途返回。但命运再次介入。蒙古人之间的内战使他们在布哈拉度过了三年。这时，一位来自波斯的

· 70 ·

马可·波罗的威尼斯

威尼斯曾经是沼泽中的村庄，在中世纪时已成为宫殿、运河和宏伟教堂的所在地。马可出生时间约1254年，在里亚托桥（Rialto Bridge）附近一幢精致的商人别墅里长大。他也许赞叹过圣马可大教堂的华丽风采，教堂的西面有1204年从君士坦丁堡夺取的四匹罗马青铜马。他也许在仪式上看到过威尼斯总督，这些仪式旨在强调无尽的权力和财富。威尼斯拥有一支控制着地中海东部的海军，建立了一个帝国，在亚得里亚海沿岸有十几个殖民地、港口和岛屿，还拥有克里特岛（Crete）。威尼斯的飞地将商人吸引到希腊各地、君士坦丁堡，以及更加往东的地方，穿过黑海到达克里米亚，那里有两个贸易基地，连接着伏尔加河－顿河的俄罗斯"河道"。这些贸易基地现在不仅可以联系到俄罗斯，而且可以联系到整个亚洲。

> 威尼斯曾与蒙古帝国签订过贸易条约，但威尼斯的普通居民对蒙古人知之甚少。

蒙古统治者的特使遇到了他们，特使惊讶地发现这两位"拉丁人"说着流利的蒙古语。他告诉他们向东走，一直到中国，他的领主，成吉思汗的孙子忽必烈会在那里热烈欢迎他们。"先生们，"马可说，"你们将从中获得巨大的利益和荣誉。"他们不是第一批沿着蒙古驿马快信线路穿越亚洲的欧洲人。

波罗一行抵达忽必烈帝国的上都，受到欢迎。幸运的是，忽必烈需要基督教的存在来抵消当地宗教的影响。因此，他要求这两名威尼斯人回家，并带上100名神父和一些耶路撒冷的圣油（也许是当作护身符）返回。忽必烈给了他们一张金色的安全通行证，允许他们使用帝国邮政的道路，并送他们出发。经过三年的旅行，兄弟俩回到了威尼斯。那是1269年，他们已经离开了16年，尼可罗的妻子已经去世，他们的儿子马可已经成为一个受过良好教育的15岁小伙子，准备好好看看这个世界。

两年后，1271年9月，父亲和叔叔再次出发，这次带上了马可，还在耶路撒冷获得了圣油。耶路撒冷主教特道尔多·维斯孔蒂（Tedaldo Visconti，即格列高利十世）刚刚成为教皇，他希望整个中国都皈依基督教，于是匆忙写了一封信给忽必烈，敦促他皈依基督教。他还给了他们两名神父，而不是100名，但这两位神

父很快就回去了。

　　这次旅行很快成为一部史诗。到处都是战争：穆斯林与十字军作战，蒙古帝国也在内战。他们的通行证保证不了他们的安全。为了避开麻烦，他们取道小亚细亚东部，经两河流域和波斯，到达霍尔木兹港（Hormuz，现今的阿巴斯港）。确切的路线尚不清楚，因为当马可口述他的故事时，他的记忆已经模糊不清，并不可靠。

　　但是他的叙述包含很多真相。他声称自己被名叫哈剌兀纳思（Caraunas）的强盗追赶，哈剌兀纳思是国王那古答儿（Nogodar）的臣民。事实上他所说的是一支称为哈朗兀（Qaragunas）的蒙古部队及其指挥官聂古迭儿（Negüder）。他们成为掠夺者，在忠诚与叛乱之间摇摆不定。他们的后代成为当今阿富汗的少数民族哈扎拉人和莫戈尔人。

　　霍尔木兹是一个重要的港口，酷热难耐，在那里，一种称为萨姆风（simoom）的干热旋风可以把人活活热死。也许他们希望航行到印度，但被用椰棕绳固定起来的船给耽搁了。他们折回到东北部，经过如今的伊朗，搜集了阿萨辛派的详细资料，这是一个专事暗杀的伊斯兰教支派。马可讲述了关于他们的离奇传说：一些年轻人被麻醉后带进美丽的花园，与少女们"唱歌和玩耍，度过所能想象的快乐时光"之后被送出去行刺。阿萨辛派的总部阿剌模忒堡①（Alamut）是厄尔布尔士山脉（Elburz mountains）上可怕的堡垒，实际上距离马可的路线有700公里。但这些至少是那个时代的故事，因为蒙古人在1257年摧毁了阿剌模忒堡，消灭了那里的刺客。

　　在阿富汗，马可形容曾两次被成吉思汗毁灭但现在又复活的巴尔赫（Balkh）为"一座高贵和伟大的城市"。他还透露出自己是如何以年轻男子的眼光看待女性美的。在一个地区，居民们非常好看，"尤其是那些美丽无比的女人"，在另一个地区，妇女则用棉裤"让自己的臀部看起来更为丰满"。

　　他们继续往前走，经过后来被称为瓦罕走廊（Wakhan Corridor）的狭长地带，这块区域是19世纪英国为了隔开英属印度和俄罗斯帝国而划入阿富汗的。这是进入中国的固定路线，但穿越帕米尔高原却是艰难而可怕的，那里的冰川从6000米高的山峰上滑落下来（据马可的

---

① "阿剌模忒"在波斯语中的意思是"鹰的巢穴"。

真正的"欢乐宫"

　　马可描述了他称之为"藤宫"的世外桃源，柯勒律治在诗中写道："忽必烈汗在上都曾经下令造一座堂皇的欢乐宫。"

　　因为这首诗记录了一个梦，所以这座宫殿很容易被当作传说。事实上，马可描述了一座真正的建筑。"藤"的意思是竹子，可在云南买到，云南于1253年被忽必烈征服。竹杆纵向切成两半，形成15米长的瓦，制成穹顶。用马可的话说，为了抵御屋顶大风引起的升力，人们用"200条丝质绳索"将其固定。藤宫可能在夏天用作狩猎小屋，实际上是出于政治目的，它结合了蒙古包的风格（可轻松拆卸以用于冬季存放）与汉式的材料和技术。

说法），天气寒冷至极，以至于天上都没有鸟儿飞翔。他沿着瓦罕河来到一片永久积雪的土地上，那里生活着一种两个角间距1.5米的大羊，1840年，该羊以他的名字命名：盘羊马可·波罗亚种（Ovis Poli）。马可喜欢在那里度过的时光，因为纯净的空气治愈了他一些不明的症状。

从海拔5000米的瓦根基达坂（Wakhjir Pass）向下走，马可和他的父亲以及叔叔——大概带着一队马、骆驼、牦牛和导游——来到了今天喀什以南约250公里的塔什库尔干镇的商旅驿站。尽管他们经过了盖孜隘谷（Gez Defile）中狭窄的道路、翻滚的河流和摇摇欲坠的桥梁，以及冰川覆盖的"冰山之父"——孤零零的慕士塔格峰（Mustagh Ata），马可却没有提及这段旅程。他的记忆被喀什的花园、葡萄园和庄园所占据，喀什是马可进入中国见到的第一个大城市。那里当时和现在一样，是维吾尔族人的聚居区。维吾尔族人是一群拥有自己文字体系的文明人，其学者在亚洲大部分地区被视为文士。

喀什以东是亚洲的内陆地带，那里有塔里木盆地的碎石和不断变化的沙丘，以及广袤的荒野——塔克拉玛干沙漠、罗布泊、噶顺戈壁和库姆塔格沙漠。除了散乱的骆驼刺，这里没什么植物能够生长；除了白蛉、蜱和散布的野骆驼，几乎没有什么生命。马可强调了那里的危险，他说沙鬼和恶魔的声音在诅咒人们的灭亡。没有中世

> 1299年，马可在热那亚当俘虏时，匆忙地口述了这本记录他旅行的书。

▲ 马可第一次见到忽必烈时大约21岁，他陪伴了皇帝17年

▲ 一幅描绘马可·波罗从繁华的威尼斯开始旅行的作品

纪的旅行者走过这条路——他们不必穿过它——因为有一条后来被称作丝绸之路的历史悠久的路线，它沿着沙漠的南部边缘，连着一个又一个绿洲，昆仑山脉流下来的河流为这些绿洲提供了水源。马可提到的城镇——叶尔羌、和田、且末——至今仍然存在。其他一些城市则已消失在流沙之下，尤其是楼兰。

这里是中国的最西端，也是忽必烈疆域的最西端。就像太阳系边缘的一颗彗星一样，马可现在开始慢慢走向帝国的太阳——上都。但是忽必烈对西部地区的控制是很脆弱的，其中很大一部分被忽必烈叛逆的堂兄海都控制，海都40年来一直是忽必烈的眼中钉。

马可讲述了一个关于海都的故事：他有一个女儿，令人敬畏的艾嘉鲁克（Aijaruc）（他说这是"明月"的意思，实际上是"月光"的意思）。她是如此的高大——"几乎像个女巨人"——坚强而勇敢，没有人能配得上她。海都很溺爱她，想把她嫁出去。但她总是拒绝，说她只会嫁给一个能在摔跤中打败她的男人。每个求婚者必须先拿出100匹马。经过100场比赛，艾嘉鲁克有了10000匹马。后来，一位有钱有势的王子来到这里，提供了1000匹马。于是他们摔跤，她又赢了。之后，海都带她四处征战，战场证明了她的价值，她冲进敌军，抓住男人"像鹰扑向一只鸟一样灵巧"。这是真的吗？有可能。

马可像任何大臣一样接近皇帝。

蒙古妇女确实以强悍著称，海都确实有一个最喜欢的女儿，但她叫忽秃伦[①]。

在沙漠的东缘，马可经过了长城西端，它建于1000年前，用以挡住蒙古人等游牧民族。长城对他来说可能并不怎么特别，因为它是由芦苇和泥土筑成的，而且已经废弃了半个世纪，两侧均由蒙古人统治。如果他注意到了长城，大概会觉得它不值得一提。

到这时为止（可能是1275年的春天），马可·波罗一行人似乎已经被注意到了。信使们飞奔而过，他们得到了外国人到来的消息——会说蒙古语的人，带着一张金色的通行证，毫无疑问，他们就是十年前在忽必烈宫廷里的"拉丁人"。卫兵骑马"整整40天"去见他们，并领他们来到忽必烈居住的上都。此时，也许是因为周围环境绿草如茵，马可谈到了两种动物。有时，人们会问，马可是否真的经历了他所描述的一切。答案是：大部分是真的。下面这些描述就是证据。首先，他提到一种毛茸茸的牛，他有些夸张地说，这种牛"和大象一样大"。这是西方对牦牛的第一次描述，当时在欧洲是未知的。其次，他提到一头像狗一样小的鹿，他称之为"非常漂亮的动物"。这是一头麝，其颈腺里有香水制造商梦寐以求的麝香。他甚至猜出它的蒙古语名字，"古德里"——现代蒙古语中的"古德"——除非亲身经历，没有人能学会这种语言。

现在，马可来到今天的银川，银川曾是唐古特人的首都，他们的王国被称为西夏，在1227年被成吉思汗摧毁。马可的术语不完全正确，但几近正确。他提到银川的蒙古语名字（他称之为额里哈牙，实际为额里合牙），并提到当地山脉的名字（贺兰山，他称之为哈剌善）。

然后，他们穿过鄂尔多斯，经过村庄和耕地，到达一个"为皇帝的军队提供各式工艺品"的地方。这里是今天的宣化，位于从今天的北京到曾经的蒙古边界的主干道上。在这里，他可以右转去忽必烈的新首都大都，或者左转去忽必烈的第一个首都上都，现在是他的夏都。此时正值夏天，向导知道他们的皇帝在上都，距此250公里。

上都（Xanadu）源于中文"上都"，而北京则是"大都"。我们这样拼写是因为诗人塞缪尔·泰勒·柯勒律治在1797年从梦中醒来后写下的著名诗篇中就是这样拼写的：

忽必烈汗在上都曾经
下令造一座堂皇的欢乐宫：
这地方有圣河亚佛流奔，
穿过深不可测的洞门，
直流入不见阳光的海洋。

那里有个"欢乐宫"，但没有山洞或圣河亚佛，并且距太平洋约400公里。上都在蒙古高原之上，这里有着起伏的草原和低矮的小山。在马可时代，这座中国风格的城市有12万居民，离所谓的皇道很近，皇道沿路上有大量的圆毡帐、马匹、骆驼和商人。

三人在卫兵的带领下穿过正门来到"一座

> 受《马可·波罗游记》的启发，探险家克里斯托弗·哥伦布提议从大西洋航行到中国。

[①] 忽秃伦是海都最著名的女儿，忽必烈可汗最著名的侄女。她是《图兰朵》中图兰朵公主的原型。

非常精美的大理石宫殿"，得以觐见忽必烈。他很高兴看到他的"拉丁"使节们回来了。马可对"有史以来最强大的人"钦佩不已。他们跪下、拜倒、起身，然后描述他们的旅程。他们呈上了教皇的信和圣油。随后，忽必烈询问马可的情况。

"陛下，"尼可罗把马可领向忽必烈，说道，"他是我的儿子、您的臣民。"

"也欢迎他。"忽必烈说，就这样，他们持续17年的关系开始了。在那段时间，马可像任何大臣一样接近皇帝，也许更接近，因为忽必烈把他视为一个独立的信息来源，不受朝廷许多敌对集团的影响。马可说一口流利的蒙古语，他至少五次造访忽必烈统治下的中国的几个角落，可能是为了收集有关外国人和少数民族的信息。几乎可以肯定，他是皇帝的怯薛①成员，怯薛是皇帝强大的个人保镖，人数多达12000人。后来，马可为欧洲的基督教读者写下了他的所见所闻，但没有透露他被派去的原因，可能是因为这意味着他与一个非基督教统治者的关系太过密切了。

旅途之余，马可经历了宫廷生活的辉煌。他陪同忽必烈在上都和新首都大都之间旅行，旅行历时三周，忽必烈坐在一个特别设计的轿子里，轿子绑在四头并驾齐驱的大象上。之所以选中北京，是因为它是征服整个中国的关键，这里几乎完全是在忽必烈的祖父成吉思汗破坏后重建而成：寺庙、花园、湖泊和一座由上漆的木材和闪闪发光的瓷砖建造的宫殿。无数的大厅、宝藏室、办公室和套房环绕着一个可容纳6000人就餐的会堂。在附近的绿地上，鹿和羚羊在吃草。

宫廷生活围绕着150个长期确立的仪式进行，由四个政府部门和一个礼部控制。其他部门有17000名文官。三个主要的官方活动是9月底的可汗诞辰、元旦和春季狩猎。

在元旦和可汗生日那天，贡品从帝国各地源源而来。马匹、大象和骆驼列队游行，数千名身着白色服装（为了好运）的人将额头贴在地上以示尊敬，并会举办一场盛宴，皇帝和他的随行人员坐在一个高台上，由嘴里塞满餐巾的大臣们招待，这样"他们的呼吸和气味就不会玷污献给可汗的盘子和酒杯"。

3月1日，忽必烈领导了大规模狩猎。40天内，狩猎范围达500公里。马可笔下记录了14000名猎人和10000只猎鹰（尽管这些数字可能被夸大了），它们有白隼、大雕、游隼、老鹰和苍鹰，还有2000只像獒一样的狗，狩猎的目标有野兔、狐狸、鹿、野猪，甚至狼。晚上，皇帝在一个帐篷城安营扎寨，帐篷城的中心是皇帝的大帐篷，帐篷里衬着鼬皮、貂皮和防水的虎皮。白天，皇帝坐在四头大象抬起的轿子里。

马可描述了当时的情景："当他们走着的时候，轿子里的皇帝正在和他的贵族们谈话，其中一位惊呼：'陛下，看呐！仙鹤！'皇帝立即推开轿顶，看到仙鹤之后，他放出了一只白隼。"

马可在中国的游历结束于1292年。那时忽必烈年老肥胖，身体抱恙，马可、他的父亲和叔叔对他们在新统治者统治下的未来惴惴不安。忽必烈不情愿地允许他们陪同一位公主出海离开，公主将要嫁给忽必烈在波斯的一个亲戚。忽必烈死后两年即1296年，他们回到了故乡。

---

① 怯薛：成吉思汗时设置的护卫军。

▼ 忽必烈统治着辽阔的蒙古帝国

威尼斯

威尼斯是行程的起点,此时是欧洲最富有的城市之一,它的财富增长速度比以往的任何时候都要快。它的金币是欧洲的主要货币。波罗家族是一个商人家族,他们可以充分利用这个优势。

君士坦丁堡

巴格达

蒙古人在1258年毁灭的城市正在恢复。马可称其为"报达",说那里"商人川流不息……丝制品和金色锦缎琳琅满目"。

耶路撒冷

十字军的前首都耶路撒冷现在掌握在穆斯林手中,但穆斯林允许基督徒进入。所以波罗家族可以按照忽必烈的要求从圣墓取油。

霍尔木兹

马可记录了来自印度的船只装载着"香料、宝石、珍珠……象牙和许多其他商品"。马可·波罗一行因高温和椰枣酒引起的"剧烈腹泻"而虚弱不已,于是向北返回。

中国之旅

马可的路线是从威尼斯到耶路撒冷,穿过阿拉伯、阿富汗,越过帕米尔高原进入中国,穿过今天新疆的沙漠,最后到达上都。

一个世纪的
血雨腥风

百年战争中，英格兰和法国卷入了一系列激烈而血腥的战斗，永远地改写了欧洲大陆的未来。

这场欧洲历史上持续时间最长的冲突的根源与它之前和之后的许多战争一样，源于对领土的永恒追求和对权力永不满足的渴望。自从征服者威廉，也就是诺曼底公爵宣称拥有英格兰王位以来，英格兰君主就对法兰西的部分国土和贵族头衔有着合法的掌控权。随着时间的推移，一系列法国国王的统治致使英格兰国王在法兰西的领土逐步缩小，但英格兰继续设法在其邻国的未来中占有一席之地。

英格兰国王爱德华三世对法国的投入更为深入——对这位金雀花王朝的君主来说，这是他与生俱来的权利。无嗣的法国国王查理四世（Charles IV）之死为爱德华提供了他所需要的机会，但一项古老的《萨利克继承法》（Salic Law）禁止通过一个女人（他的母亲是法国国王的妹妹）顺位继承王位，因此议会将王冠授予瓦卢瓦的腓力（Philip of Valois）。腓力六世（Philip VI）也不失时机地打击他的对手，包括资助苏格兰君主大卫二世（David II）入侵英格兰。虽然入侵失败了，但这来自法国一个如此近的邻国的阴谋激怒了爱德华。1337年，为了压制爱德华对其领地的影响，腓力吞并了法兰西最大的英格兰领地阿基坦。

作为回应，爱德华开始与弗莱明家族和孟福尔家族等主要贵族家族结成联盟，尽管这些家族对现任法国君主漠不关心。但随着爱德华的儿子，也就是后来被称为"黑太子"的爱德华（Edward the Black Prince），同样在法国的土地上密谋为英格兰人建立更多的联盟关系，这两个国家开始了百年战争中第一次激烈的对

尽管被称为百年战争,但这场战争实际上持续了116年。

在"黑太子"爱德华的带领下,英格兰部队击溃了法国约翰二世的部队。

抗——克雷西会战。

1346年8月26日,爱德华的军队到达诺曼底的克雷西镇附近。一个月前,英格兰国王的军队在诺曼底海岸登陆了14000人,入侵法国乡村,将村庄夷为平地。腓力的军队聚集起来做出反击,12000人的军队在克雷西与他们交手。腓力的军队由8000名骑兵和4000名雇用的热那亚弩手组成,而爱德华的大部分兵力则由10000名英格兰弓箭手组成。那些弓箭手装备着独特的英格兰长弓,将大大改变战争的形势。

腓力的部队趁英军不备首先发起了进攻,爱德华的长弓手向空中射出密集的箭,消灭了冲锋的骑兵。英格兰长弓的射程超过法国传统弓的设计,这使英格兰人在骑兵和步兵正式交手之前,已经大大削弱了腓力的军队。夜幕降临时,法国军队的三分之一已经被消灭,包括国王自己的兄弟阿朗松的查理二世(Charles II of Alençon)。

爱德华在克雷西的胜利有效地打击了法国军队,为他进一步的征战开辟了道路。到1347年,加来沦陷,英格兰人建立了一个重要的据

决定性时刻
百年战争爆发 1336年

英法之间的紧张关系在几乎没有缓和的竞争中爆发,当腓力六世而不是关系更密切的英格兰国王爱德华三世被任命为法国国王时,敌对情绪开始上升。爱德华向腓力宫廷的叛逃者——阿图瓦的罗贝尔三世(Robert III of Artois)提供庇护,谈判陷入了僵局。爱德华拒绝腓力的要求,法国国王于是控制了英格兰宣称拥有但实际为法国占有的领地吉耶讷(Guienne)/阿基坦。爱德华向法国宣战,开启了百年战争的序幕。

▲ 圣女贞德是百年战争兰开斯特时期法国战争的重要人物,她的成就使她封圣

时间表

1328
● **法王查理四世之死**
查理四世死在万塞讷(Vincennes),没有男性继承人延续卡佩王室(House of Capet)。他的去世产生了权力真空,导致他的堂兄瓦卢瓦王朝的腓力成为法王腓力六世。**1328年2月1日**

1346
● **英格兰军队在克雷西会战取得胜利**
英格兰爱德华三世的军队在克雷西会战中取得了决定性的早期胜利。长弓起到了关键的作用,这场战斗有效地削弱了法军的实力。**1346年8月26日**

1356
● **法国军队在普瓦捷惨败**
英格兰人在普瓦捷附近又一次战胜了法国人。法国人遭受灾难性损失,法国国王约翰二世被活捉。**1356年9月19日**

1407
● **法国内战爆发**
法国查理六世的兄弟奥尔良的路易(Louis of Orléans)在国王的儿子"无畏的"约翰(John the Fearless)的命令下被谋杀,整个国家陷入了一场争夺继承权的激烈战争中。**1407年11月23日**

1415
● **亨利五世在阿金库尔大获全胜**
百年战争中,英格兰有三次决定性胜利,在阿金库尔的战场上,英格兰国王亨利五世赢得了第三次决定性胜利。这场胜利几乎结束了这场旷日持久的战争。**1415年10月25日**

点，使他们能够用源源不断的士兵和补给来巩固他们的征战。1350年腓力六世的死以及黑死病在巴黎及其他地方的蔓延推动了英格兰的战局。

在接下来的几年中，法国军队一般与英军保持距离，只是通过激战阻止其前进。紧随克雷西会战之后，规模最大的战役发生在1356年9月19日的普瓦捷，它是第一次战役的翻版——法国军队被英格兰军队的弓箭击溃，马失前蹄。以"黑太子"为首的英格兰军队击溃了法国约翰二世的军队，法国国王也被俘虏。

"黑太子"于1376年去世，因此当爱德华三世于次年去世时，王冠传给了他的孙子理查二世。理查继承王位时只有10岁，他继续在法国拓展英格兰的领地。英格兰的入侵所造成的损害不仅仅是经济上的或领土上的——它破坏了法国的统一感，贵族们开始互相攻击。到1407年，国家陷入内战，王室最强大的两个分支——奥尔良家族和勃艮第家族——为争夺王位控制权而战。

当法国陷入内乱时，其军队集结在法国骑士统帅夏尔一世·德·阿尔布雷（Charles I of Albret）手下，与英格兰展开另一场决定性的战斗。就像法国王位一样（现在被约翰二世之孙查理六世占据），英格兰王冠在百年战争的血战中被几位国王戴过，而现在的国王亨利五世已经做好了战斗的准备，这场战斗有可能永远结束这场战争。和他的前任们一样，亨利认为自己是法国王位的合法继承人，1415年10月25日，他在阿金库尔的田野上向胜利进发。

阿金库尔见证的血腥战斗粉碎了法国君主制的力量。查理和阿尔贝组建了数量庞大的法国军队（约有12000人到36000人），亨利旗下仅有约6000—9000人。但是亨利从战争中吸

> 战争实际上停止了几次，主要是由于腺鼠疫和黑死病的灾难性暴发。

决定性时刻
《特鲁瓦条约》签署 1420年
英格兰在阿金库尔取得决定性胜利，进一步占领法国领土，加上法国似乎永不休止的内战，法国被迫正式承认亨利五世对法国王位的主张。继承权的问题导致了查理六世的兄弟遇刺，最终致使法国王太子"无畏的"约翰被剥夺继承权。随着国王越来越疯狂，王位秩序变得越来越脆弱，指定亨利为继承人是最好的选择，法国的最高权力必须恢复表面上的秩序。

▲ 在这场长达116年的战争中，最著名的一战发生在阿金库尔战场上，两军用长弓作战

决定性时刻
百年战争结束 1453年
查理七世夺取阿基坦和诺曼底后，英格兰在法国的控制权遭到破坏。亨利五世占领这些领土超过三十年之久，终因一系列军事失误和重大失利而失去。法国在查理的领导下团结了起来，并试图击败在阿金库尔征服过他们的敌人，从而使整个国家完整统一起来。失去如此多的欧洲大陆领土对英格兰人来说是一个巨大的打击，这导致了兰开斯特和约克家族多年的冲突，最终引发玫瑰战争。

1429
● 圣女贞德解放奥尔良
农家女贞德声称神迹对她显现，要她去支持法国的查理七世，帮助他将奥尔良从英军手下解放出来，这是法国人第一次真正的决定性胜利。**1429年5月8日**

1431
● 圣女贞德被烧死在火刑柱上
圣女贞德在贡比涅（Compiègne）被俘后，英格兰和西班牙宗教裁判所指控她为异端，并将她烧死在火刑柱上，当时贞德年仅19岁，后来她被封圣。**1431年5月30日**

1435
● 《阿拉斯和约》
法国的查理七世与英格兰和勃艮第签署了一项条约，有效地结束了内战。法国终于可以开启将其资源整合为统一的国家的进程。百年战争还在继续。**1435年9月21日**

1450
● 加农炮提升了法国人的实力
在福尔米尼战役中使用的大炮，为法国提供了一种强大的武器来摧毁英格兰依靠长弓的军队。英格兰在法国的控制正在减弱。**1450年4月15日**

1453
● 卡斯蒂永战役
法国在加斯科涅（Gascony）取得了一场关键性的胜利，击溃了在法国的英军，迫使英军撤退到加来，这是他们最后一个真正的据点。**1453年7月17日**

火药和大炮的兴起

想想阿金库尔的血战等著名战役，长弓大量射杀敌人的画面便浮现在脑海中。这是一种改变战争进程的武器，但人们很容易忘记，在这116年里，军事工程经历了怎样的变革。

在战场上引入火药是一个缓慢的过程，在阿金库尔战役中，加农炮只是零星点缀，但随着战争进入最后几年，使用火炮成为一种重要的战术。最初的加农炮是固定的，很难操作，而且射程很近，但是到了14世纪80年代，大炮成了可移动的，可以像上帝的燃烧之手一样消灭前进的军队。

对于法国人来说，火药的进步最快，这在百年战争的最后对抗中具有重大影响。1453年卡斯蒂永之战等战役证明法国加农炮在长射程方面更为有效，致使英格兰长弓成为过时之物。

▲ 这场百年战争主要依靠骑兵和步兵进行陆上作战，但由于英格兰船只与法国船只会发生冲突，也有一些海战

取了教训，这6000—9000人中，大部分是英格兰和威尔士的长弓手，他们沉重地打击了法国弓箭手和步兵。当法国人撤退时，他们已经损失了7000—10000人。

阿金库尔的失利迫使查理承认亨利是正式的王位继承人。具有讽刺意味的是，鉴于该国仍陷于内战之中，承认军事力量强大的亨利作为国王是对该国最有利的选择。然而，亨利和查理在1422年的两个月内相继去世，这使协议名存实亡。亨利的继任者亨利六世（Henry VI）和查理的王太子都对王位提出了要求，而在王太子的领导下，战局将真正改变。

进入奥尔良时，亨利六世的部队竭力争取优势。1428年9月，英格兰国王的军队开始围攻与该地区同名的战术要塞，但这次袭击却因为始料未及的原因功败垂成。

一位名叫圣女贞德的农家女来到了王太子的宫廷，声称她看到了战胜英格兰人的神迹。她同一支救援部队一起被派出，她团结一切力量帮助法军摧毁了英格兰军队。贞德在不久后被俘虏，随后被火刑处决，但这反而推动了法国复兴运动。

圣女贞德的殉难和法国王太子的大受欢迎最终导致亨利六世最重要的法国盟友之一勃艮第公爵于1435年叛变。不久之后，法国王太子被正式立为法国国王查理七世。这个国家现在有了一个法兰西君主，他致力革新，使用加农炮等新技术来帮助削弱英格兰长弓的致命威胁。

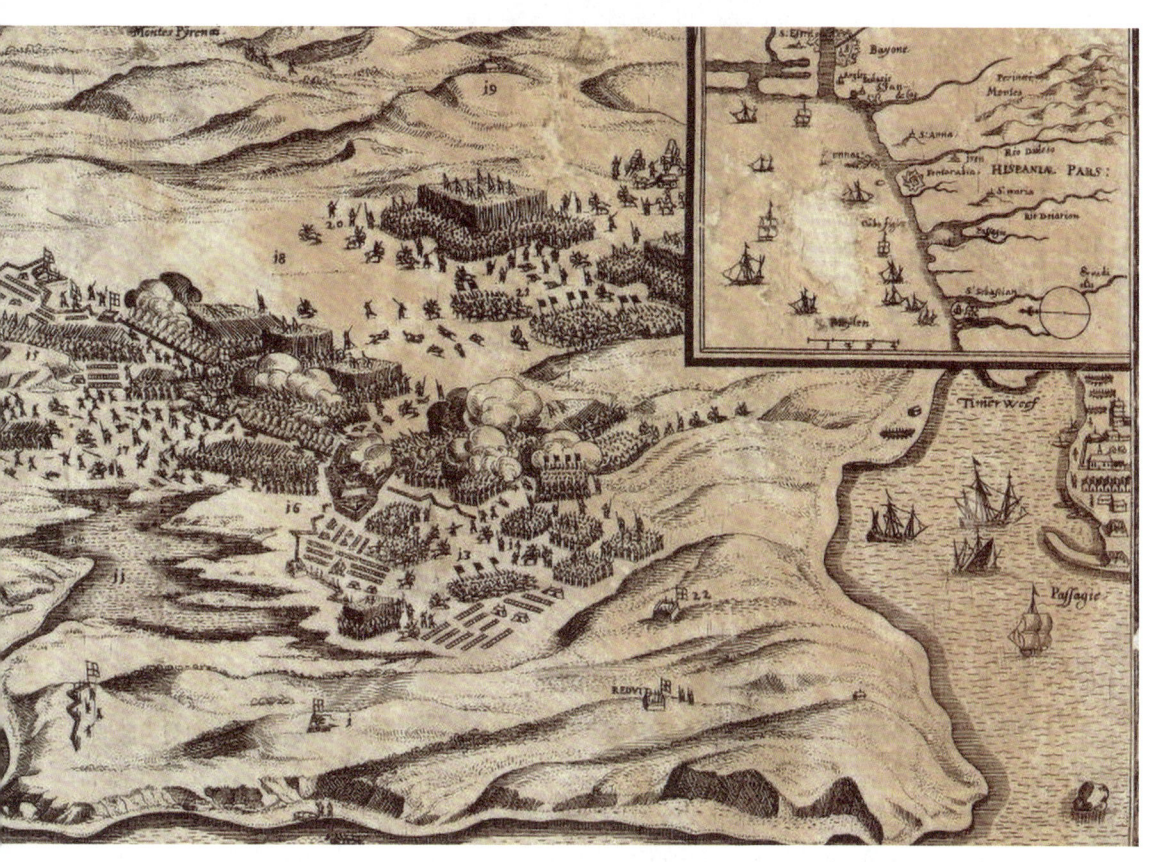

奥尔良和勃艮第在瓦卢瓦君主统治下得到统一成为战争的转折点。随着岁月的流逝，查理的势力越来越强大，把王位觊觎者逐步推向海岸。1450年4月15日，法国人在福尔米尼战役（Battle of Formigny）中与英格兰人交战，用加农炮、箭和刀摧毁了亨利六世的部队。福尔米尼的失利挫败了英格兰人，到1453年底，卡斯蒂永和加来这两个英格兰入侵的最后据点都被摧毁。至此，查理用英格兰军队的血流成河结束了百年战争。

经过116年的冲突和对战，欧洲不止一次遭遇残酷的撕裂，欧洲大陆再也不会一如从前了。法国失去的每一块领土都是民族的耻辱，亨

> 战争已经持续了太久，使得英格兰和法国新即位的国王都是孩子，太年轻以至于无法承担这个重担。

利六世的权力基础崩溃之后很快导致了政治内讧。金雀花王朝的实力被兰开斯特家族和约克家族的战火削弱，亨利·都铎（Henry Tudor）最终在1485年博斯沃思原野战役（Battle of Bosworth Field）后夺取政权。

对法国来说，百年战争的胜利是苦乐参半的。在查理七世统治期间，他开始重建一个统一的国家。他对税收和社会结构进行了新的改革，使法国能够开始重振经济。在他统治的大部分时间里，他是一个受欢迎的国王，战争的巨大成功给了他一个机会，让他的王国在一个世纪的内忧外患之后休养生息。

阿金库尔的国王之战

在百年战争最激烈的时期，亨利五世赢得了
中世纪最血腥的几场战争中的一场。

亨利四世一直忙于巩固他的统治，并在这一过程中使其合法化，而他的儿子亨利五世则看到了一个机会，通过收回他认为合法属于他的土地来扩大英格兰的疆域，首当其冲的便是法国。

1415年，他向法国国王查理六世的女儿凯瑟琳求婚，并大胆要求将金雀花王朝的土地诺曼底和安茹作为她的嫁妆。不出所料，查理拒绝了这位年轻国王的提议，有一个说法称他给年轻的亨利寄去了一箱网球——言外之意是：与其打法国的主意，不如把时间花在打球上。

亨利丝毫不为查理的嘲讽所影响，启程前往法国，决心亲自夺取王位。除了有望重获祖先的故土之外，在国外取得成功还将有助于激发国内的支持，在这一过程中，人们还会把注意力从表兄弟的王权野心上转移开来。

他很快就成功了。登陆后，他立即占领了哈弗勒尔港（port of Harfleur），尽管在前往加来港的途中，他发现自己的道路被一支人数远远超过自己的军队挡住了。面对这支庞大得多的法国军队，他充分利用自己高超的战术智慧，大量使用长弓，使法国军队惨遭灭顶之灾。据不同的说法，约有7000至10000名法国士兵丧生，约1500名贵族被俘，而英格兰军队的伤亡人数仅为112人，约克公爵和萨福克伯爵等大贵族也在死者之列。对被抓的法国俘虏，亨利表现出他冷酷无情的一面，他下令将其中许多人处死，以避免他们与法国残余势力勾结进行报复性袭击。这是他深思熟虑的结果——但可以说是合理的举动。

亨利证明了这一决定性的胜利并非偶然，他随后又征服了诺曼底——这场征战持续了三年。到1419年6月，亨利控制了诺曼底大部分地区。阿金库尔战役不仅是军事上的胜利，也是精神上的胜利，激励了国内外的英格兰人。

面对失败，查理同意了《特鲁瓦条约》，该条约正式承认亨利为法国王位的继承人（以牺牲自己的儿子为代价），并最终允许凯瑟琳嫁给亨利。1421年2月，大获成功的亨利三年半来第一次回到英格兰，以征服英雄的身份回到了家园。

他成功地征服了英格兰的许多仇敌，这使他极为受人欢迎，尤其是阿金库尔战役将永远成为他实力、战术技巧和军事才能的丰碑——同样，这次战役也展示了他的勇敢精神和英格兰军队以弱胜强的能力。

前线
英军的前线主要包括徒步骑士和披甲战士。射手们在敌军射程之外的地方就位，一般是战场边缘的树林两边。

国王亨利
与法国国王不同，亨利亲自带领他的军队投入战斗。他虽然是国王，但从来没有停止做一名战士——即使在临终前，他仍坚持让人把他抬到即将开始的攻城战的现场。

王冠
不同于他父亲几年前在什鲁斯伯里之战（Battle of Shrewsbury）中使用替身，亨利把王冠固定到他的头盔上，以确保将士们一眼就能找到他。他的王冠在战斗中被敌军用战斧击打头部时受损。

祷告
在列队作战时，亨利带领他的部队祈祷，祈求上帝赐予他们胜利，战胜法国军队。

英格兰

兵力：6000—9000
长弓手：5000
骑士：1000

亨利五世
领袖
国王亨利是一位技术娴熟的作战指挥官，御驾亲征，与士兵并肩作战。
优势： 勇敢而有经验的军事领袖。
劣势： 他的部队在数量上不如法国人。

长弓手
关键部队
英格兰长弓手很大程度上左右了战局。
优势： 射程长，攻击难度大。
劣势： 装甲相对较差，如果受到攻击则很脆弱。

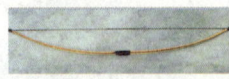

长弓
关键武器
长弓每分钟可以发6支箭，能够射伤360米远的敌人，射杀180米远的敌人，甚至可以穿透90米远的装甲。
优势： 精确打击，大量使用时破坏性极大。
劣势： 可用的箭数有限。

01 夜间露营

10月24日，在距离加来约48公里的弗雷旺镇（Frévent），英格兰侦察兵报告说，一支庞大的法国军队封锁了前方的道路。亨利看出在战场上必将与他们交手，便命令他的部队在那里扎营过夜。

02 就位

在通往加来的路上，英军骑士和披甲战士分三路：右路由卡莫伊斯勋爵（Lord Camoys）率领，左路由托马斯·厄平厄姆爵士（Sir Thomas Erpingham）率领，中路由约克公爵率领。法军第一线是由法国骑士统帅（Constable of France）率领，第二线由巴尔公爵和阿朗松公爵率领，第三线由梅尔伯爵和福肯伯格伯爵率领。

03 挥师向前

亨利厌倦了等待法国人发动进攻，命令他的部队前进。一旦法国弓箭手进入射程，英格兰军队就停住脚步，各师集结，弓箭手在地上安置了一系列尖桩，形成了一道围栏。在两军周围的树林里，亨利指挥一群弓箭手和披甲战士穿过树林接近法国人。

04 一箭之遥

很快，亨利下令弓箭手射杀法军，法军此时正摩肩接踵地挤成一团。由于完全没有预料到亨利的部队已近在眼前，法国军队伤亡惨重。

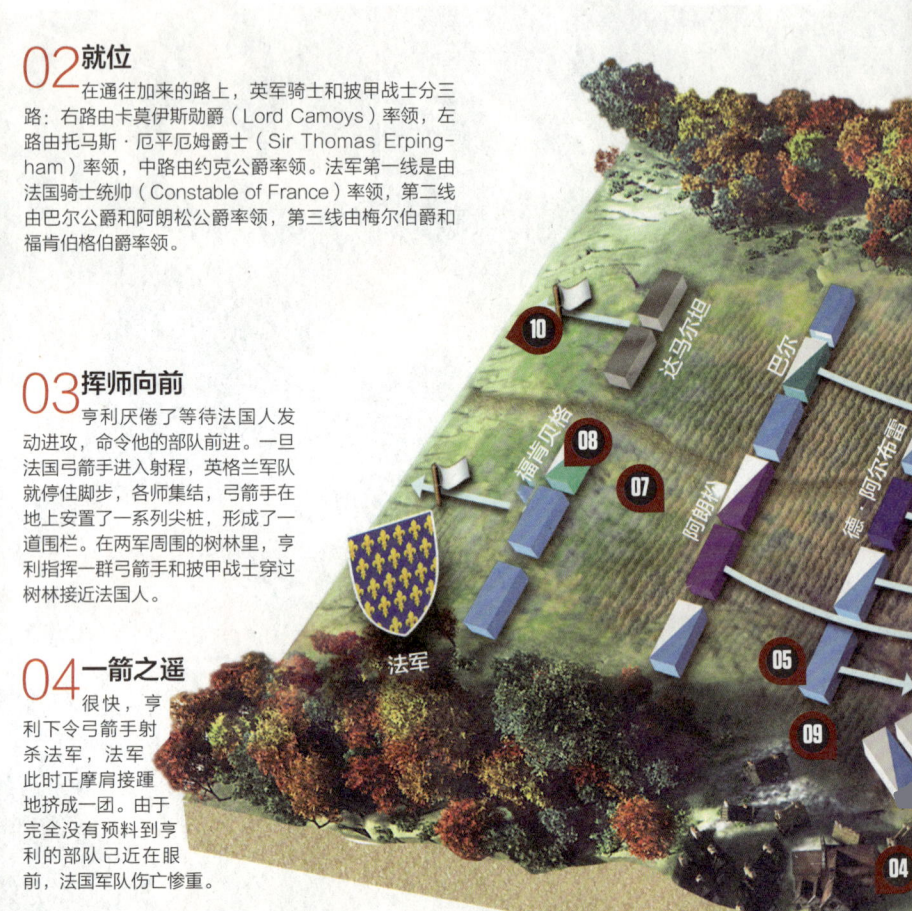

05 法军试图向前进军

震惊之余，法国军队试图向前挺进，以便向英格兰人发起攻击。但是，由于已经造成大量人员伤亡，他们被前方战亡的将士和垂死的马匹所阻挡。由于步伐缓慢，他们很容易被隐藏在侧翼林地中的英格兰弓箭手伏击。

06 弓箭手从侧翼加入战斗

随着战斗继续沿着尖桩围栏进行，英格兰弓箭手离开之前的位置，加入了骑士与法国骑兵部队的战斗，法国骑兵中的大部分已被迫下马，而英格兰骑士则得到了侧翼士兵的支持。

10 法军营地被洗劫一空

随着战斗的结束和对当地反抗的镇压,英格兰军队洗劫了基本上被遗弃的法国营地,取得了一次名垂青史的战争的胜利。

09 当地法国部队攻击英军后方

虽然主要战役已经结束,但当一支法国部队绕过森林袭击英军后方时,战斗一触即发。亨利担心大量俘虏会反抗并加入这次袭击,于是下令处决他们——许多俘虏就这样被处决了,直到进攻被击退。

法国

兵力: 36000
长弓手: 1200
骑士: 8800

夏尔·德·阿尔布雷
领袖

这位法国骑士统帅与让·勒迈格雷(Jean le Maingre)共同指挥法国军队。
优势: 身经百战。
劣势: 社会地位低,所以下达的命令不被贵族放在眼里。

骑士
关键部队

法国军队大部分是重装步兵,这使得他们在阵地战中成为强硬的对手。
优势: 装甲精良、近身战斗力强。
劣势: 缓慢、笨重,容易被弓箭手射杀。

08 第三线撤退

法军第三线看到第一线和第二线出师未捷,在战场边缘的他们犹豫着是否要加入战斗。亨利派了一个使者,告诉他们,如果参加战斗,则无人能够生还,于是他们做出了决定。不出所料,他们别无选择,只能离开战场。

战马
关键武器

大量马背上的骑士常常使对手感到恐惧。
优势: 快速、强大。
劣势: 受环境限制,在陡峭与泥泞之处会失去作用。

07 法国第二线向前推进

阿朗松公爵率领的法国第二线奋力向前推进以协助陷入困境的第一线,但也以同样的方式被击溃。眼看继续下去徒劳无功,他试图向亨利投降,但还未到达国王面前就已毙命。

圣女贞德

一位少女烈士领导法国军队，给英军带来对上帝的恐惧。

圣女贞德是一位年轻的姑娘，她的信仰引导她说服国王、鼓舞军队，她虔诚地相信上帝指定她带领法国人战胜英格兰人，因而从出生的村庄来到战场。没过多久，她就成为国家的象征。这是她展现的形象，也是人们鼓励她成为的形象，而这最终导致了她的死亡。

是火焰使贞德殉难，亦是火焰激起了她强烈的爱国之情。贞德于1412年出生在与勃艮第的领地隔河相望的栋雷米村（Domrémy）。勃艮第人是英格兰的盟友，经常袭击法国领土。1428年7月，贞德的家人躲过了一次突袭，回来后发现敌人烧毁了他们的城镇、田野和教堂。贞德声称自己从十二三岁起就听到天使的声音，敦促她保持虔诚，但现在天使给了她一个具体的使命。她说天使长圣米迦勒、圣凯瑟琳和圣玛格丽特的声音指引她去法国寻找她的国王——王太子查理。

> 她声称自己在12岁时就第一次看到神迹，当时圣凯瑟琳（St Catherine）、圣米迦勒（St Michael）和圣玛格丽特（St Margaret）在田野中向她显现。

英格兰和勃艮第之间的联盟使得查理无法获得法国王位。他的敌人不仅占领了巴黎，还占领了举行加冕礼的兰斯。除此之外，由于法国城市奥尔良目前正处于一场旷日持久的攻城战之中，加冕将不得不继续推迟。奥尔良需要帮助，贞德相信她就是能提供帮助的人。1428年5月13日，16岁的贞德来到沃库勒尔（Vaucouleurs），请求守卫部队指挥官罗贝尔·德·博德里古（Robert de Baudricourt）为她提供武装护卫，护送她前往位于希农（Chinon）的查理宫廷。博德里古回答说，她应该被带回家挨打。不过，贞德不为所动，第二年1月又回来了。

她声称自己就是1398年一个预言中的人，预言说，一个女孩将"从敌人手中拯救法国"。博德里古再次拒绝了她，但她的努力受到越来越

她的故事迎合了他对占星术和算命的热衷,此外,他迫切需要能得到的任何帮助。

▲ 查理七世加冕礼上的圣女贞德

圣女贞德时代的生活

黑死病

从1348年到1350年，黑死病席卷了英格兰，夺去了约150万人的生命。腺鼠疫病菌由跳蚤与老鼠携带，于人口稠密的城镇肆虐。英格兰的经济和资源在未来数十年均受其影响。

上帝的使者

圣女贞德并不是第一个声称天主向她说话的女人。宾根的希尔德嘉（Hildegard of Bingen）痛斥神职人员的腐败，阿西西的圣克莱尔（St Clare of Assisi）声称自己病得无法动弹时，能够听到和看到房间墙上显现的弥撒，锡耶纳的凯瑟琳（Catherine of Siena）前往意大利，敦促各国与罗马修好。

从弓箭到加农炮

随着百年战争的愈演愈烈，战争技术开始发生变化。1415年在阿金库尔，英格兰长弓是胜负的关键，但是由于阵地战经常被长时间的攻城战所取代，火炮逐渐成为一个决定因素。到了奥尔良之围，双方都部署了加农炮。

异端审判

异端的定义涵盖了许多罪恶，但该术语被归结为否认任何已确立的基督教教条。在中世纪，异端审判变得更加普遍，天主教会积极地追捕任何异端教徒。这种情况一直持续到16世纪，赞成哥白尼学说的学者被指控为异端。

巴伐利亚的胡斯派

捷克宗教改革家扬·胡斯在1415年因异端信仰而被烧死。他死后，胡斯派运动兴起，从罗马天主教分裂出来。胡斯派宣称应该以面包和酒为圣餐，他们相信神父应该保持清贫，对罪人要进行惩罚，而讲道应该自由。教皇于1420年下令召集十字军来讨伐他们。

多的关注。她得到了当地贵族的青睐，尤其是洛林公爵（Duke of Lorraine）。尽管贞德拒绝为他治疗痛风，但公爵同意给她几名护卫，于是她于2月穿着男装前往希农，在那里被送入宫廷。

查理很谨慎，但很好奇。接受一个疯狂异教徒的建议可能会对他的征战造成毁灭性的打击，但她的故事迎合了他对占星术和算命的热衷，此外，他迫切需要能得到的任何帮助。贞德立刻从人群中认出他来，并宣誓效忠他："最杰出的王太子殿下，我是从上帝那里来帮助你和王国的。"他深受触动，但下令先对她进行测试以证实她所言非虚。这些测试的关键人物之一是阿拉贡的约兰德（Yolande of Aragon），她是查理背后的大人物之一，也是一位聪明的战略家。贞德的处女身份得以证实后，被要求回答神职人员和神学家的提问，而她对答如流。他们是否真的相信她的话已经无关紧要。查理现在有了一名上帝的使者，约兰德为这名使者召集了一个护卫队。

1429年4月，贞德骑马而出，手持雪白军旗，穿着查理赏赐的一套盔甲。她宣布她的剑在圣卡特兰德菲耶尔布瓦教堂（church of Sainte-Catherine-de-Fierbois）祭坛的后面。这把剑是十字军留给教堂的一份古老礼物，这一发现被视为奇迹。她虔诚的行为逐渐广为人知。她以耶和华之名，把妓女赶出军营。她口授信件给英格兰人，命令他们离开法国，否则就会面对上帝的愤怒。王太子是一个精明的宣传者，他努力确保这些信件被复制并广泛传播。

但是，贞德仍然是未经考验的军事领导人。她抵达奥尔良，渴望战斗，但不了解她的部队在那里的作用仅仅是支援其他部队而已。尽管感到沮丧，但她还是设法绕过英军，将她的士兵带进了这座城市，受到了市民的热烈欢迎。指挥官们很高兴见到她，但她急于进攻，这与其他指挥官的策略不符。沮丧不已的她站在城垛向城外的英格兰人破口大骂。

1428年5月4日，当决定发动袭击时，指挥官甚至没有告诉贞德，贞德醒来时，战斗已经打响。她及时赶到，召集她的部队，激励他们攻占目标：圣卢普（Saint-Loup）的小堡垒。这是他们的第一次胜利，贞德更有信心了。贞德给英格兰人口授了一封可怕的最后通牒，命令他们离开，5月6日又发动了一次袭击。她亲自领导进攻，打败了敌人。第二天，她继续进攻，声称自己是第一个冲进莱图雷尔（Les Tourelles）壁垒的人，她的肩上中了一箭，但仍坚持战斗。法国指挥官认为她的表现鼓舞了军队的士气，从而使军队取得胜利，她不仅解了奥尔良之围，也打败了英格兰人。

在奥尔良自由之后，贞德希望查理立即前往兰斯，但王太子更加谨慎。他想清理卢瓦尔河谷，开始为征战筹集资金。贞德要过一个月才能再次战斗。军队的正式领导是年轻的阿朗松公爵，但他坚定地相信年轻的女战士贞德，并经常听从她的建议。他们迅速横扫了英格兰的抵抗，围攻博让西（Beaugency）。英格兰人在没有意识到一支救援部队正在赶来的情况下投降了，法国随后立即派出了一支部队追击这支救援部队。两支部队于6月18日在帕提（Patay）交手，在那里，准备不足的英格兰人被屠杀，2000多人丧生，除一名高级军官外，其余全部被俘。

贞德在这次战斗中起的作用很小，但此时，这已不再重要，因为她已经名震天下。现在，查理已经准备好前往兰斯举行加冕礼。他于7月16日率领一支盛大的队伍进城，第二天贞德骄傲地看着他加冕为王。她迫切希望国王进攻巴黎，但他却选择离开兰斯，结果被英格兰军队所阻，不能越过塞纳河。贞德欣喜若狂，因为她看到唯一

▲ 百年战争的发动者之一爱德华三世渡过索姆河（Somme）

百年战争
1337—1453

1066年，征服者威廉在黑斯廷斯击败哈罗德，夺取英格兰王位后，英格兰和诺曼底的领土合并。控制被占领土地绝非易事。到1327年英格兰国王爱德华三世在位时，领地只剩下加斯科涅和彭地欧（Pontieu）。法国国王查理四世去世时无嗣，爱德华相信他的母亲、查理的妹妹伊莎贝拉是下一个继承人，这意味着王冠应该是他的。法国人不同意，选择了查理的表兄腓力。愤怒的爱德华拒绝向腓力效忠，当腓力为了报复而没收了他在阿基坦的土地时，爱德华宣战了。

爱德华时代的百年战争一直持续到1360年。英格兰人俘虏了腓力的继任者约翰二世，但《布勒丁尼和约》（Treaty of Brétigny）签订之后，双方达成妥协，爱德华在该条约中同意放弃自己的继承权，以换取阿基坦和加来。1369年，"黑太子"爱德华拒绝查理五世的召唤，作为回应，法国宣布开战，战争再次爆发。查理成功地收回了前任失去的许多领土，而"黑太子"的儿子理查二世将在1389年与查理六世讲和。停战协议一再延长，到1415年亨利五世入侵，战争又重新爆发，导致数十年的冲突，在此期间英格兰人占领巴黎并称王。直到1453年终结英法百年战争的卡斯蒂永战役，他们才被驱逐出境。

可能的答案是进攻巴黎。

在8月的几次小规模冲突和与勃艮第的休战之后，9月8日，贞德终于领导了她一直渴望的巴黎突袭。她站在护城河边，要求对方投降，但她得到的唯一答复是一支英格兰的箭刺穿她的腿。经过几个小时的持续轰炸，她的手下在黑暗的掩护下找到了她，但她决心第二天继续战斗。然而，查理一看到法国的伤亡人数，便命令贞德回到他的身边。

这次袭击失败了，贞德的作用现在突然变得令人怀疑。她需要一场胜利来恢复她的声誉，但在1429年11月，在长时间的攻城之后，她没能夺取拉沙里泰城堡（castle of La Charité）。回到宫廷后，查理给了她世袭贵族的头衔，但一

> 贞德给英格兰军队和勃艮第军队寄了许多信，但由于她不识字，只得口授。

定要她留在身边，这让贞德很沮丧。她有责任在战场上把敌人赶出她的祖国，而不是在宫廷里虚度此生。

到1430年，英格兰人准备全面入侵法国，以夺回他们最近失去的领土。贡比涅城拒绝投降，贞德在未经查理授权的情况下前往支援。5月23日，她带领部队向包围贡比涅的英军发动进攻，但英军增援部队将她的部队从后方切断，她无法撤退，被拉下马，被迫向勃艮第人投降。她声称，不断的性骚扰是她一直穿着男装的原因，而脑海中的声音告诉她不要逃脱。她违抗了这些声音，从塔上跳下来，但在坠落中受伤，很快又被抓了回去。

英格兰人需要拿贞德来杀鸡儆猴，而巴黎的神学家则想以异端、偶像崇拜和巫术来给她定

贞德给英格兰人口授了一封可怕的最后通牒，命令他们离开，5月6日又发动了一次袭击。她亲自领导进攻，打败了敌人。

决定性时刻
第一次神迹 1424年

贞德声称，在只有12或13岁的时候，她第一次听到天使对她说话。起初，那声音告诉她要"控制"自己的行为。如果她觉得自己的举止不得体，那声音就会警告她。那声音还告诉她拒绝她的家人为她安排的婚姻。贞德很快认出主要的声音来自圣米迦勒，他是《启示录》中领导与撒旦作战的天使长。随着贞德慢慢长大，圣米迦勒的信息继续建议她保持虔诚，但逐渐变得政治化。最后，圣米迦勒和其他声音，即圣凯瑟琳和圣玛格丽特的声音，告诉她去面见法国王太子，开始她的使命。

时间轴

1412
● **战士的诞生**
贞德出生在栋雷米村的一个农家。她从未接受过正规教育，也没有学会如何读写，她的母亲伊莎贝尔教给她宗教知识。**1412年**

1428
● **栋雷米在燃烧**
栋雷米村与勃艮第的领土隔河相望，对贞德来说，勃艮第突袭法国领土是一个决定性的时刻。她的家人逃到讷沙托（Neufchateau），回来后，发现敌人烧毁了他们的家园。**1428年**

1428
● **沃库勒尔之旅**
1428年，贞德内心的声音告诉她去面见王太子查理。她前往沃库勒尔要求给予一名护卫送自己，经过一系列的尝试，终于说服贵族们相信她就是预言中的人。**1428年5月**

1429
● **觐见国王**
贞德被允许觐见王太子查理，查理认为她在解放奥尔良的军事行动中是有价值的。贞德立刻在一个满是人的房间里认出了他，并以她的热情给他留下了深刻的印象。**1429年3月6日**

1429
● **剑被找到**
在说服神职人员和神学家相信她的贞洁和天赋后，贞德被允许带领一支部队前往奥尔良。她声称她的剑可以在圣卡特兰德菲耶尔布瓦教堂找到，而剑果然就在那里。**1429年4月**

罪，她要为自己绕开教会，声称从天使"声音"那里得到指示而受到惩罚。如果她被外国势力定罪，查理的名誉将受到严重损害，因此法国宫廷为她向勃艮第公爵支付了1万英镑。

贞德在1431年2月21日至3月3日期间在牢房里接受了六轮讯问，3月10日至17日期间又进行了九轮讯问。贞德从未改变她的陈述。5月24日，她被带上行刑台，被告知如果她不公开弃绝她的信念，她将被交给世俗当局执行死刑。当这句话开始宣读时，贞德动摇了。在众人面前，她改口了，被判处无期徒刑，并换上了女装。

两天后贞德改变了主意。她要求允许她参加弥撒，人们发现她仍然穿着男装，她声称天使的声音告诉她，她的弃绝是叛国罪。现在唯一可能的结果就是处决她。5月30日，她被允许做忏悔、领受圣体，然后被带到鲁昂（Rouen）的老市场并绑在木桩上。她得到了一个小十字架，多明我会的一个神父高举着一个教区十字架，这样即使火焰开始舔舐她的四周，她仍能看到十字架。这位年轻的战士带领她的国家

> 贞德身着男装，声称圣灵叫她这么做。她也留着短发，但通常肖像画中不这样描绘她。

▲ 1431年，圣女贞德被烧死在火刑柱上

对抗英格兰，取得了如此伟大的胜利，在离开这个世界之前，她一再呼喊："耶稣！"在她帮助下加冕的国王查理七世却不曾一次帮助审判中的贞德。她只是一个不再有用的工具。然而，圣女贞德的传说只会随着时间的推移而越来越深入人心。1456年，经过长时间的调查，这项判决被宣布无效，1920年，圣女贞德被教皇本笃十五世（Benedict XV）封圣。

决定性时刻

奥尔良之围 1429年4月29日至5月8日

贞德在城市居民的热烈欢迎下抵达奥尔良，但她的指挥官们却对她漠不关心。她一心想尽快发动进攻，但却被告知他们将等待救援。她在其他将领中的地位很低，以至于何时出兵都不会事先告诉她。她急忙赶去参加进攻，重整疲惫的大军，最终夺取了堡垒。这将是一系列胜利的起点，这些胜利将解放奥尔良，使她成为许多人中的天赐女英雄。

1429	1429	1430	1431	1431	1456
● 查理加冕	● 失败的攻城战	● 被俘	● 审判	● 烧死	● 迟来的正义
在迅速清除了卢瓦尔河地区的英军抵抗后，查理终于前往兰斯，在那里加冕为法国国王查理七世。加冕礼实现了贞德听到的声音预言的另一部分。1429年7月17日	查理加冕后，贞德确信他们能够克复巴黎。然而，攻城战失败了，1500人在英军的炮轰下殒命，贞德也受了伤，不得不在夜幕中从战场上撤下。1429年9月8日	在未经批准的情况下，贞德带领一支救援队伍前往贡比涅，决定攻击围城的勃艮第军队。她的部队被英格兰人截断，试图逃跑时被从马上拉了下来。1430年3月23日	教会为了重拾权威审判了贞德，告诉她可以选择弃绝自己的信念或面对世俗法庭，后者将处决她。她收回了自己的陈述，但几天后改变了主意，宁死也不愿否认自己的信念。1431年1月9日至5月24日	贞德收回了她的公开弃绝，于是被判处火刑。一位多明我会神父高举十字架，以便让她从火焰里看到。火刑过程中，她多次呼喊"耶稣！"。1431年5月30日	查理命令对贞德的审判进行调查，这一程序大约用了六年才完成。最后，在1456年，最初的判决被撤销，审判过程被认定是不公正的。1456年

教会与国家

中世纪时期，教会对从君主到农民的每一个人都拥有令人难以置信的权威。

- 100　神圣罗马帝国的崛起
- 107　圣托马斯·阿奎那
- 110　查理曼
- 116　萨拉丁的耶路撒冷围攻战
- 128　"狮心王"理查血腥的十字军东征
- 142　圣殿骑士团惨遭出卖
- 158　《大宪章》的诞生
- 164　卡斯蒂利亚的伊莎贝拉与西班牙宗教裁判所

神圣罗马帝国的崛起

教会支配着上自国王、下至农民的生活，
它向所有人应许天堂救赎，但却经常导致世俗的分裂。

对于西欧的大多数人来说，中世纪的生活是残酷而短暂的。死亡是永恒的阴影。如果贫穷、饥荒或瘟疫没有把你带走，还有很多好战的皇帝和国王在寻找战场的炮灰。然而，有一个组织提供了某种表面上的保证，即一切都不是无望或徒劳的，那就是教会。

它所传达的信息很简单：无论世上的生活多么可怕，只要生活在其中的人遵循了基督的教义，那就拥有了神赐的奖赏。相反，过着罪恶和邪恶的生活意味着永远堕入地狱。救赎的希望或对下地狱的恐惧赋予教会影响人心的巨大力量。它主宰着富人和穷人的生活，从摇篮到坟墓，如洗礼、崇拜、结婚和葬礼，通常都是发生在宗教场所。

教会也是为数不多的教育渠道之一。中世纪能读会写的人不多。这些人通常是神父、修道院的修士或修女，自然地，他们学习和教授宗教文本，进而使这些信仰永垂不朽。

在当时的西欧，成为一名基督徒就意味着成为一名天主教徒，因为与今天不同的是，这是这一时期唯一信仰基督复活的宗教。几个世纪以来，随着整个欧洲不断有异教徒皈依基督教，教会的数量和影响力也越来越大。它获得土地，制定自己的法律，并征收税款。它的中心是位于西罗马帝国中心的罗马，而它的首脑是教皇，据信教皇是天主教会创始人圣彼得的继任者。

其他重要的早期基督教会设立在君士坦丁堡、耶路撒冷、安条克（Antioch）和亚历山大（Alexandria），都在东罗马帝国（也被称为拜占庭帝国）。东罗马帝国在几个世纪内有收缩也有扩张，但直到1453年灭亡之前，其疆域相对固定。476年西罗马帝国崩溃，但罗马仍然是天主教的主要中心。基督教在此之后继续迅速传播，甚至进入了以前罗马帝国无法控制的地区。主要的异教团体陆续皈依了天主教，如德意志的法兰克人在496年集体皈依天主教。5世纪下半

> 中世纪早期的罗马式教堂是昏暗和阴郁的，为了支撑屋顶，需要建造仅开小窗的厚墙。

叶，圣帕特里克（Saint Patrick）登陆爱尔兰，在那里宣扬基督教。公元596年，教皇格列高利一世（Gregory I，通常被称为圣大格列高利）曾派遣一个使团前往英格兰，使盎格鲁-撒克逊人（在罗马人离开后入侵并定居下来的异教徒部落）皈依，这是一次巨大成功。

随着西欧天主教的影响和势力范围的扩大，任何国王都不能忽视它，然而，敌对部落的入侵还是发生了。例如，在772年，异教徒伦巴第人深入教皇领地，威胁罗马。当时教皇哈德良一世（Adrian I）向法兰克国王查理曼求助。当时，查理曼已扩大了自己的领土，包括现代法国、德国、意大利北部和其他地区。查理曼的军队迅速击败了伦巴第人，彰显了法兰克人作为教皇保护者的作用。

在查理曼的统治下，天主教徒也无情地强迫被征服的部落信奉基督教，否则就会被处死。在费尔登（Verden），曾向查理大帝屈服的撒克逊人试图反抗。这一行为招致了法兰克国王的愤怒，他因此斩首了4500人。

公元800年，后来的教皇利奥三世因被指控不适合教皇职位而寻求查理曼的支持。查理曼于12月进入罗马支持利奥三世，于是阴谋者被放逐。圣诞节那天，在圣彼得大教堂，利奥三世心怀感激之情，也为了承认查理曼的重要性，为查理曼加冕，成为后来被称为神圣罗马帝国（Holy Roman Empire）的皇帝。

当时，这在东罗马帝国引起了严重不满。因为帝国事实上的女皇——雅典的伊琳娜（Irene of Athens）宣称这个头衔已经属于她了。但这只是两个地区之间的众多争议之一。

大约200年后，教会的分歧到了紧要关头。那时，东方教会使用希腊文，西方教会使用拉丁

文。很少有人能同时说和写这两种语言。随着基本的交流变得越来越困难，文化的统一也受到了影响，产生了不同的宗教教义。其中一种学说涉及《尼西亚信经》（Nicene Creed）中的"和子说"（filioque clause），这与教皇权力范围的争议一起，成为1054年东西教会大分裂（Great Schism）的两个主要原因。

《尼西亚信经》是罗马天主教、东正教和其他基督教会的信仰宣言。它是以公元325年第一次尼西亚公会议（the First Council of Nicaea）命名的，该宣言于这次会议中制定。它的措辞在公元381年第一次君士坦丁堡公会议（the First Council of Constantinople）之后被修改。公元431年，第三次以弗所公会议（the

教皇的权威使东罗马帝国大为恼火。

▲ 一幅描绘教皇马丁五世（Martin V）的匿名画作。他的当选结束了教会的大分裂

Third Ecumenical Council in Ephesus）重新肯定了第二个版本的《尼西亚信经》，且明确禁止对其做任何进一步修改。

然而，在公元589年西班牙托莱多会议（Synod of Toledo）之后，西方教会采用"和子说"，并将其纳入《尼西亚信经》。修正后的章节现在说："我等信圣灵即是主，是赐生命者，是从圣父、圣子所出。"东方教会坚决反对这一修改。

教皇权威的范围也极大地困扰着东罗马帝国。他们承认罗马教会的领袖教皇在东部四个早期教会享有权威，但坚持认为这只是一个荣誉头衔，教皇对东罗马帝国基督教会及其教众没有直接的权力。

最终，在政治嫉妒和既得利益的驱使下，长达几个世纪的争论和怨恨在1054年达到顶点。罗马教皇利奥九世（Leo IX）和君士坦丁堡教会领袖米海尔·凯路拉里奥斯（Michael Cerularius）互相把对方逐出教会，导致了正式的分裂。罗马天主教会在教义、神学、语言、政治和地理上与东正教分离。

尽管曾多次试图和解，但在1204年的第四次十字军东征中，君士坦丁堡遭到西方十字军的袭击。

圣索菲亚大教堂遭洗劫，它和其他教堂被改为罗马天主教堂。这次袭击发生在拜占庭帝国的中心，

> 修道院和修女院提供医疗服务，照顾病人。修女和修士一样，都需要立誓修行。

加深了东西方之间的裂痕。每一方都声称自己是"唯一神圣的天主教使徒教会",直到现在这种分裂仍然存在。

另一场危机,通常被令人混淆地称为西方教会大分裂,始于1378年。更准确地说,这是一场教皇的大分裂。教皇克雷芒五世在1309年把教廷转移到了阿维尼翁(Avignon)。以前的教皇曾与越来越有影响力的法王腓力四世发生冲突,法国人克雷芒上台后拒绝迁回罗马。后来的教皇都是法国人,一直留在阿维尼翁,直到1377年教皇格列高利十一世(Gregory XI)决定将教廷迁回罗马。然而,他仅仅一年后就去世了,他的一些枢机主教仍然住在阿维尼翁。

罗马的许多人担心格列高利的继任者会是一个法国人,他会重回阿维尼翁。一场混乱、不和谐的秘密会议最终选择了意大利人乌尔班六世(Urban VI)作为新教皇。然而,他上任伊始就痛斥枢机主教们的行为和态度,以至于有些人认为,由于权力腐败,他不适合担任教皇一职。法国的枢机主教几乎不需要足够的借口进行反叛,他们宣布乌尔班的当选无效。于是,他们推举枢机主教中的一位克雷芒七世(Clement VII),在阿维尼翁就任,而此时,乌尔班六世则在罗马掌权。克雷芒七世自然得到了法国、西班牙的卡斯蒂利亚和苏格兰的支持。法国的宿敌英格兰和神圣罗马帝国的大部分地区都站在乌尔班六世一边。基督教世界再次分裂。

两位教皇去世后,两方都选出了新的教皇。直到1410年,比萨大公会议(Church Council of Pisa)将众人聚集在一起寻找解决方案,却选

▲《查理曼和教皇》,安托万·维拉德绘,1493年,当时哈德良一世请求查理曼提供军事援助

决定性时刻
可敬的比德　735

圣比德这位8世纪重要学者和作家的生命画上了句号。他是一位本笃会修士,作品包括科学、宗教和历史书籍。比德的《英吉利教会史》(Ecclesiastical History Of The English People)是英格兰历史最主要的原始记载之一。像比德这样的编年史修士使中世纪的修道院成为学习的中心。在那里,人们建起了图书馆,里面收藏着辛辛苦苦手写的书籍,印刷书籍的出现还要晚上500多年。没有比德这样的人的努力,我们对这一时期的历史了解将会少得多。

决定性时刻
最卑鄙的谋杀　1170

一群骑士在坎特伯雷大教堂的祭坛上残忍地杀死了坎特伯雷大主教托马斯·贝克特。国王亨利二世涉嫌煽动谋杀,尽管贝克特曾经是他的朋友。国王以前曾任命他为大法官,又举荐他出任大主教,他希望贝克特能控制教会。然而这位"不省心的神父"把上帝摆在国王之上,拒绝实施亨利的宗教改革。教会和国家之间的冲突导致了贝克特的死亡。后来,亨利忏悔,而关于受害者坟墓出现奇迹的说法传开来,人们开始去贝克特的墓朝圣,这一切使贝克特后来被封为圣徒。

时间轴

496　●关键的皈依
克洛维一世(Clovis I)是法兰克人中第一个将法兰克部落统一的国王,他皈依了基督教,这使他的人民广泛地皈依基督教。

597　●神圣使命
圣奥古斯丁(St Augustine)由教皇格列高利一世派遣,率领大约30名修士前往英格兰,成为英格兰天主教会成立后坎特伯雷的第一位大主教。

1008　●让欧洲大陆皈依基督教
瑞典国王皈依基督教,他的人民也跟着皈依基督教。在988年俄罗斯皈依基督教、966年波兰皈依基督教、960年丹麦皈依基督教、846年保加利亚皈依基督教之后,欧洲大多数人现在都是基督徒。

1054　●基督教分裂
利奥九世四月份的去世并没有阻止他被罢黜,他生前派谈判代表带着一份牧首米海尔·凯路拉里奥斯逐出教会的教皇诏书前往君士坦丁堡。他的代表与米海尔的会面并不成功,教皇诏书被撕毁——罗马和君士坦丁堡不可挽回地分道扬镳。

1099　●前往圣地
第一次十字军东征占领了耶路撒冷,在那里建立了一个持续时间不长的基督教王国,但耶路撒冷在1187年被萨拉丁夺回,最后一个十字军据点阿卡于1291年失守。

出第三位教皇亚历山大五世（Alexander V），从而形成三足鼎立的局面，这使得局势变得更加混乱。

直到1414—1418年召开的康斯坦茨大公会议（the Council of Constance），才最终找到了解决混乱局势的办法。亚历山大的继任者约翰二十三世（John XXIII）召集了会议，在会上，他本人被解职了。最后一任阿维尼翁教皇本笃十三世（Benedict XIII）也被解职，而罗马教皇格列高利十二世（Gregory XII）辞职。会议随后选举马丁五世为唯一的教皇。

这次会议只给教会带来了短暂的稳定。仅仅一个世纪之后，基督教世界就面临着新的危机——马丁·路德启动了新教改革。

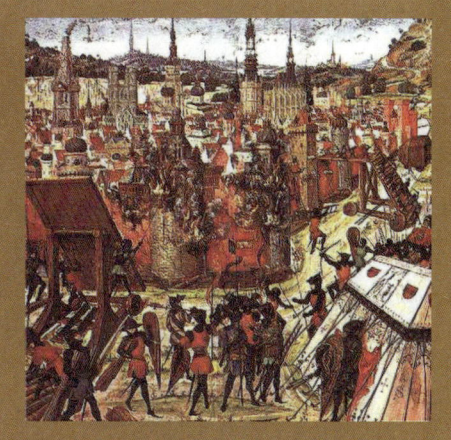

十字军东征

拜占庭帝国皇帝阿莱克修斯一世（Alexius I）请求教皇乌尔班二世帮助抵抗入侵他领土的穆斯林。而乌尔班二世决定做的不仅仅是"帮助"。1095年，他命令一支庞大的军队不仅要保卫拜占庭帝国，而且要从伊斯兰占领者手中夺回圣地。十字军东征开始了。

虽然定义各不相同，但一般认为在1096年至1291年间有9次主要的十字军东征，此外还有一系列小型十字军东征。最终，他们都失败了。第一场是由乌尔班二世发起的基督教战争，他宣称这场战争能为参战的人赎罪，这也可能是他弥合最近分裂的尝试。然而，随后的十字军东征肆意攻击了伊斯兰教以外的其他宗教。当君士坦丁堡在第四次十字军东征中遭到攻击时，甚至连基督徒同胞都倒在十字军的剑下。当他们进一步对无辜者肆无忌惮地屠杀时，罗马教皇失去了道德权威，欧洲基督教世界的团结也被破坏。

尽管如此，与当时先进的伊斯兰文化的接触给西方带来了科学、数学、医学、哲学和艺术的进步。

决定性时刻
杰出的教皇 1198

英诺森三世上台后面临无数危机，但他精明地化解了每一个危机，以至于许多人都认为他是中世纪最重要的教皇。在与教皇国和欧洲各国国王的交往中，他将自己的权威提升到了极致。第四次十字军东征改变线路洗劫了君士坦丁堡，英诺森三世将那些罪魁祸首驱逐出教会，但无法挽回这件事对东西方关系造成的伤害。晚年，他主持了重要的第四次拉特兰公会议（the Fourth Lateran Council），该会议对教会内部进行了影响深远的改革。

1210
● **一个新的修道会**
方济各会是由圣方济各（Saint Francis）创立的。他家境优越，但为了过圣洁的生活而把自己的财富捐给了别人。方济各会主张绕过修道院，把上帝的话直接传达给人们。

1260
● **壮观一如当年**
沙特尔主教座堂（Chartres Cathedral）的主体已于教堂最终建成前65年完工。宏伟的建筑结构自献堂礼以来基本未变，是法国哥特式建筑的最佳范例之一。

1309
● **条条大路通往阿维尼翁**
位于阿维尼翁的教皇统治开始了。这有时被称为"阿维尼翁之囚"，它导致了天主教会大分裂，直到1417年马丁五世成为教皇之后才得以解决。

1455
● **传播神的话语**
约翰内斯·谷登堡（Johannes Gutenberg）用可移动的金属字块拼写文字、描绘线条，他用拉丁文印刷了一些《圣经》，是西方世界第一本批量印制的书。

1498
● **前景动荡**
意大利修士萨佛纳罗拉（Savonarola）因严厉批评教会的懒散和奢华而被处死，然而其他人，如马丁·路德也将前所未有地挑战天主教会。

> 其他与阿奎那一起学习的人给他起了"哑牛"的绰号,因为他安静且很少说话。

圣托马斯·阿奎那

托马斯·阿奎那认为宗教与科学可以和谐相处，在天主教信仰中留下了理性的遗产。

当托马斯·阿奎那在去巴黎学习的路上被绑架时，他可能很想知道，在他致力于追求上帝的一生中，是如何被自己的父母绑架的。阿奎那出生在阿基诺（Aquino，现代意大利的拉齐奥，Lazio）一个拥有较高封建地位的天主教家庭，他的家人在1230年把他送到家附近的卡西诺山（Monte Cassino）修道院，当时他还很年轻。他的父母很希望他能从修士中脱颖而出，成为一名修道院院长，但托马斯注定要取得更大的成就。他在修道院度过了九年，享受着精神奉献和文化丰富的生活。但当时的神圣罗马帝国皇帝腓特烈二世（Frederick II）长期与教皇不睦，因为担心卡西诺山的修士会服从教皇的命令，因此最终将他们遣散。

托马斯随后被送到皇帝创办的那不勒斯大学（University of Naples），那里激发了他对科学和哲学的热爱，并决定了他一生的事业。在这里，他读到了希腊和阿拉伯哲学著作的翻译文本，这使他接触到了他以前从未学到过的思想。这些新的知识极大地促使他最终决定加入新近成立的多明我会。多明我会认为，接近民众和从事教育高于体力劳动和祈祷生活，而政府控制的修士则恰恰相反。他的父母一直希望他能在传统的修士生活中获得成就，所以他们并不高兴。让他们更不高兴的是托马斯被大学派往巴黎继续深造，因为那不勒斯大学的老师想帮他摆脱他的家庭带来的束缚。但是老师们的计划泡汤了，阿奎那的家人在他前去法国首都的路上把他截获并囚禁了起来。

尽管许多人在这样戏剧性的绑架之后可能会屈从于家人的意愿，但托马斯却顽固地坚持自己的信念，拒绝放弃自己的计划。他被自己的亲人囚禁了一年，在此期

> 阿奎那一生都惧怕暴风雨，这可能与他妹妹被闪电击中后丧命有关。

·107·

▲ 阿奎那在卡西诺山修道院度过了一个预备修士的年少时光

间,他不断教导他的姐妹们。据说,他拒绝了兄弟们雇来引诱他的妓女。1245年他重获自由,于是再次出发追求他的宗教信仰。

阿奎那最终抵达巴黎,一到巴黎,他就进入圣雅克修道院(the convent of Saint-Jacques)学习,这是多明我会一所伟大的大学,他开始在学识渊博的著名学者大阿尔伯特(Albertus Magnus)门下学习。他们共同研究亚里士多德的翻译作品,并考虑将这些思想纳入天主教信仰的可能性,因为理性和科学表达的对立思想开始令教会感到恐惧。在古代的亚里士多德思想被重新发现之后,教会内部和其他宗教内部的权威甚至试图压制自然主义和理性主义。托马斯·阿奎那对这些新作品进行了详细的研究,并就科学和宗教共存的方式展开演讲和写作。

1259年,阿奎那成为罗马教廷的神学顾问和讲师,这意味着他要协助天主教会的治理。为此他回到意大利,在罗马的一座修道院教书,然

他悬浮了吗?

关于托马斯·阿奎那的故事中,最著名的是传说他在有灵感的时候、倾心祈祷的时候和激动的时候具有悬浮的能力。这一说法得到了修士们的证词支持,修士们声称找到他时,他正悬浮在空中祈祷。阿奎那还声称圣母玛利亚向他显现,说圣母玛利亚告诉他,他不会成为主教,对阿奎那来说,这是个可喜的解脱。这些奇迹帮助他在死后被封为圣徒。

后到维泰博（Viterbro）的罗马教廷任职。1268年，他前往巴黎，参与一个正在那里开展的决定性讨论。

亚里士多德的著作对阿奎那在宗教和理性领域的理解和工作十分重要，巴黎的大师们同样也发现了亚里士多德的著作，以及西班牙的阿拉伯哲学家阿威罗伊①（Averroës）的著作。阿威罗伊解释了古希腊哲学家的作品，他发现了两个基本的真理概念——宗教真理和理性真理，两者同等有效。不过信仰和理性的二元论未被伊斯兰教所接受，伊斯兰教压制了阿威罗伊的研究，而天主教也不愿接受它。但阿奎那认识到这是一个突破。他讨论了两种真理：“自然法”，即我们周围世界的法，无论是否有信仰，任何人都可以看到；和"永恒法"，即神的法，神的法只有那些有信仰的人才能理解，它与自然法不在一个层面。

阿奎那反对与他意见相左的神学家，但他的理论与阿威罗伊的理论一样遭到了质疑。阿奎那认识到伊斯兰教中的理性思想受到压制是因为他们拒绝接受这种二元性，因此尝试寻找解决办法。但他的理论在教会中形成了一种分歧，有些人相信理性是信仰领域中的一种混乱力量，这种分歧以某种形式一直持续到今天。

除此之外，他在长期的教学和撰写开创性的著作方面花费了大量的时间，这让托马斯·阿奎那被封圣并成为教师的守护神。今天，遵循他的教诲的人被称为"托马斯主义者"，他的精神遗产至今仍是多明我会的基石。

---

① 阿威罗伊：本名伊本·路西德（Ibn Rushd），拉丁名阿威罗伊，西班牙阿拉伯裔哲学家。

▲ 阿奎那的笔迹是出了名的糟糕，但他有许多秘书可以听写他的口授

托马斯·阿奎那的作品

《反异教大全》

在这部作品中，托马斯·阿奎那试图向非信徒说明基督教的合理性，从而使他们皈依。这比他后来的著作《神学大全》要简单得多，他在书中没有将上帝的存在理性化，而是试图说服读者相信宗教的价值。

《驳希腊人之谬误》

这部作品写于1263年，标题不是由阿奎那自己起的。该书不是对东正教会的攻击，而是针对他们和天主教会之间出现的误解的辩护。

《神学大全》

在本书中，托马斯·阿奎那描述了一个关键理论，即"五种证明"（quinque viae），旨在证明上帝的存在。它们是：上帝是简单的，没有身体或组成部分；上帝是完美的，毫无瑕疵；上帝是无限的，不受空间或智力的限制；上帝是亘古不变的；上帝是独一无二的，所以上帝的本质就是它的存在。

《亚里士多德述评》

出于对亚里士多德作品的热爱，阿奎那写了许多评论亚里士多德的作品，这一点也不奇怪。他评论过的作品包括《后分析篇》《感觉与可感物》《记忆与回忆》《气象学》《解释篇》《论产生和毁灭》，以及《论天堂和世界》。

《论王权：致塞浦路斯王》

在这本书中，托马斯·阿奎那探讨了领导权的问题，比如什么是最好的政府形式，什么将国王与暴君区分开来，政府是善的力量还是恶的力量？这本书是献给当时的塞浦路斯国王的，是出于自己的研究目的而写，而非对国王领导能力的点评。

查理曼

查理曼是欧洲之父，
也是法国和德国大部分地区的统治者，他以国王的身份成名，
但让他青史留名的是他成为自5世纪以来的第一位罗马皇帝。

300多年来，欧洲陷入了黑暗。教皇的力量和曾经强大的罗马教会被敌人削弱，西罗马帝国的遗产像恺撒等英雄一样缓缓走向灭亡，国土像过度扩张的军团一样收缩着，知识像纵横欧洲大陆的罗马道路一样破败不堪了。

欧洲需要一位强有力的领袖来将其从悬崖边上拉回来，这位领袖来自加洛林王朝，加洛林王朝是一个白手起家的国王家族，他们用武力稳定了自己的土地，用可怕的侵略扩张了自己的疆界，用刀剑确保了基督教会的主导地位。通过这一暴力熔炉，西欧得以重塑。

到了6世纪，现在的法国、德国西部、瑞士、荷兰和比利时的大部分地区都有法兰克人居住，法兰克人是一个分裂成几个小国的日耳曼部落，他们占据了罗马沦陷后出现的权力真空。这些小公国并不是由他们的君主团结起来的，而是由宫相（Mayor of the Palace）团结起来的，宫相是掌管宫廷政务的官员，是半首相、半幕府将军式的军阀。君主是名义上的统治者，墨洛温王朝的"懒王"（do-nothing kings），或"无为王"，日益被自己的大臣排挤。

埃斯塔勒的丕平（Pepin of Herstal）从公元680年到他公元714年去世之间，一直为稳定而战，把其他法兰克人的土地收归己有，并将基督教带到了疆域内最遥远、异教徒最多的地方。他的儿子查理·马特（Charles Martel）更是一个厉害的角色。丕平已经宣布他的孙子为继承人，因非婚生而被排除在宫廷之外的查理则一无所有，于是他以武力夺取了王位。尽管不是丕平亲选的继承人，但他非常尊重父亲的愿景，加强了对法兰克土地的集中控制，并通过强大的常备军，尤其是革命性地使用重骑兵，将其统

> 晚年的查理曼对医生颇有不满，因为医生们建议他戒除烤肉。

▲ 查理曼的祖父查理·马特在公元732年的图尔战役（Battle of Tours）中击败了摩尔人

治进一步扩展到现代的荷兰、丹麦和德国。重骑兵也由此成为欧洲骑士传统的基础。他击败了东部的异教徒撒克逊人，并阻止了摩尔人（强大的倭马亚王朝的北非和西班牙的穆斯林）的进发，这些摩尔人试图越过比利牛斯山脉进入法国进而继续征服西班牙。"铁锤"查理（Charles the Hammer）甚至被教皇授予很高的地位，虽然他拒绝了，但这是他孙子未来人生的一个吉兆。

公元768年，查理曼接下其父"矮子"丕平（Pepin the Short）的王位。他的父亲迫使最后一位墨洛温国王进入修道院，放弃了一切伪装，攫取了"法兰克国王"的称号。"查理曼"意为"查理大帝"。他继承了前任国王们的雄心壮志。查理曼一生的大部分时间都在战争中度过，他使查理·马特与摩尔人的战斗延烧到西班牙北部，继续征服并使撒克逊人皈依，还对意大利北部的伦巴第人、克罗地亚的斯拉夫人和匈牙利的阿瓦尔人发起了新的征战。

查理大帝率领他的私人卫队斯卡拉骑兵，带着他的宝剑咎瓦尤斯（Joyeuse）展开战斗，他的功绩有一只脚踏在神话里，另一只脚踏在事实中，将两者分开绝不容易。他成为罗马帝国灭亡后的第一个罗马皇帝，登上皇位与他身为传奇式的勇士国王关系不大，而主要与教会的不安全感有关。

教皇利奥三世在前任教皇哈德良一世下葬

查理曼从国王成为皇帝，与教会的不安全感息息相关。

的当天上任。他害怕前任教皇欠下法兰克国王的土地和受到的保护会让国王想要干涉新教皇的选举，除了表现得很谨慎外，他还很快就把罗马最强大的盟友拉到自己一边。在给查理曼送去的宣布自己继任的信件里，利奥三世把圣彼得大教堂的钥匙和天主教的象征——教皇的旗帜放在了里面。这表示他认为查理曼是罗马教廷的捍卫者，并信任他保护罗马。作为回报，查理曼也同样宽宏大量，他向教皇表示祝贺，并送去了巨额财富，这些财富是他与阿瓦尔人战争的战利品，但这一切并非没有条件，查理曼表示由于他是基督教的坚定捍卫者，教皇有责任为法兰克军队的继续征战而祈祷。

查理曼会履行他这一边的责任，作为回报，利奥三世把他提升到一个自5世纪以来一直空缺的地位。

当利奥三世与国王在西北部写信讨价还价，并用阿瓦尔人的战利品使自己成为艺术赞助人的时候，已故的哈德良一世的家族发动了一场阴谋，要把利奥三世从教皇的位置上拉下马，好让他的侄子帕夏尔取而代之。公元799年4月25日，在大连祷（Great Litany）的队伍穿过永恒之城罗马时，利奥三世遭到武装暴徒的袭击，暴徒们刺伤了他的眼睛，并试图连根撕下他的舌头。暴徒把他拖到卡皮特的圣西尔维斯特教堂（church of San Silvestro），试图挖出他的眼睛，教皇失去了知觉，被关押在圣伊拉斯莫修道院（monastery of St Erasmus）。幸运的是，他既没有失明，也没有失声。对手指控他犯了伪证罪和私通罪，于是他逃离罗马，前往罗马以北126公里的斯波莱托（Spoleto），在斯波莱托公爵的保护下，他得以到萨克森的帕德博恩去见查理曼。

在离罗马如此之近的意大利中部的翁布里亚（Umbria），就有这样一位忠诚于法兰克国王的领主，这一点很好地诠释了法兰克人和罗马天主教会之间权力关系的不平衡，正是这种不平衡的关系使利奥三世最初非常焦虑。尽管伦巴第人战败后，这块领土于776年被赠予罗马，但国王仍然保留了立废公爵的权力，使得教皇的控制权形同虚设，就像墨洛温王朝的末代国王对查理曼先辈的统治毫无约束力一样。

▲ 圣伊莱斯（St Giles）赦免了皇帝。虽然这是一个流传较广的传说，但没有证据表明两人曾见过面

查理曼头衔的改变并没有改变他处事的方式。

显然，查理曼的政治干涉威胁与身体伤害相比已经不算什么了，利奥三世请求查理曼的帮助，但利奥三世没有权利这样做——他和罗马的阴谋家都不是法兰克的臣民，也没有任何法律要求主教服从世俗权威。由于萨克森仍有冲突需要解决，查理曼让这件事酝酿了一年，并把正在康复的教皇留作客人。最后，查理曼于公元800年11月带着一大批（毫无疑问是相当有威胁性的）随行人员前往罗马，召集该城宗教当局开会，耐心地听取了对利奥三世的指控，然后允许被免职的教皇慷慨激昂地表示无罪。

不出所料，查理曼站在利奥三世一边，下令处决阴谋者，但利奥三世要求将他们放逐即可，这位不受欢迎的教皇也许看到了一个给人留下好印象的机会，好让世人看到他的宽广胸襟。

同年圣诞节，查理曼由对他心怀感激的教皇加冕为"罗马人的皇帝"，官方报告坚称加冕仪式对查理曼来说就像中世纪早期的惊喜派对一样出乎意料。而国王的传记作家修士艾因哈德（Einhard）宣称，陛下"对此（被加冕为皇帝）十分反感，以至于宣布自己如果能预见到教皇的计划，就一定不会涉足教堂半步……"。

查理曼和利奥三世在一起的一年里完全有可能达成协议。毕竟，微笑的神父把一顶镶有宝石的皇冠像生日蛋糕一样藏起来，然后给查理曼一个惊喜，这样的想法太荒唐了。查理曼统治时期的文献显示，他更喜欢用"上帝加冕的最尊贵奥古斯都、伟大和平的皇帝、罗马帝国统治者查理"这个称呼，而不是更简单、更常用的"罗马人的皇帝"。这些都不像是厌恶这个角色的人的表现，国王表面上的谦卑可能和利奥三世的仁慈一样只是巧妙的表演。

▲ 查理曼命令建设一座城市以方便渡过美因河——这座城市就是法兰克福，意即"法兰克人的渡口"

现代欧洲的诞生
查理曼改变欧洲大陆的三大方式

01 文人
查理曼的书面语掌握得并不好,自己也感到相当沮丧,于是他推行了一系列写作形式的改革,要求用两个空格来分隔单词,在段落开始处缩进,用标点符号来示意读者应该停顿。问号和小写字母也出现了。

02 白银时代
由于黄金短缺,查理曼和盎格鲁-撒克逊国王奥法(Offa)以1磅白银为基础来标准化他们的货币,1磅白银被分成20个苏,每个苏又是12个丹尼。这是从英镑到意大利里拉等许多国家过去和现行货币的起源。

03 走出黑暗
查理曼对艺术的兴趣推动了加洛林文艺复兴,这段时期艺术、文学、诗歌和学术空前繁荣。传统意义上欧洲黑暗时代涵盖了公元6到13世纪,但对法兰克人来说,黑暗时代还没开始就已经结束,百分之九十的罗马手稿得以幸存依赖于修士们的誊写。

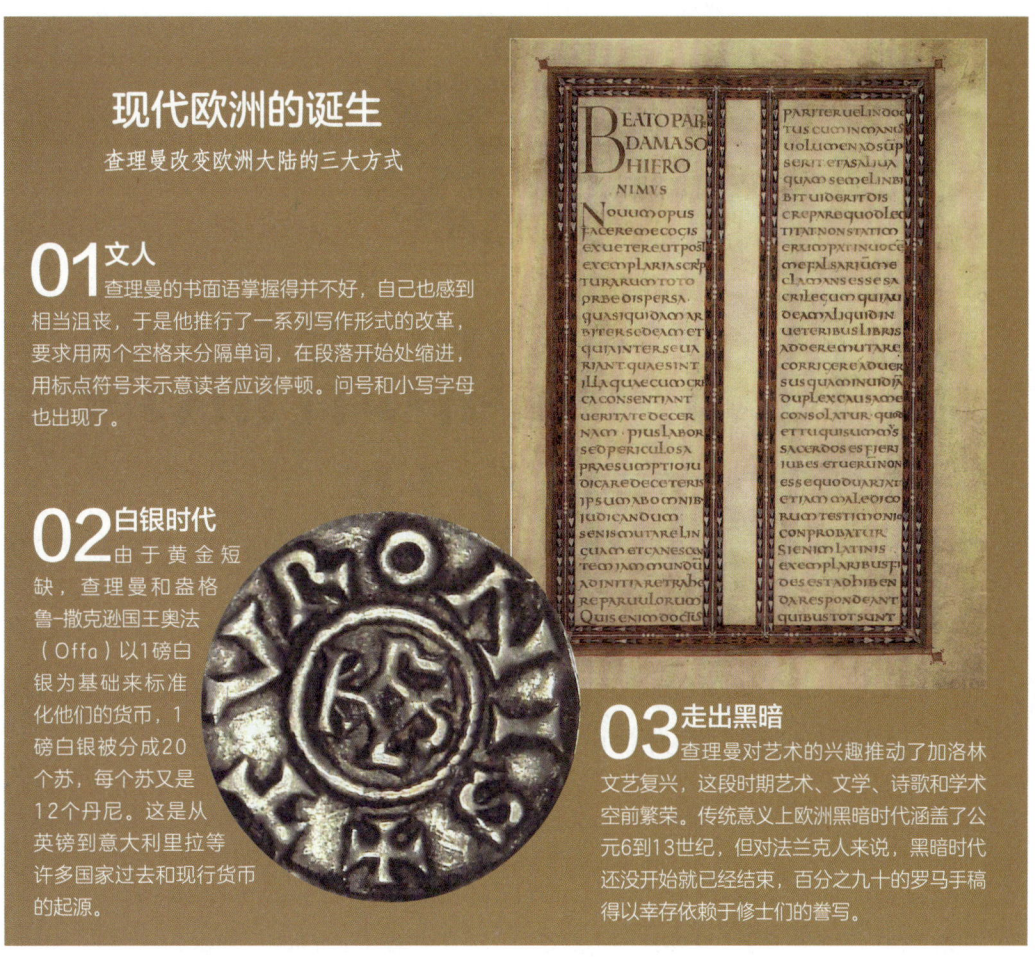

尽管如此,查理曼对法兰克土地的统治是无可争议的,他的帝国仅靠军事实力就已获得了保障,完全不需要宣布自己为罗马皇帝,正如查理·马特不需要宣布自己为国王一样。然而,脆弱的教皇需要一位皇帝来保护自己和以教会为核心的庞大帝国。只有罗马才会怀念失去的帝国。公元4世纪,法兰克人勇敢抵抗罗马统治,后来还参与了分割罗马帝国,这都带给了法兰克人强烈的自豪感。

但最终,查理曼头衔的改变并没有改变他处事的方式。愿意也好,不愿意也罢,他坐上了欧洲的头把交椅,这一影响还需要150年才能让人们充分了解。

公元962年,奥托一世(Otto I)获得神圣罗马皇帝这一称号,重塑了法兰克国王的形象,建立了一个强大的多民族国家,它延续了近千年。

通过神圣罗马帝国,查理曼的统治不仅定义了法国作为欧洲皇权、宗教和文化超级大国的首要地位,也定义了奥地利、德国和意大利等国后来的强国地位。

查理曼的政治生涯从法兰克国王开始,但在他去世时不仅是皇帝,而且是欧洲之父。

萨拉丁的耶路撒冷围攻战

经过20年的艰苦战斗,库尔德族出身的阿尤布苏丹率领一支强大的军队在1187年大胜法兰克人。

在哈丁角南面的小丘上,十字军国王重新集结了幸存的骑士,以便进行最后的冲锋。失败的声音弥漫在空气中。空中黑压压的箭如雨点般从穆斯林弓箭手的手中射出,伤者和垂死者的哀号刺破了天空,基督教士兵拼命地想把穆斯林困住。

十字军战士从高地猛冲下来。他们的目标是萨拉丁的黄色旗帜,旗帜受到数百名全副武装的士兵的保护。拉丁骑士们冲进拥挤的穆斯林队伍,穆斯林队伍在阿尤布苏丹周围形成了一道保护屏障。骑枪在撞击中粉碎,骑士们用剑和斧头继续战斗。他们挥舞着大刀朝着苏丹的阵地奋力前进。一旦萨拉丁的旗帜倒下,十字军就有可能赢得胜利。那是1187年7月4日,哈丁战役(Battle of Hattin)的最后阶段正在进行。

萨拉赫丁·优素福·伊本·阿尤布(Salah al-Din Yusuf ibn Ayyub)被法兰克人称为萨拉丁,在领导这场位于巴勒斯坦北部的哈丁战役时已经49岁。他的崛起始于1164年,当时叙利亚赞吉王朝的突厥统治者努尔丁(Nur ad-Din)将这位年轻的军官和他的叔叔库尔德军阀谢尔库赫(Shirkuh)送到法蒂玛王朝的埃及。谢尔库赫此行的目的是防止开罗弱小的什叶派哈里发落入法兰克人之手。在接下来的五年中,谢尔库赫和萨拉丁对埃及进行了三次考察。在1169年1月的最后一次考察中,谢尔库赫成为法蒂玛王朝哈里发阿迪德的维齐尔(vizier),相当于首席部长。

萨拉丁似乎总能受到机会的青睐,但往往还需要第六感才能知道如何驾驭危险的宫廷政治。

五场关键战役

萨拉丁在哈丁大获全胜之前,曾与十字军展开反复拉锯战。
他的策略在攻城战、突袭和激战中转换自如

1177年11月25日
蒙吉萨战役

在1171年秋对耶路撒冷王国的第一次大规模突袭中,萨拉丁低估了耶路撒冷国王鲍德温四世(Baldwin IV)抗衡自己前进的能力。法兰克人伏击了阿尤布人,使他们惨败。萨拉丁本人几乎被俘,据说他骑着骆驼匆忙逃回埃及。

1179年8月30日
雅各布渡口之战

1179年夏末,萨拉丁在约旦河上游雅各布福德攻击了未完工的十字军堡垒查斯特莱特(Chastellet)。尽管圣殿骑士团进行了顽强的防御,但在一次快速的攻城战中,专业工兵拆毁了一段城墙,使得穆斯林能够消灭守军。

1183年9月29日至10月8日
在阿音扎鲁特的对峙

为了挑起与法兰克人的决定性战斗,萨拉丁穿过约旦河进入加利利(Galilee)。吕西尼昂的居伊(Guy of Lusignan)是身患绝症的鲍德温四世的摄政王,他率领一支部队拦截了萨拉丁。萨拉丁试图诱使法兰克人犯下战术错误,但居伊坚持按兵不动,萨拉丁于是撤退。

1187年5月1日
克雷松战役

萨拉丁的儿子阿夫达尔·伊本·萨拉赫丁(Al-Afdal ibn Salah ad-Din)率领一支庞大的部队进入加利利来试探十字军的实力。一队路过的圣殿骑士和医院骑士团拦截了他们。圣殿骑士团大团长杰拉德·德·雷德福(Gerard de Ridefort)命令对敌人的大部队发动攻击。阿夫达尔摧毁了十字军,雷德福逃走了,但医院骑士团大团长罗杰·德·穆兰(Roger de Moulins)被杀。

1187年10月至12月
喀拉克围城

萨拉丁未能在加利利发动一场决定性的战斗,他转而率领军队向南包围了喀拉克城堡(Kerak Castle),那里仍然有一支基督教的守军。尽管萨拉丁的军队有石弩和攻城塔,但他们未能成功越过城堡外干涸的护城河。

▲ 克雷松战役(Battle of Cresson)的胜利是萨拉丁击败圣殿骑士团的决定性胜利

在那里，任何人都可能被更聪明的敌人派来的亲信暗杀。谢尔库赫在成为维齐尔两个月后去世，萨拉丁接替了他的叔叔担任要职。这给了他一个权力基础，他迅速行动，把其余的家人带到埃及，并分封领地给他们。

萨拉丁继续攀登伊斯兰的权力阶梯。公元1171年夏末，阿迪德去世，萨拉丁在努尔丁的祝福下成为埃及哈里发。努尔丁同意萨拉丁升任最高职位，因为这将使萨拉丁能够用法蒂玛埃及的逊尼派政府取代什叶派政府。也许萨拉丁一生中最大的机会是在三年后努尔丁去世时出现

> 尽管萨拉丁在去世后基本上被人遗忘，但他在19世纪获得了"侠义骑士"的美誉。

的。尽管努尔丁11岁的儿子接替了他，萨拉丁还是成功地将他的权力扩展到了叙利亚。

但对萨拉丁来说，消灭叙利亚的竞争对手赞吉王子是一件旷日持久的事情。在接下来的20年里，他像在走钢丝，平衡着对拉丁十字军国家和对竞争对手赞吉王子的进攻。尽管1174年萨拉丁兵不血刃地拿下了大马士革，但离1183年夺取阿勒颇（Aleppo）还有近10年的时间。那时，他已经扩大对叙利亚大部分地区以及对东部贾齐拉大部分地区的控制，在这一过程中建立了一个强大的阿尤布帝国（Ayyubid

第二次十字军东征 1147—1149

1144年，十字军国家埃德萨伯国（County of Edessa）被穆斯林攻陷，引发了对新一轮十字军东征的号召。法国国王路易七世和德国国王康拉德三世（Conrad III）各自亲率一支庞大的陆军，但突厥人在安纳托利亚消灭了康拉德的军队。1148年7月，十字军没有进攻真正威胁所在的阿勒颇，而是围攻了大马士革。他们的行动失败了，只过了四天就撤走了。

阿尤布战士

阿尤布王朝融合了突厥、波斯和埃及的影响,而且在许多方面,他们的战士是其对手拉丁十字军的翻版。

大马士革的萨拉丁陵墓里有两具石棺,据说其中一具装有苏丹的遗骸。

黄帽
黄色是阿尤布王室的专用颜色,萨拉丁的衣服包括黄色丝绸和金色刺绣。

锁子甲头巾
1175年5月,一名刺客试图行刺苏丹,利剑刺向了他的脖子,佩戴锁子甲头巾的苏丹因此躲过一劫。

白色披肩
白披肩的用途非常实际:防晒和防风沙。

轻型盔甲
轻型盔甲看起来像一件普通的夹克,但它实际上是一件薄薄的盔甲,锁子甲夹在几层织物之间。

头盔
银质头巾式头盔是专业阿尤布骑兵必不可少的装甲装备。

弓
尽管骑兵的主要武器是用于近战的骑枪和剑,但他们还是配备了复合弓,该弓由木制框架和框架上多层的牛角和牛筋构成。

胸甲
阿尤布人喜欢灵活的盔甲,重骑兵在锁子甲外上穿上铁质札甲,用以抵御弓箭和尖锐武器。

剑
苏丹的直剑有一个金柄和护手,剑的刀刃上镶嵌着银饰,这是"大马士革钢生产法"的制造工艺,大马士革因这种工艺而闻名。

护马铠甲
护马铠甲用双层毛毡制成,其设计目的是保护马不受敌人弓箭的袭击。

军刀
突厥风格的军刀插在装饰精美的护套中,这些护套也用大马士革钢制成。

居伊领导了两次突如其来的冲锋，但萨拉丁的马穆鲁克保镖每次都不惜代价将他们赶走。

Empire），这个帝国以他的家族姓氏为名。

敌对的塞尔柱帝国的领袖与阿尤布帝国的领袖一直在竞争，他们都臣服于巴格达的阿拔斯哈里发。在与对手赞吉王朝（Zengid Dynasty）的长期斗争中，萨拉丁不得不向阿拔斯哈里发证明，为什么有必要拿起剑来对付穆斯林同胞，而不是基督教异教徒。萨拉丁对哈里发说，除非他积聚了更大的力量，否则不足以打败法兰克人。

1183年秋，萨拉丁入侵了三个十字军国家中最大的耶路撒冷王国。耶路撒冷王国的摄政王吕西尼昂的居伊决心打一场防御战，萨拉丁被迫撤退。在1186—1187年冬季，发生了一起事件，使萨拉丁有充分的理由重新入侵十字军国家：萨拉丁的死敌——沙蒂永的雷纳德（Raynald of Châtillon），抢劫了一辆从开罗经其领地前往大马士革的穆斯林大篷车。

萨拉丁在1186年与雷纳德达成了为期两年的停火协议，协议中，法兰克贵族同意允许商队从埃及无障碍地通过叙利亚。但雷纳德没收了这些商队的财物，并把他们囚禁起来。萨拉丁多次要求雷纳德释放人员，归还财物。但"伯爵一直拒绝服从"，中世纪阿拉伯历史学家伊本·艾西尔（Ibnal-Athir）写道。萨拉丁发誓，如果抓到雷纳德，一定会杀了他。

1187年春，萨拉丁开始在叙利亚南部集结一支庞大的军队。他的两位将军都是他的侄子：阿尔·穆扎法尔·塔齐丁率领右翼，穆扎法尔·阿德丁·戈勃里率领左翼。他们在战役中分别指挥规模相当于现代的一个军的部队。中心部队由萨拉丁亲自指挥。

萨拉丁有大约3万名士兵，其中一半是经验老道的骑兵。战场包括起伏的丘陵、覆盖着广阔草地的高原和嶙峋的岩石。不同泉水的水量不同。萨拉丁打算阻止十字军到达加利利海，因为那里有大量的水。他还打算尽可能地将他们与沙漠之泉隔离开来。

萨拉丁在6月份的最后一周带领他的军队渡过约旦河。阿尤布人在提比里亚（Tiberias）西南10公里处的卡夫萨布特扎营。十字军在距离提比里亚24公里的赛弗里集结。耶路撒冷国王居伊率领20000人，其中步兵15000人，辅助骑兵3800人，骑兵1200人。这些马没有盔甲，因此容易受到箭的攻击。的黎波里的雷蒙德三世亲王（Raymond III of Tripoli）指挥先头部队，居伊是主要的卫队，伊贝林的贝里昂伯爵领导后卫队，其中包括医院骑士团和圣殿骑士团。

为了引诱十字军投入战斗，萨拉丁于6月2日亲自率领一支分遣队围攻提比里亚。居伊没有对敌军的规模和位置进行侦察便上了钩。如果他们遇到了厉害的对手，那么一天之内就赶不及到达提比里亚，但是居伊不知道他们在第一天的行军之后会在哪里扎营。

十字军在黎明离开营地，出发前往图兰泉（spring of Turan），那里水资源有限。行军途中，三个军团的步兵在骑兵和军士周围形成了一个保护方阵。十字军在中午到达图兰，一些部队和马得到了水，他们此时只走了10公里。居伊决定继续赶往哈丁村，该村位于东北方向约8公里处，那里水资源充足。

穆斯林很快大批出现在拉丁军队的两翼。萨拉丁的策略在很大程度上与蒙古人和亚洲草原武士的做法相同——包围敌人，利用弓箭手的长射

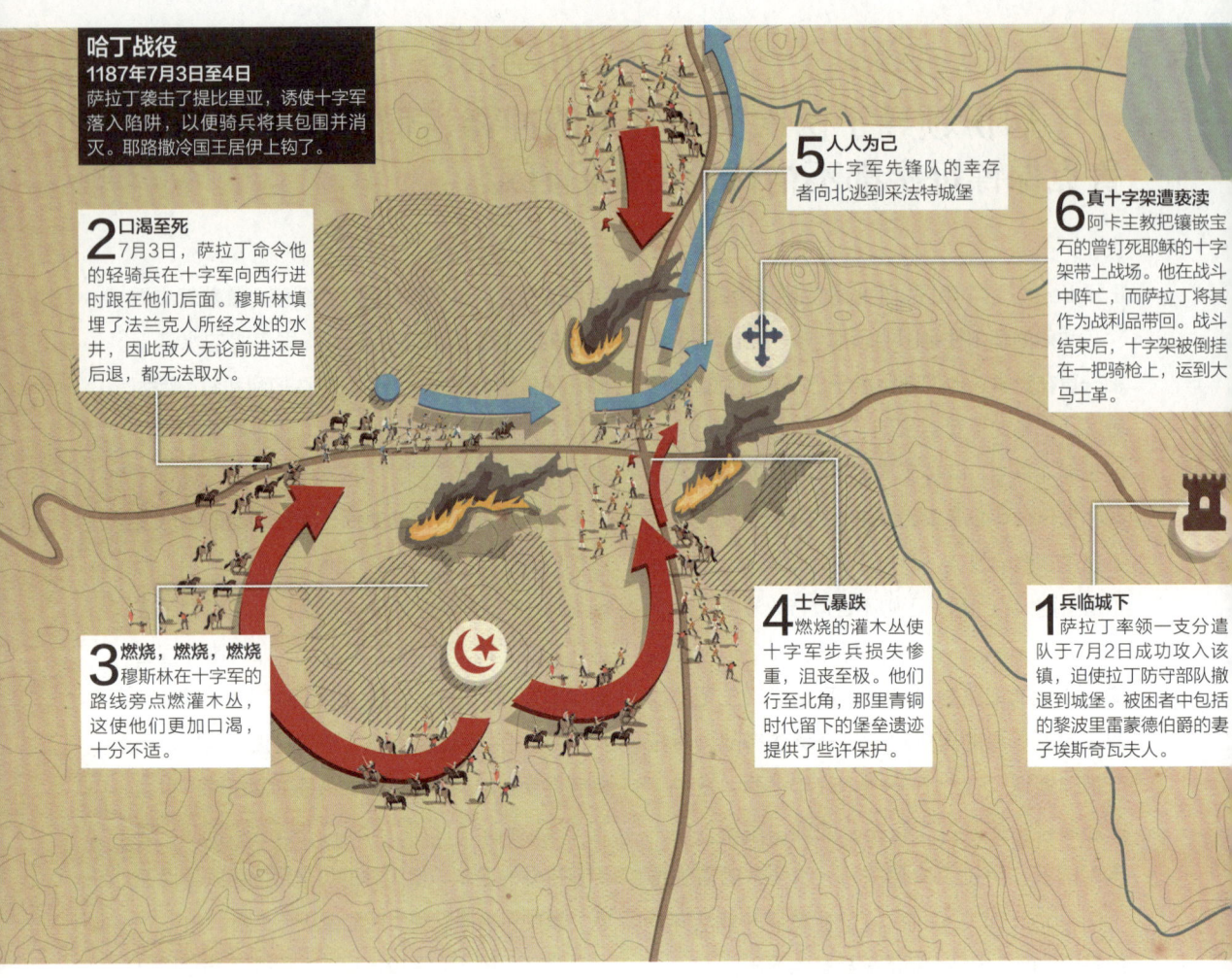

哈丁战役
1187年7月3日至4日
萨拉丁袭击了提比里亚，诱使十字军落入陷阱，以便骑兵将其包围并消灭。耶路撒冷国王居伊上钩了。

2 口渴至死
7月3日，萨拉丁命令他的轻骑兵在十字军向西行进时跟在他们后面。穆斯林填埋了法兰克人所经之处的水井，因此敌人无论前进还是后退，都无法取水。

5 人人为己
十字军先锋队的幸存者向北逃到采法特城堡。

6 真十字架遭亵渎
阿卡主教把镶嵌宝石的曾钉死耶稣的十字架带上战场。他在战斗中阵亡，而萨拉丁将其作为战利品带回。战斗结束后，十字架被倒挂在一把骑枪上，运到大马士革。

3 燃烧，燃烧，燃烧
穆斯林在十字军的路线旁点燃灌木丛，这使他们更加口渴，十分不适。

4 士气暴跌
燃烧的灌木丛使十字军步兵损失惨重，沮丧至极。他们行至北角，那里青铜时代留下的堡垒遗迹提供了些许保护。

1 兵临城下
萨拉丁率领一支分遣队于7月2日成功攻入该镇，迫使拉丁防守部队撤退到城堡。被困者中包括的黎波里雷蒙德伯爵的妻子埃斯奇瓦夫人。

程打击敌人。如果十字军冲向弓箭手，他们会分散防守以避免被集中攻击。

第一天，装备复合弓的骑兵对十字军先锋队施加了稳定的压力。结果，到了中午，十字军的前进速度慢得像爬行一样。居伊派了一位信使去询问雷蒙德的建议。雷蒙德建议他们晚上露营。

十字军到了一个叫马斯卡纳的路口，那里没有水。尽管如此，他还是接受了雷蒙德的建议。他可能希望穆斯林会发动攻击，在这种情况下，法兰克人在防守上会占优势。但萨拉丁没有这样的意图。基督教士兵们大部分都已经严重脱水，只能枕着手臂入眠。

"穆斯林方面已经摆脱了初次与敌人遭遇带来的恐惧，他们情绪高涨，整夜互相鼓舞，"艾西尔写道，"他们能闻到胜利的气息。"

十字军在黎明时重新进发。穆斯林弓箭手向他们射出源源不断的箭。此外，穆斯林散兵还多次袭击雷蒙德的先锋队。

缺乏骑士团队精神的拉丁步兵变得灰心丧气，逐渐失去队形，这使骑士们得不到保护。步兵向形成哈丁角的两座山以北行进。居伊请求他们保持队形，但他们不听指挥。十字军的唯一希望在于抵达哈丁村。但这个村庄在穆斯林手中，萨拉丁的军队绝不会让基督徒们到达那里。

随着局势越来越令人绝望，到上午九十点钟，雷蒙德集结他的骑士冲向塔齐丁的部队。冲锋成功，雷蒙德、贝里昂和大约12名骑士得以脱身。居伊手下只剩下他自家的骑士和两个军事骑

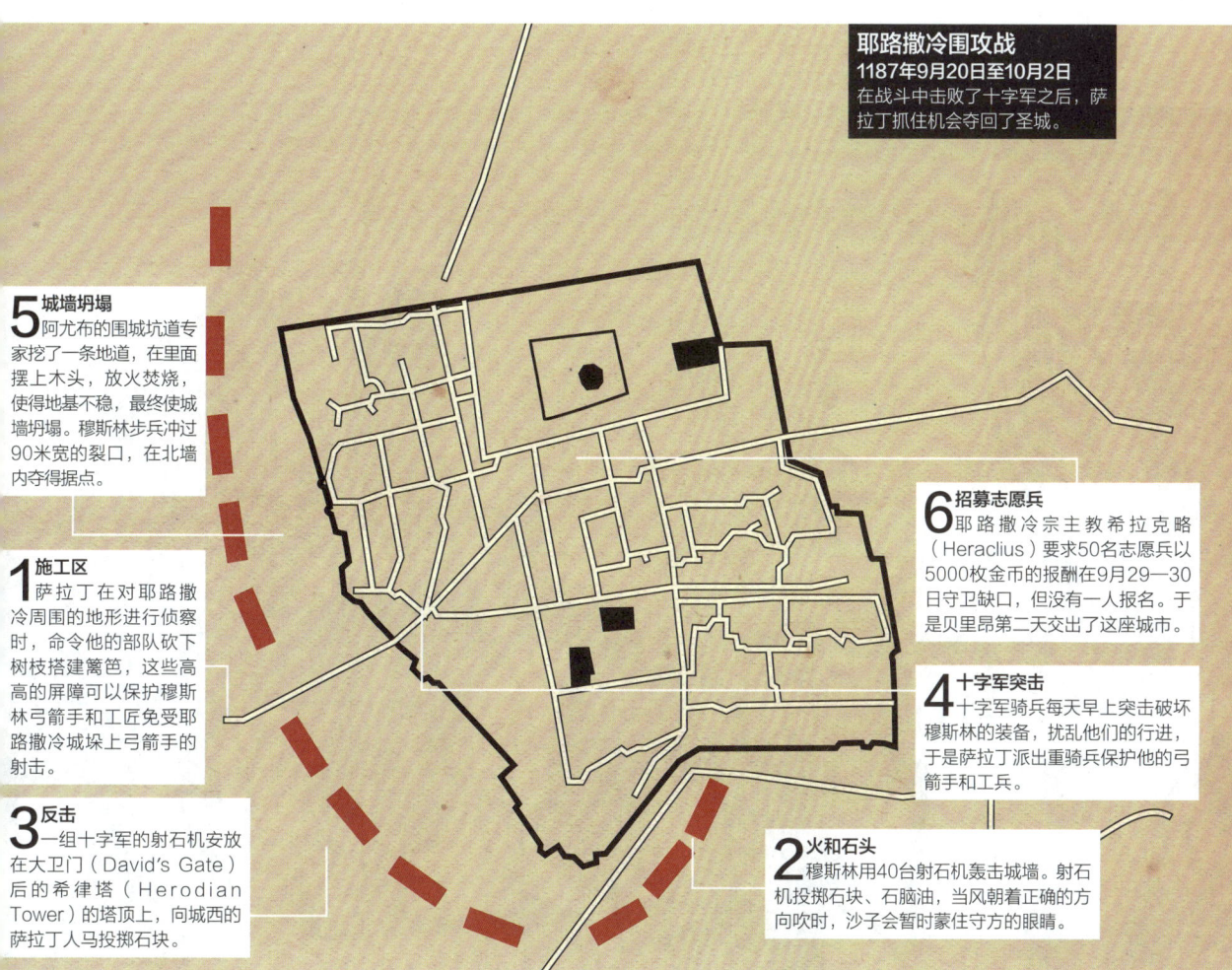

耶路撒冷围攻战
1187年9月20日至10月2日
在战斗中击败了十字军之后,萨拉丁抓住机会夺回了圣城。

5 城墙坍塌
阿尤布的围城坑道专家挖了一条地道,在里面摆上木头,放火焚烧,使得地基不稳,最终使城墙坍塌。穆斯林步兵冲过90米宽的裂口,在北墙内夺得据点。

1 施工区
萨拉丁在对耶路撒冷周围的地形进行侦察时,命令他的部队砍下树枝搭建篱笆,这些高高的屏障可以保护穆斯林弓箭手和工匠免受耶路撒冷城垛上弓箭手的射击。

3 反击
一组十字军的射石机安放在大卫门(David's Gate)后的希律塔(Herodian Tower)的塔顶上,向城西的萨拉丁人马投掷石块。

6 招募志愿兵
耶路撒冷宗主教希拉克略(Heraclius)要求50名志愿兵以5000枚金币的报酬在9月29—30日守卫缺口,但没有一人报名。于是贝里昂第二天交出了这座城市。

4 十字军突击
十字军骑兵每天早上突击破坏穆斯林的装备,扰乱他们的行进,于是萨拉丁派出重骑兵保护他的弓箭手和工兵。

2 火和石头
穆斯林用40台射石机轰击城墙。射石机投掷石块、石脑油,当风朝着正确的方向吹时,沙子会暂时蒙住守方的眼睛。

士团的骑士。

居伊决定破釜沉舟,命令他的侍从们在南角较低的斜坡上支起红色帐篷。此时,穆斯林步兵正在哈丁角上攻击十字军步兵。下午三时许,居伊认为他唯一的希望在于冲向萨拉丁的阵地,于是领导了两次突如其来的冲锋,但萨拉丁的马穆鲁克卫兵每次都不惜代价地将他们击退。

居伊与他的骑士们以及一些步兵在南角占据了防御阵地。萨拉丁下令攻击哈丁角。手持骑枪的重骑兵横扫十字军阵地。在此过程中,他们夺得了十字军作战时一直携带用以鼓舞士气的圣物——真十字架。十字军损失惨重,士气低落,居伊只得下令让他的士兵放下武器,任由萨拉丁摆布。

这些法兰克人被围捕起来,在萨拉丁面前列队走过。大约200名圣殿骑士被处决。萨拉丁同意让居伊和其他贵族支付赎金换取活命。十字军的普通士兵则被卖为奴隶。

据说萨拉丁把居伊和沙蒂永的雷纳德叫进了帐篷。他给了居伊一个盛满冰水的高脚杯,但当居伊想把它递给雷纳德时,萨拉丁拦住了他。萨拉丁随后兑现了杀死雷纳德的誓言,一剑将其砍倒。

这位阿尤布苏丹正确地预见到,逃跑的领主们会向西部寻求增援。于是他派遣军队在增援部队到达之前,尽可能多地占领耶路撒冷王国的主要城镇和据点。萨拉丁在7月8日占领阿卡后,把注意力转向了提尔(Tyre)。对基督徒们来说

▲ 攻城战后，萨拉丁释放了许多被俘的奴隶以示宽大

幸运的是，那个月早些时候新领袖来了。蒙费拉特的马奎斯·康拉德（Marquis Conrad）为了逃避国内的问题，参加了十字军东征，并组织了强有力的防守。萨拉丁迫不及待地要攻占耶路撒冷，于是挥师向南。

两个多月后的9月20日，萨拉丁的两万大军抵达耶路撒冷城墙前。伊贝林的贝里昂手下约有5000人。由于难民的涌入，城内人口已增至60000人。与在提尔受挫不同，苏丹无意放弃攻城。萨拉丁的战地秘书伊玛德·阿德丁写道，阿尤布领袖"发誓绝不离开，直到他兑现承诺，在提尔的最高点上插上自己的战旗，并用自己的脚重走先知（穆罕默德）踏足过的地方"。

萨拉丁的军队分别部署在圣斯蒂芬门和大卫门分别对着的北面和西面。在五天的时间里，阿尤布大军袭击了城门并试图攀登城墙。之后，穆斯林对西墙的攻击没有任何进展,因此,萨拉丁命令他们重新部署在围绕城市东北角的弧形地带。他还下令从阿勒颇派专业的工兵去挖掘城墙。几个小组在接下来的四天里不知疲倦地破坏城墙地基。9月29日,他们拆毁了北侧希律门附近的一段外墙。

萨拉丁放过了这个城市。他没有屠杀无辜者,而是决定让他们自己支付赎金。一旦付了赎金,他们将有40天的时间离开。据艾西尔说,这个想法来自萨拉丁的顾问。顾问告诉他:"他们已经是我们的囚犯,让他们按照我们之间达成的条件支付赎金。"

萨拉丁因此定下了赎金的价格,每个男人10枚金币,每个女人5枚,每个孩子1枚。大约三分之二的基督徒可以支付自己的赎金,但其余的太穷。贝里昂从该城的金库里给了萨拉丁3万金币,为7000名穷人支付了赎金,但另外13000人则被贩卖为奴隶。

穆斯林于10月2日控制了耶路撒冷。整个城市都悬挂着阿尤布的旗帜。一周后,萨拉丁参加了耶路撒冷阿克萨清真寺(Al-Aqsa Mosque)的主麻日礼拜(Friday prayers)。之后,苏丹下令用大理石、金瓦和马赛克砖将这座被亵渎的清真寺恢复原貌。

不久之后,英格兰国王理查一世(Richard I)和法国国王腓力二世(Philip II)都参加了十字军东征,决心夺回耶路撒冷。他们参加了从1189年到1192年对抗萨拉丁的第三次十字军东征。尽管十字军夺回了阿卡和其他据点,但他们无法夺回圣城。耶路撒冷仍然掌握在穆斯林手中,因为萨拉丁有能力统一和动员以前分裂的穆斯林团体来对抗十字军。

▲ 耶路撒冷的大马士革门在十字军占领期间被称为圣斯蒂芬门

反击
拉丁人企图用箭和长矛驱赶入侵的军队,向攻方投掷大块的岩石甚至熔化的铅,但都徒劳无功。

攻占圣城
萨拉丁对耶路撒冷的围攻持续了两周之久,但终获回报

1187年9月20日,阿尤布苏丹和他的军队到达耶路撒冷城门前。萨拉丁更愿意兵不血刃地占领这座城市,他向十字军贵族伊贝林的贝里昂提出了慷慨的条件,但城里的人拒绝离开。于是攻城战开始了,大马士革城门外,萨拉丁的弓箭手向堡垒猛烈射击。攻城塔每次推到城墙边都被迫撤回。六天后,军队转移到橄榄山,那里没有十字军可以发动反击的城门。就在这里,他们终于冲破了城墙。10月2日,贝里昂投降。

挖掘城墙
萨拉丁的成功来自地下。城墙的一部分被挖空,并在其下面点火,城墙最终在9月29日倒塌。

攻城塔
这些通常是在现场搭建的,搭建高度与城墙相同。攻城塔里的弓箭手在向城墙行进时会从高处向城内射击。

冲车
大型、沉重的原木放在安有轮子,具有防箭、防火功能的顶篷中。木头用绳索甩出击打城墙。

"狮心王"理查血腥的十字军东征

国王理查出身王室,在战乱中接受教育,他将西方基督教的宗教狂热带到了穆斯林的东方,试图夺取传说中的圣地。

近一年来,阿卡这座雄伟的城市一直坚不可摧。尽管一批又一批的基督教骑士将他们所有的宗教热情和军事力量倾注在它古老的城墙上,但它每次都成功抵御了冲击,阻止了外国部落的前进,这些部落现在威胁要占领整个近东地区。

但是,入侵者接二连三地来了,袭击是无情的。第一支部队被击退后,城里的居民以为他们安全了,以为入侵者被打败了。然而,随后又有一支部队前来,占领了通往进出城通道的港口。阿卡城的防御工事又一次受到考验,更凶猛的袭击撞击着城门。幸运的是,阿卡城再次抵挡住了敌军。

然后,随着新一年的航行季节开始,另一名侵略者带着一支嗜血的新军从海上到达了。随后的五月份,又有数以万计的士兵加入围墙外的异教徒营地,使他们的人数膨胀到可怕的地步。他们再次发动进攻,双方损失惨重。城内缺乏食物和军需品,入侵者营地内疾病蔓延,将两边的战士都推入绝境,这点燃了他们心中的信念之火,他们开始追求更大胆的暴力行动。

这一天是1191年6月8日,当阿卡城在黎凡特(Levant)夏季闷热的天气中慢慢窒息时,另一支舰队正在这个曾经繁荣的港口登陆。这是该城有史以来见过的最大的军队之一。如果阿卡的统治者,高贵而伟大的萨拉丁,不能很快派出大量增援部队,那么这座城市将会沦陷,通往圣地的大门将向基督徒大军敞开。

人们称他"狮心王",这人从船上走下,来到尘土飞扬的干燥海岸,他在这里以他的上帝和荣耀的名义消灭敌人。征程漫长而痛苦,他们经

使整个基督教世界蒙羞的是，耶稣之城落入撒拉森人①手中。

① 撒拉森人（Saracen），西方人对阿拉伯人的传统称呼，十字军时期又用于泛指西亚和北非的穆斯林。——编者注

阿苏夫会战

阿苏夫会战（Battle of Arsuf）是第三次十字军东征中的重要一役，阿苏夫见证了理查和萨拉丁的对决

01 阿苏夫森林
在夺取阿卡之后，理查开始寻找他的下一个目标：阿苏夫。为了到达那里，他不得不沿着地中海海岸向南移动，穿过阿苏夫的森林，阿苏夫是黎凡特为数不多的森林地区之一。萨拉丁知道这一点，追踪并不断骚扰理查缓慢移动的后方补给线和步兵，确定森林是理想的打击地点。

02 狭窄的平原
理查小心提防自己的车队遭到袭击，他缓慢地穿过阿苏夫森林，顺利地行进了10公里。萨拉丁已经确定了一个打击点——森林中一个狭小的平原，距离阿苏夫大约9公里。萨拉丁打算沿着车队进行小规模战斗，然后着重打击车队的后方。

03 黎明时的侦察兵
1191年9月7日拂晓，理查的侦察兵从营地出发，回来报告说看到了萨拉丁的侦察兵。理查意识到萨拉丁全军就在附近，于是开始部署军队。车队的前后都安排了士兵，其前锋，同时也是最重要的一个师，由圣殿骑士团组成，由他们的第11任大团长罗贝尔·德·萨布莱（Robert de Sable）指挥。

04 萨拉丁发动袭击
理查的车队一到达平原，萨拉丁的部队就发动了袭击。在前线，萨拉丁派出了一队密集的散兵，而在他们后面则是一支由重骑兵、步兵和弓骑兵组成的部队，他们兵分三路，从中路、左路、右路发动进攻。

05 十字军侧翼挺住
萨拉丁的主要战术是击溃十字军纵队的侧翼，命令标枪手和弓骑兵沿侧翼开展闪电战，并在十字军弩手还击之前撤退。不过，十字军侧翼还是挺住了。

十字军
兵力：2万人

领袖
"狮心王"理查

在战场上表现卓越的"狮心王"理查是一个残忍的杀手和一个天才的战术思想家，以无情的效率领导着一群宗教狂热分子。
优点： 惊人的战士和强大的军事领袖。
弱点： 作为国王，在政治和经济上作风鲁莽。

10 阿尤布军队四散

右翼被击溃的阿尤布军队很快溃退，散落到阿苏夫以南的山林中。理查意识到追击的骑士可能会遭到突然的伏击，于是在阿苏夫把勇士们拉回到一个有序的队形中，命令他们在目前安全的堡垒扎营。萨拉丁被迫退却，他作为无敌领袖的名声受到玷污。

09 圣殿骑士报仇雪恨

从保护和维持纪律的战术队形中解放出来后，十字军骑士们冲向撒拉森人，他们在一场残酷的死亡浪潮中释放出他们的仇恨和战斗力。萨拉丁军队的右翼无法承受攻击，立即崩溃了，理查自己也加入战斗。当天血腥报复的袭击结束后，圣殿骑士团开始追杀逃跑的撒拉森人。

08 强力反击

虽然加尼尔·德·纳布卢斯在反击中违抗了命令，没有保持队形，但理查看到医院骑士的冲锋，知道他们需要支援，于是命令他的军队与其合兵一处。因此，十字军的全部兵力突然从防御转为进攻，猛烈地冲向阿尤布军队。

06 医院骑士团受到攻击

萨拉丁将其部队的打击重心转移到了纵队的后方，与医院骑士展开交战。萨拉丁和他的兄弟一起加入了突袭，以便激励他的士兵取得突破。理查尽管遭受了一些损失，但仍将车队聚集在一起，慢慢往阿苏夫进发。

07 骑士队列溃散

下午三点左右，理查抵达阿苏夫，被围困的医院骑士先锋撤回到堡垒内。队形瓦解，肉搏战开始了。医院骑士团的大团长加尼尔·德·纳布卢斯（Garnier de Nablus）看到他的部下陷入困境，于是冲出队列，向撒拉森人发起进攻。

关键部队
圣殿骑士

圣殿骑士团是第三次十字军东征中最有经验的基督教部队，他们富有，训练有素，热衷于战斗，有着神圣的使命。
优点： 装备精良，训练有素。
弱点： 人数少，宗教狂热，容易鲁莽行事。

关键武器　阔剑

在包括圣殿骑士和医院骑士团在内的所有基督教骑士团中，阔剑是最流行的肉搏武器，它功能全面，杀伤力强，可以用于刺杀和劈砍。
优点： 强大的全方位武器，也可以配合盾牌使用。
弱点： 比双手剑和矛短，因而容易受到这两种武器的攻击。

穆斯林
兵力：25000人

领袖
萨拉丁

作为阿尤布军队的领袖和阿尤布王朝的缔造者，他拥有崇高的地位，是一位智慧和经验兼具的军事指挥官。
优点： 受人尊敬的战术思想家和有权势的政治家。
弱点： 放任型领导者，个人战斗能力不强。

关键部队
弓骑兵

萨拉丁的轻骑兵因其快速反应能力和远距离打击能力闻名于世，他们箭法娴熟，骑着世界上最快的战马，全世界都害怕他们。
优点： 擅长伏击和"打了就跑"的快速小组。
弱点： 在肉搏战中容易被骑士砍倒。

关键武器
短弓

萨拉丁的马穆鲁克步兵和他的轻骑兵部队擅长箭法，他们使用短弓能利用任何机会向十字军射箭。
优点： 快速射击和装箭，具有良好的制动能力。
弱点： 没有长弓射程远，而且在肉搏战中几乎毫无用处。

·131·

历了暴风雨、沉船，还有一个疯狂的暴君，他威胁要在第三次十字军东征开始之前就将其摧毁。不管怎样，"狮心王"理查和他的军队在穿越地中海的旅途中幸存下来，到达了圣地。经过几个月谋划，他们已经准备好完成他们的使命、理查的使命和上帝的使命——通过猛攻占领圣地，径直前往所有城市中最为神圣的耶路撒冷。

令整个基督教世界蒙羞的是，四年前，这座耶稣的城市被撒拉森阿尤布王朝攻陷，现在被基督教的死敌萨拉丁统治，他们在圣城内的存在玷污了圣城。自1099年第一次十字军东征建立耶路撒冷王国以来，这座城市已经安全地掌握在基督徒手中近100年，现在罗马教皇亲自下令将其夺回。理查是一位虔诚的国王，他听从了这一号召。他现在来到这里，准备对唯一的真神尽自己的责任。征服阿卡仅仅是从萨拉丁手中夺取耶路撒冷的第一步。

此时还有其他一些领袖参与夺取圣城和更广泛的十字军东征。他们包括吕西尼昂的居伊和法王腓力二世。居伊是一位骄傲的普瓦捷骑士，通过与耶路撒冷女王西比拉（Sibylla of Jerusalem）结婚而被认为是耶路撒冷的合法国王。腓力二世曾协助征收"萨拉丁什一税"（Saladin tithe）以支付十字军东征的费用。奥地利公爵利奥波德五世（Leopold V）也统率帝国军队加入十字军东征。在去年夏天攻城战的影响下，本还有更多的领袖参与，但是疾病在冬天的几个月里夺走了许多人的生命，士瓦本的腓特烈（Frederick of Swabia），甚至耶路撒冷的宗主教希拉克略都从凡间走入了另一个世界。

攻城战已经停止，十字军每周都面临着来自萨拉丁用计打击十字军的威胁。作为一名训练有素、经验丰富的军事领导人，理查意识到了这一点。在与其他领袖商议后，他下令建造巨大的攻城武器，这些攻城武器能够摧毁城墙。这些死亡武器一旦建成，会高耸在基督教骑士身边，把攻城战带入致命的结局。

巨石雨点般地落在阿卡的城墙上，在雷鸣般的巨响中撞击着城墙。动物和穆斯林士兵的尸体散落在城内的街道上，传播疾病的同时，也挫败了惊恐的居民的士气。最可怕的是，射进城内的燃烧球和燃烧箭点燃了任何不是石头做的东西，恐慌迅速在阿卡的民众中蔓延。幸存的穆斯林士兵勇敢地防御，但现在十字军的战争机器和士兵对该城的屠杀和毁坏太严重了。在一个月的死亡和破坏之后，该城剩余的穆斯林守军投降了，这直接违反了萨拉丁的命令。

萨拉丁接到阿卡失守的消息后，立即带着增援部队出发前往该地。在途中，他得到消息，理查已经俘虏了2400名投降的穆斯林守军，并提出释放他们的条件。萨拉丁以对部下的忠诚和智慧而闻名，他同意支付可观的赎金，还答应释放所有的基督徒俘虏。

在阿卡，耶路撒冷王国、法国、英格兰和奥地利公爵领地的旗帜在微风中飘扬。随着阿卡的沦陷，理查知道只有南部的雅法城阻挡他们对耶路撒冷的直接进攻，所以他开始为接下来的十字军东征和重建被洗劫的城市做准备。这些准备工作很快就被征服者领袖之间的争论打断了，争论的焦点是如何划分城市，如何分配战利品。理查在争吵中愤而从城墙上扔下奥地利的军旗，以示对利奥波德的轻视，理查支持吕西尼昂的居伊在破城之后成为耶路撒冷的国王，而不是腓力和利奥波德。相较于居伊，腓力和利奥波德更喜欢同

▲ 英格兰理查一世的印鉴（1195）

▲ 由于其战略地位的重要性，阿卡城经常经历血雨腥风

"狮心王"的十字军东征

第三次十字军东征在到达圣地之前就已面临诸多挑战

04 阿苏夫会战
阿苏夫 1191年9月7日
理查和十字军出发攻占雅法。然而，萨拉丁在阿苏夫堡垒附近拦截了理查，将他逐至该城，但理查还是赢得了战斗。

05 理查萌生退意
雅法 1192年8月8日
在占领了雅法并向耶路撒冷发动了两次失败的进攻之后，十字军一分为二，两路均无法攻下耶路撒冷，理查于是萌生退意。雅法重回萨拉丁手中，但理查在战斗中将其夺回。

01 教皇诏书
罗马 1187年10月29日
教皇格列高利八世（Gregory VIII）裁定耶路撒冷王国的沦陷是对基督徒罪行的惩罚，随后发布教皇诏书号召第三次十字军东征。法国和英格兰响应了这一号召，强征"萨拉丁什一税"来资助这项任务。

02 疯狂的暴君
塞浦路斯 1189年5月8日
理查在前往圣地的途中，舰队遭遇风暴，在塞浦路斯搁浅。岛上的暴君扣押了船只、货物和人员。理查以武力夺取塞浦路斯，解放了被奴役的臣民。

03 阿卡遭围
阿卡 1189年8月28日
穆斯林控制的港口城市阿卡被长期围困，数千名十字军和撒拉森士兵丧生。在"狮心王"于1191年6月8日抵达围城后，该城的长期防御出现了动摇。

为十字军的意大利贵族的蒙费拉特的康拉德，腓力因此非常愤怒，威胁要返回欧洲。

萨拉丁迟迟不付守城士兵的赎金，这使十字军领袖间的图谋和分歧变本加厉。已经非常愤怒和不满的理查认为逾期是巨大的轻慢，于是命令将守城士兵全部处决。萨拉丁在理查刚刚做出决定的时候赶到了该城，但只能眼睁睁地看着一个又一个人被公开处决，数千人死亡。愤怒的萨拉丁以同样的方式加以回应，处决了他关押的1000名基督徒俘虏。无论双方领导人本可能达成什么样的协议，现在都毁于一旦，和那些不幸的俘虏一样没了生气。

腓力和利奥波德对理查和居伊感到愤怒和沮丧，他们最终决定终止他们的第三次十字军东征，于8月下旬启程返回欧洲家园。不过，对理查来说，这种对信仰的背叛是难以想象的，他请求腓力要做上帝眼中正确的事，设法说服腓力留下一万名法国十字军战士，并支付维持他们生活

人们称他"狮心王",他在这里以他的上帝和荣耀的名义消灭敌人。

所需的资金。

现在,"狮心王"成为剩下的两万多名十字军、骑士和士兵的中央指挥官,他怀着光荣的目标,下令继续十字军东征,大军在8月的最后几天从阿卡出发。谁在领导这场神圣的十字军东征现已显而易见。

十字军无情进军的下一个城市是雅法,这是一个重要的港口,是进入南地中海的门户。只要雅法还未被征服,萨拉丁就有一条天然的通道从他坚不可摧的埃及大本营向该地区注入更多的部队。但如果雅法落入十字军手中,萨拉丁将被迫让士兵转移到陆地上行军,这是一个效率低下、耗时更多的途径。这座城市距离耶路撒冷只有65公里,是十字军理想的沿海基地。不过,在它被占领之前,十字军需要整体到达那里。理查知道萨拉丁就在附近某个地方,为了避免遭受敌人的伏击,他命令携带辎重的部队沿着地中海海岸线行进。这一策略阻止了萨拉丁攻击一边侧翼的可能,因为理查也让他的舰队并驾齐驱沿海岸航行,从而解除了海上进攻的威胁。

然而,雅法的北面是阿苏夫的森林,阿苏夫是黎凡特唯一的森林地区之一。这片森林与海岸线平行延伸了20多公里,如果要到达雅法,理查的军队必须穿过它们。萨拉丁在森林里用小规模"打了就跑"战术骚扰理查的部队之后,发动了对十字军的全面进攻,这引发了第三次十字军东征中规模最大的一场激战。萨拉丁知道这场战斗将是决定性的,但无法预见他在这场战斗

▲ 阿卡城如今的样子

中将铩羽而归。1191年9月7日太阳落山时,理查的医院骑士发动决定性反击,击溃了撒拉森军队。萨拉丁从阿苏夫撤退,重新集结残兵败将,努力恢复元气。

十字军直奔雅法,迅速包围并占领了该城。理查尽管与其他十字军领袖有一些分歧,但耶路撒冷近在咫尺,于是决定与他的敌人展开谈判。萨拉丁在阿苏夫战败后遭到一些臣民的质疑,于是接受了谈判,并将他的兄弟阿尔·阿迪尔(Al-Adil)派往雅法参加谈判。尽管取得了一些进展——一度讨论到让理查的妹妹琼嫁给阿尔·阿迪尔,而耶路撒冷则是新婚礼物——但

"萨拉丁什一税"筹集了70000英镑用于资助第三次十字军东征。

图解圣殿骑士

最优秀的基督教战士携带的关键装备和武器

头盔
防斩首

十字军头盔是圣殿骑士团的重要装备，提供了极好的防护，锥形头盔也是如此。由于视域狭窄，圣地温度较高，许多人选择了更轻的露脸头盔。

短上衣
保证无摩擦的体验

小型罩衫式的锁子甲对于保护圣殿骑士的生命很关键，它是一种贴在皮肤上的加垫短上衣。它能覆盖上半身的大部分区域，是面对敌人攻击时的最后一道防线。在寒冷的气候中，这也有助于让战士保持温暖——当然，寒冷在圣地从来不是问题。

阔剑
专为砍杀设计

阔剑是西方骑士的标准武器，典型的圣殿骑士手持阔剑，但在骑马时也使用长矛。有时，他们在徒步作战时会选择两手同时使用阔剑，这虽然能提供额外的攻击距离和打击力度，却会让骑士失去盾牌的保护。

长衣
圣地不是一般的热

在骑士的锁子甲外还有一层长衣。这件白色的衣服不仅为金属盔甲遮挡阳光，还展示了骑士团的徽章。

锁子甲
敌人的刀刃无法刺穿

抵御敌人打击的主要防御形式是一件罩衫形状的锁子甲，这是一件长袖的锁子甲罩衣，手部装有锁子甲护手，头部有锁子甲头巾。锁子甲与铁质腿甲同时使用以保护双腿。

盾牌
第一道也是最好的一道防线

圣殿骑士团的盾牌装饰有基督教十字架图案，又大又长，泪珠形状的设计能保护整个躯干和大腿。盾牌由木头制成，用金属包边，金属包边有助于防止盾牌在刀剑的重击下裂开。它的内侧有一个皮革把手。

谈判最终破裂。

谈判的破裂引起十字军队伍的不安，他们对实现目标的最佳途径争论不休。理查对不断的内耗感到厌倦，他果断地采取行动，命令军队在11月攻打耶路撒冷，先是直取阿什凯隆（Ascalon），然后是拉特伦（Latrun）。基督教军队很快就到达了距离耶路撒冷只有20公里的拜特努巴（Beit Nuba）。十字军连战连捷的消息迅速传开，城内穆斯林部队的士气一落千丈。萨拉丁的军队已经被打垮，阿卡、阿苏夫和雅法都被占领，耶路撒冷似乎将成为下一个。第三次十字军东征的胜利似乎已成定局。

然而，在这个关键时刻，犹豫不决的情绪蔓延到了十字军的队伍中。萨拉丁已经证明自己是一个不好对付的狡猾对手，理查不知道自己军队耗损的情况，担心报复性攻击近在咫尺，很可能是另一次大规模的伏击。此外，冬季的天气明显转差，大雨和冰雹导致步行条件很差。这些因素使理查停下来思考，而不是直奔圣城。他征求十字军战友的意见，他们一致认为，如果他们围攻耶路撒冷，并遭到萨拉丁救援部队的袭击，各方面恶劣的条件将导致一场大屠杀。因此，理查下令撤退回海岸。进攻必须推迟。

在1192年春天继续敌对行动之前，十字军在阿什凯隆度过了冬季剩下的几个月。萨拉丁在其埃米尔（emir，总督）的逼迫下解散了他剩下的大部分军队，没有发动大规模进攻。埃米尔倾向于防守而非直接出击。然而，撒拉森军队不断地折磨和骚扰十字军，一系列的小规模战斗慢慢侵蚀着十字军的兵力和士气。5月22日，情况突然变得危急，在经过5天的血战后，设防的达鲁姆镇（Darum）落入十字军手中。十字军在圣地打了一场伟大的战役，但没有更多的军队穿过地中海来增援；那些在战斗中牺牲的人没人来替代。理查的十字军东征步履蹒跚，他们的初心像沙漏中的沙子一样渐渐溜走了。

> 8000名英格兰骑士和士兵前往圣地。

理查设法召集其余的队伍，在同年6月向内陆进军，最后一次进攻耶路撒冷。这一次，不像上次远在拜特努巴即被阻挡，十字军能远远看到圣城了。看来，时间终于到了。理查将把耶稣的城市归还其合法拥有者，恢复基督教作为圣地的主要宗教和主要军事力量的地位。然而，当疲惫不堪、风尘仆仆、皮肤晒得黝黑的战士们站在那里远远地看着这座遥远的城市时，内部分歧的毒液又一次渗透到领导人的队伍中。

站在圣城跟前，几个月来，对十字军东征路线的不满情绪在指挥官之间爆发，对最佳军事行动路线的争论演变成为人身攻击和争吵。包括理查在内的大多数领导认为，夺取耶路撒冷的最好办法不是围困耶路撒冷，而是直接在埃及袭击萨拉丁，从而迫使萨拉丁放弃耶路撒冷，以防止自己倒台。然而，幸存的法国十字军领袖勃艮第公爵休三世（Hugh III）认为，唯一的行动方案是立即直接袭击圣城。领导人之间不和的消息传到了十字军中，此时，骑士和士兵们打破了以往对十字军事业的效忠，各自选择站队，十字军一分为二。

这两支部队现在都没有足够的力量攻击一座普通城市，更不用说圣城耶路撒冷了，因此理查被迫下令撤退。理查在向海岸前进时，对法国人心怀愤恨，决定返回英格兰。然而，就在他接近

萨拉丁只能眼睁睁地看着一个又一个人被公开处决。

雅法的时候，一个侦察兵传来消息说，雅法已经落入萨拉丁之手，萨拉丁亲自指挥了这次袭击。此外，侦察兵报告说，由于穆斯林统治者失去了对军队的控制，成千上万的穆斯林士兵因阿卡大屠杀之仇而发狂，城内所有人的生命都危在旦夕。

由于城内幸存十字军战士的生命牢牢掌握在理查的手中——毕竟，是他下令执行阿卡大屠杀——返回英格兰的时间不得不推迟。理查率领一支由2000名幸存的骑士和士兵组成的队伍，向萨拉丁发起了最后一次进攻，通过海上突袭接近了雅法。刚刚攻占这座城市的阿尤布士兵对理查的这次突袭完全没有准备，很快就被打败，十字军骑士和弩手的组合彻底打破了他们的抵抗。这次袭击非常残忍却十分有效，萨拉丁被迫从雅法逃往南方。

这是萨拉丁和理查的十字军的最后一战。雅法第二次沦陷后，战局陷入胶着状态，基督教十字军和穆斯林阿尤布军队都丧失了任何进一步流血的意志。战斗持续了三年，许多历史名城都已成废墟。数以万计的男人、女人和孩子失去了生命，尽管黎凡特的一些地区已经易手，但形势并没有真正改变。耶路撒冷仍然处于穆斯林的控制之下，萨拉丁仍然是阿尤布帝国的统治者，"狮心王"理查虽然是一位凶猛的勇士国王，在欧洲享有盛誉，但在圣地却没有稳固的立足点。然而，有所改变的是萨拉丁和理查都不希望出现更多的战争和流血，于是和平条约很快就达成了。耶路撒冷仍将处于穆斯林的控制之下，但从这时起，基督教朝圣者和商人将获准进出该城，他们的权利受到法律保护。

对理查来说，这项条约是他在圣地的最后一次行动，也是第三次十字军东征的最后一幕，他立即启程返回英格兰。不过，他的归途并不一帆

▲ 现代耶路撒冷城

了解你的对手：萨拉丁

最受尊敬的穆斯林战士的主要特征和装备

理查在阿卡城处决了近3000名穆斯林俘虏。

剑
直而致命

十字军东征时期撒拉森人使用的剑一般都是直剑，但电影中经常将那时期的剑描绘成弯剑。

盔甲
高层专用

虽然地位较低的撒拉森人只穿很少的盔甲或根本不穿盔甲，但地位较高的战士和领袖，如萨拉丁，往往会在他们的长袍内穿上锁子甲或其他盔甲。

骑兵
移动的战斗

在第三次十字军东征中，撒拉森军队有很多骑兵——比他们的对手基督教骑兵还多。这些骑兵通常也是弓箭手，在骚扰敌军方面非常有效。

外形
瘦小，并不可怕

对萨拉丁的大多数描述都提到他非常瘦弱，他没有理查那样魁梧的身材，却以智慧和虔诚而备受尊敬。

萨拉赫丁·优素福·伊本·阿尤布（萨拉丁）是埃及和叙利亚的第一位苏丹，也是阿尤布王朝的创始人。他因赫赫战功而被提升到这个崇高的地位，起初他服从法蒂玛政府的权威，后来则取而代之，他指挥了1187年决定性的哈丁战役。正是由于萨拉丁的原因，第三次十字军东征才被煽动起来，哈丁战役和耶路撒冷的沦陷促成了著名的"萨拉丁什一税"的降世，这是英格兰和法国一些地区征收的一种税，目的是资助一支能够收回圣地的军队。

尽管萨拉丁和理查的军队在第三次十字军东征中多次发生冲突，但这两人的关系比表面看来的要复杂得多，双方都对彼此表达了极大的尊重。在阿苏夫会战（萨拉丁的军队在这场战役中惨败）之后，萨拉丁送给理查两匹骏马，因为理查在这场战役中失去了自己的马。不过，两人从未见过面，萨拉丁在第三次十字军东征一年后因在大马士革逗留期间因发烧而去世。

风顺,一系列事件导致了他的被捕、遭监禁和卷入更多的战斗。让他载入史册的是他对圣地的追求,是充满血泪、掠夺和宗教狂热的旅程,尽管他几乎没有开拓任何疆土。这使他的成就成为人们辩论的主题,一些人视他为十字军东征的基督教国王,另一些人视他为不道德的冷血杀手,这场辩论至今仍在激烈进行着。

> 2000 名基督教士兵参加了第三次十字军东征在雅法的最后一场战斗。

▲ "狮心王"的军队向耶路撒冷进军

十字军国王是嗜血的暴徒吗?

历史学家道格拉斯·博伊德(Douglas Boyd)对"狮心王"做出了自己的评判

尽管理查在第三次十字军东征中发挥了领导作用,但维多利亚时代历史学家威廉·斯塔布斯主教(Bishop William Stubbs)的观点是,这位国王是"一个糟糕的统治者,他对战争的热爱实际上使他丧失了作为一个和平统治者的资格;他对政治常识的极度缺乏使他不能成为一个谨慎的统治者"。斯塔布斯称他为"一个嗜血的人,理查犯下了与那些惯于战争和屠杀的人一样的罪行,是一个恶毒的人"。

德高望重的十字军史学家史蒂芬·朗西曼爵士(Sir Steven Runciman)的评价平衡了理查性格的两个方面:"他是个坏儿子、坏丈夫和坏国王,但却是一个勇敢而出色的战士。"尽管理查一贯表现出强大的血气之勇,但对于一个在阿卡攻城战时屠杀了近3000名俘虏、在十年的统治中两次差点使王国破产的人来说,今天人们不会用"豪侠"和"辉煌"来形容他。理查作为英勇基督教战士的正面形象能长存于世,与他的母亲阿基坦的埃莉诺不无关系。理查第三次十字军东征后返乡途中被劫持为人质,其母埃莉诺为筹集赎金进行了出色的公关活动,为儿子挣得了好的名声。

道格拉斯·博伊德是《"狮心王":英格兰十字军东征国王的真实故事》一书的作者,该书由历史出版社出版。

> 理查认为,夺取耶路撒冷的最好办法不是围困耶路撒冷,而是直接在埃及袭击萨拉丁。

"狮心王"理查在圣地待了17个月。

耶路撒冷为何如此令人痴狂？

耶路撒冷位于约旦河和地中海之间，基督教徒和穆斯林都将其称为圣地。两种宗教都因自己的信仰而宣称拥有圣城的所有权。伊斯兰教和基督教都是亚伯拉罕一神教，双方都认为对方相信的不是真神，认为对方是异端邪说。

到了第三次十字军东征，耶路撒冷、巴勒斯坦大部分地区和黎凡特地区一次又一次易手，冲突破坏了该地区的稳定。来自基督教世界西部的理查认为耶路撒冷1187年落入萨拉丁之手是对他信仰的直接攻击。从萨拉丁的观点来看，他只是在夺回他自己信仰的神圣中心，一个曾经被异教徒控制过的地方。

圣殿骑士团惨遭出卖

七年间,圣殿骑士团被解散,骑士们被追捕和处决。这是因为他们的亵渎行为,还是因为他们是阴谋的受害者?

雅克·德·莫莱(Jacques de Molay)此时很平静。经过长达七年的指控、审判、折磨、否认和忏悔,他的经历一点儿也不平静,但当这位身体虚弱、胡子拉碴的老人被带到塞纳河中的犹太人岛上时,他没有哭泣,也没有颤抖。一大群人聚集在一起看着这位老人死去,小岛上搭起了一座火堆,准备点燃并夺走他的灵魂。德·莫莱被剥去曾经是外衣的破布,直到他上身只有那件破旧衬衫,然后卫兵把他瘦削苍白的身体绑在木桩上。最后,这个沉默的人开口了。他要求转过身去面对圣母院大教堂,并解开双手,这样他就可以在祈祷中死去。这些请求都得到了批准,德·莫莱在柴堆点燃时默默地低头祈祷。火焰很快就燃起来了,当火舌在他身上猛烈地跳动时,他又说话了,他的声音在火焰的噼啪声中越来越大。

"上帝知道谁错了,谁犯了罪!"他喊道,"那些冤枉我们的人很快就会遭遇不幸。上帝会为我们的死报仇。别搞错了,所有迫害我们的人都会因为我们而遭殃!"火苗升得更高了,但他的脸上没有显露出痛苦。"教皇克雷芒,国王腓力——现在听我说!"他咆哮着,"一年之内,你们要在上帝面前为你们的罪行负责!"说完这些话,德·莫莱沉默下来,火焰夺走了他的灵魂。

这一年结束之前,教皇克雷芒和腓力四世果然双双去世。克雷芒在1314年4月20日死于慢性病,腓力四世在1314年11月29日的一次狩猎事故后离世,年仅46岁。德·莫莱的骑士团几乎消失了,但圣殿骑士最后一位大团长的诅咒将继续存在。雅克·德·莫莱著名的遗言可能并不是他本人说的。就像圣殿骑士团的许多方面一样,它们被神话和传说扭曲了,今天我们不知道他是否用最后一口气诅咒了他的背叛者。由于他们突然戏剧性地覆灭,一系列关于神秘骑士团的谣言、神话和阴谋四起,掩盖了他们卑微的开端和

关键人物

那些毁灭骑士团的人，以及那些为保卫骑士团而战的人

雅克·德·莫莱　1243年—1314年3月18日

圣殿骑士团的第23位也是最后一位大团长。德·莫莱的早期生活鲜为人知，但他后来成为最著名的圣殿骑士。他志在改革骑士团，但这是他永远也无法实现的目标。

法王腓力四世　1268年—1314年11月29日

腓力也被称为钢铁王（the Iron King），他带领法国从封建国家走向中央集权国家。他非常相信一个全能的君主制，他的雄心壮志是让全世界的王位上都有他的亲戚。除了摧毁圣殿骑士团，他还将犹太人驱逐出了法国。

教皇克雷芒五世　1264年—1314年

教皇克雷芒五世本名雷蒙德·培特朗·德·戈特，1305年6月5日被任命为教皇。关于他对腓力四世的忠诚存在一些争议，一些人把他描绘成法国国王的工具，而另一些人则认为他做出了令人惊讶的反抗。不管怎样，他现在被认为是镇压圣殿骑士团的教皇。

纪尧姆·德·诺加雷特　1260年—1313年

纪尧姆·德·诺加雷特是法王腓力四世的掌玺大臣，他曾在腓力和教皇卜尼法斯八世（Boniface VIII）的争执中扮演过重要角色，显然是在劝说国王绑架教皇。他对于圣殿骑士团的倒台也起到关键作用，迫使成员们做证反对骑士团。

杰弗里·德·查尼　未知—1314年

杰弗里·德·查尼（Geoffroi de Charney）是圣殿骑士团诺曼底分团团长，他从小就是圣殿骑士团的一员，并在团中逐步晋升。和他的大部分骑士团成员一样，他被逮捕、折磨，被迫招供，后来他收回了他的供词。查尼是三名被逮捕的骑士团高级领导人中唯一一个站在大团长一边否认指控的人。

毁灭性的结局，并震撼了14世纪的欧洲。

耶路撒冷城在第一次十字军东征中被基督教军队占领后，许多欧洲朝圣者选择前往圣地朝拜。然而，朝拜之路对基督徒来说并不安全，因此几位骑士承担起保护朝拜者免受强盗和歹徒袭击的任务。这个骑士团于1119年圣诞节在耶稣被钉十字架的地方建立。由于他们的总部位于圣殿山（Temple Mount）上，所以他们被称为"圣殿骑士团"。

尽管该骑士团起步极为贫困，依靠捐赠生存，但很快成为中世纪世界最强大的宗教骑士团之一。在教皇的批准下，圣殿骑士团得到了源源不断的金钱、土地和热心的年轻贵族。圣殿骑士团是西方第一支身穿军装的常备军，他们身着饰有火红十字架的白色外衣，在战斗中迅速取得了传奇地位。

圣殿骑士团在蒙吉萨战役（Battle of Montgisard）中的胜利提高了这些勇士的声誉，在那里，500名圣殿骑士帮助一支数千人的部队击败了萨拉丁的26000人的大军。他们不仅拥有强大的军事力量，而且还控制着庞大的金融网络，该网络已被公认为世界上第一个现代银行系统。许多希望加入十字军东征的贵族将他们的财富置于圣殿骑士团的控制之下，然后圣殿骑士团发给他们信用证。凭信用证可以在世界各地的圣殿骑士团驻地来"提取"资金。到13世纪，圣殿骑士团是世界上最强大、最富有的组织之一，完全没有意识到他们面临着可怕的命运。但是，造成他们垮台的不是东方的穆斯林，而是西方的基督徒。

1291年，阿卡沦陷后，西方失去了在圣地最后的基督教领地。圣殿骑士被赶出了他们的起源地。1293年，当雅克·德·莫莱升任大团长时，他心中只有一个目标——夺回圣殿骑士所失去的一切。德·莫莱在西方四处奔走，寻求

圣殿骑士的等级制度

虽然他们以骑士之名名垂青史，但圣殿骑士团更是一个严密的组织，每个人都有自己的角色来维持它的运作

大团长
大团长是圣殿骑士团的最高权威，只对教皇负责。大团长的职位是终身制的，担任这个职位的人一直任职到死。大团长经常需要参加战斗且可能在战斗中牺牲，因此这个位置毫无安全感可言。

总管
总管又称大司令官，是大团长的得力助手和顾问，负责许多行政工作。总管在和平时期负责管理骑士团的土地，在战争时期负责组织人员和物资的流动。

元帅
元帅控制着与战争有关的一切，负责所有的武器和马匹，以及一系列其他军事事务。在采取任何作战策略之前，大团长都会和元帅商量。

地区指挥官
耶路撒冷、安条克、的黎波里三地有指挥官。耶路撒冷的指挥官兼任司库，其他的指挥官则根据所在城市承担具体地区的任务。他们负责保卫所在地区圣殿骑士的房屋、农场和城堡。

骑士、房屋和农场的指挥官
他们受地区指挥官管理，负责管理各个庄园，以确保日常活动的顺利开展。这个职位由骑士或军士担任。

骑士和军士
骑士团的主要军事力量是出身高贵、身着著名的白斗篷的骑士。军士也参加战斗，但出身并不高贵，因此军衔比骑士低，穿着黑色或棕色的斗篷。

▼ 在法王腓力四世的命令下，数以百计的圣殿骑士被烧死在火刑柱上

帮助，得到了教皇卜尼法斯和英格兰国王爱德华一世（Edward I）的支持。但十字军东征是一场灾难，德·莫莱失去了120名试图登陆叙利亚的骑士。1306年，圣殿骑士团在塞浦路斯发动政变，迫使亨利二世退位并支持他的兄弟。

圣殿骑士团的这些成绩并非没人看见。许多存在强大圣殿骑士团势力的国家的君主开始感到不安——圣殿骑士团如此强大，如果他们在自己的国家支持贵族起义，自己能拿什么来阻止？圣殿骑士们也直言不讳地表示希望建立自己

的国家，就像控制普鲁士的条顿骑士团和占据罗得岛的医院骑士团那样。

1305年，德·莫莱收到了当时在法国的教皇克雷芒五世的一封信，信中提到圣殿骑士团和医院骑士团合并的可能性。德·莫莱强烈反对这一想法。1306年，克雷芒五世邀请两位大团长到法国进一步讨论这个问题，指示他们"毫不迟延地、尽可能保密地前来"。

德·莫莱于1307年到达法国，但医院骑士团的大团长富尔克·德·维拉雷（Foulques de Villaret）却迟迟不

圣杯

圣杯也许是与圣殿骑士们联系最紧密的物件。从沃尔夫拉姆·冯·埃申巴赫（Wolfram von Eschenbach）的中世纪浪漫小说《帕西法尔》（*Parzival*）到丹·布朗（Dan Brown）的《达芬奇密码》（*The Da Vinci Code*），在漫长的历史中，圣殿骑士一直与这一神秘物件有关。在小说中，圣殿骑士常常被描绘成耶稣最后晚餐用过的圣杯的守护者，甚至是一个惊天秘密的守护者。有趣的是，圣殿骑士团的诞生地特鲁瓦（Troyes）也是第一部圣杯浪漫小说的创作地。圣杯的故事在12至13世纪开始流行，当时也正是圣殿骑士的鼎盛时期。即使在那时，圣殿骑士团已经被神秘笼罩着，所以他们和神秘圣杯之间有联系也就不足为奇了。

▲ 德·莫莱被迫在一封信上签字，这封信要求所有圣殿骑士对指控供认不讳

用数字说话

鼎盛时期成员有
20000人

1310年5月，
54+
名圣殿骑士被烧死

1310年5月12日之前，仅有 **15** 位证人做了反对该骑士团的证词，而之后则有198人

1310年5月12日之前，
597
名证人为骑士团辩护，而之后则仅有14名证人

最初只有 **9** 名骑士来保护朝圣者

医院骑士团付给法国国王
20万
里弗尔作为"补偿"

来。他要么是被什么事情耽搁了，要么就是感觉出了什么不对劲。在教皇和德·莫莱等待期间，一个完全不同的议题被提了出来。

两年前，一位被驱逐的圣殿骑士曾对该骑士团提出多次刑事指控，尽管人们普遍认为这些指控是虚假的，但法王腓力四世现在又重新讨论起这些指控。德·莫莱厌倦了这些荒唐的指控，请求克雷芒五世调查这件事，好把他从混乱的局面中解脱出来。8月24日，克雷芒五世写信给腓力四世，说他不相信这些指控，但会"带着巨大的悲伤、焦虑和烦恼"开始调查此事，并建议腓力不要采取进一步行动。腓力四世不听。10月13日星期五拂晓，国王的军队逮捕了他们在法国能找到的所有圣殿骑士。

腓力四世的行动并非毫无先兆，他素有"鲁莽和暴力的国王"的名声。腓力四世此前曾与教皇卜尼法斯八世发生冲突，并发起了反对教皇的运动。他认为法国王室应该拥有中央集权。1303年，腓力试图绑架教皇，将他带到法国面对异端指控，这使得斗争进一步升级。这一惊吓最终导致教皇卜尼法斯的死亡，他的继任者本笃十一世（Benedict XI）在死前只在这个位置上待了九个月。这使得国王任命克雷芒为教皇。腓力此前也曾在这座城市逮捕过意大利富有的银行家，剥夺他们的资产。然后他的目标转向被赶出王国的犹太人。这些行为很容易解释——腓力继承了一个濒临财政危机的王国，他还认为他的权威高于教皇。他不仅欠圣殿骑士团很多钱，而且圣殿骑士团与教会的联系使他们拥有建立君主国的完美机会。圣殿骑士团的确也有计划建立自己的国家，骑士团的命运因此基本上已经注定了：圣殿骑士们不得不为腓力的崛起而倒下。

当法国的圣殿骑士被捕时，对他们的指控是异端、同性恋、亵渎和否认基督。腓力以异端指控他们，把自己描绘成基督的战士，就像他圣洁的祖父路易九世（Louis IX）一样。但他的行为违反了罗马教会的命令，克雷芒非常愤怒。腓力很可能认为教皇是一个体弱多病的老人，根本构成不了什么威胁，但克雷芒愤怒地写信给腓力，指责他"藐视罗马教会"。

这对圣殿骑士团里的骑士们没什么帮助。大约15000名圣殿骑士现在被关进了法国的监狱，但其中许多人不是贵族或骑士，而是农民和牧羊人。德·莫莱也没有逃脱抓捕。就在国王嫂子葬礼上担任护柩人员的第二天，大团长和其他人一起被捕。腓力夺走了他们的土地和财产，开始搜集粉碎骑士团所需要的供词。

有一种非常简单的获取供词方式，腓力利用它取得了巨大的成功：酷刑。腓力的审判长使用了各种可怕和剥夺人尊严的方法来消灭这些人的意志。拉肢刑架（rack）经常被使用，它能拉扯囚犯身体，使其关节脱臼。吊刑（strappado）也同样常见。这种酷刑是用绳子绑住受害者的手，通过滑轮吊到空中，然后将其摔下。囚犯的脚底被涂上油膏，然后点火烘烤。囚犯的牙齿被拔掉，四肢被剥皮。这些囚犯被囚禁在寒冷黑暗的牢房里，在折磨中丧命的人被秘密埋葬。1308年，一位匿名作家这样记录了牢房里的情况："人类的语言无法表达这些无辜者自被捕之日起三个月内所遭受的惩罚、痛苦、嘲讽和可怕的折磨，他们在牢房里日夜不停的哭泣和叹息，酷刑中的号叫和咬牙切齿同样日夜不停……真话会带走他们的生命，而谎言则能使他们逃离死亡。"

毫不奇怪，当圣殿骑士被审判时，许多人承认了归之于他们的各种罪行。骑士团最初面临五项指控：在入会期间放弃信仰并在十字架上吐唾沫；亲吻入会者的肚脐、唇部和臀部；允许同性恋行为；在他们崇拜的偶像上缠绕一条绳子，而后取下贴身佩戴；做弥撒时没有吃下奉献的圣

欧洲各地的圣殿骑士

当教皇下令欧洲各地的基督教君主逮捕圣殿骑士时，并不是所有君主都愿意这么做

不列颠群岛

爱德华二世（Edward II）最初对圣殿骑士的罪行持怀疑态度，认为没有理由将他们视为威胁。他写信给教皇为骑士团辩护，但最终被迫逮捕并审判了许多圣殿骑士。起初，酷刑是不允许的，所有圣殿骑士都不承认有罪，但当教皇的审判长接手时，认罪来得很快。认罪者没有被烧死，只是被迫公开忏悔，那些拒绝的人则被监禁到死。

意大利

意大利各地的情况有所不同。不出所料，教皇国立即采取了行动，但在伦巴第，骑士团得到了广泛支持。有些圣殿骑士承认指控，也有同样多的圣殿骑士声称指控是一派胡言。在佛罗伦萨，尽管使用了酷刑，13名圣殿骑士中仅有6人认罪。

塞浦路斯

由于圣殿骑士团的功劳，吕西尼昂的埃莫里（Amaury de Lusignan）才取得了王位，所以他不愿意逮捕圣殿骑士团是情理之中的。然而，领头的圣殿骑士在勇敢抵抗后最终被监禁。审判时，有许多证人赞扬圣殿骑士，但国王在审判期间被残忍地杀害，圣殿骑士的敌人亨利二世重新获得王位。酷刑几乎立即开始，许多圣殿骑士尽管力辩自己无罪，仍然命丧黄泉。

葡萄牙

与其他地方的圣殿骑士相比，葡萄牙的圣殿骑士轻松脱身。国王迪尼什一世（Denis I）拒绝迫害骑士团，但不能推翻教皇诏书废除圣殿骑士团的决定。在迪尼什一世的保护下，圣殿骑士团改头换面为"基督骑士团"，迪尼什一世还与克雷芒的继任者谈判，要求新的骑士团继承圣殿骑士团的资产。

伊比利亚半岛

尽管最初心存疑问，阿拉贡的海梅二世（James II of Aragon）还是在教皇下令逮捕圣殿骑士之前，于1308年1月6日下令逮捕大部分圣殿骑士。然而，许多圣殿骑士在他们的城堡里筑起了防御工事，并请求援助，但不幸的是并没有任何援助到来。所有的圣殿骑士都声称自己无罪。在禁止酷刑的情况下，没有人招供，也没有圣殿骑士因异端而被判死刑。

都灵裹尸布

圣殿骑士团秘密藏匿甚至崇拜都灵裹尸布的传言，其实比圣杯传说更有根据。这条据说印有耶稣面孔的布首先是由杰弗里·德·查尼的家族展示的，他与德·莫莱一起被烧死在火刑柱上，此事立刻将其与圣殿骑士联系在一起。一名被指控的圣殿骑士阿尔诺·萨巴蒂埃（Arnaut Sabbatier）也声称，在他的入会仪式上，他看到"一块长长的亚麻布，上面印着一个男人的形象"，并被要求亲吻这块布的末端三次以示崇敬。这使得许多人得出结论，圣殿骑士被指控崇拜的偶像实际上是都灵裹尸布。通过对裹尸布进行放射性碳年代测定发现，裹尸布的年代可以追溯到1260—1390年，正好与圣殿骑士团的年代重合，这使许多人声称裹尸布呈现的面孔不是基督，而是德·莫莱。

▲ 这幅画是在谣传德·莫莱重新占领耶路撒冷时创作的

▲ 公元1129年，教皇洪诺留二世（Honorius I）在特鲁瓦会议上承认圣殿骑士团

饼。在审判过程中，对圣殿骑士的指控越来越多，从焚烧婴儿到虐待处女，甚至强迫年轻的修士们吃死者的骨灰。尽管这些指控在今天看来有些骇人听闻、牵强附会，但腓力的行动正值对上帝和魔鬼的偏执和猜疑最盛的时代，以至于人们相信这些邪恶的做法已经渗透到教会之中。

在监督酷刑的审判长主持的听证会上，138名修士中的134人对一项或多项指控供认不讳。在经历了酷刑之后，德·莫莱本人签署了一份供词。紧接着，该骑士团所有高级成员提供了与之相匹配的供词。然而，当克雷芒坚持要求他们在教皇委员会面前忏悔时，德·莫莱和他的手下态度一百八十度大转弯。在远离腓力控制的情况下，德·莫莱收回了他的供词，声称他当时只是因为遭受酷刑才做出那些供词。其他的圣殿骑士也效仿了他的做法，腓力本想迅速而残忍地消灭这一骑士团的计划落空了。

为了说服克雷芒，腓力前往普瓦捷拜访了他，并派了72名圣殿骑士在他面前忏悔。他指使手下发表关于圣殿骑士堕落的演讲、分发相关的小册子。腓力警告说，如果教皇不采取行动，他将不得不将其撤职，以捍卫天主教。克雷芒被劝说、批评、侮慢，实际上被软禁了。克雷芒终于屈服了，下令对圣殿骑士进行调查。德·莫莱和其他高级成员收回了他们的翻供，腓力宏伟的计划再次运转起来。

圣殿骑士团没有任何法律委员会或类似的组织。德·莫莱表达了维护骑士团的愿望，但作为一名"贫苦，未受教育的骑士"仍心有余而力不足。1310年，两名受过法律训练的圣殿骑士对这些指控进行了有力的辩护，坚称圣殿骑士不仅是无辜的，而且是残酷阴谋的受害者。局面开始向圣殿骑士们倾斜，于是腓力迅速做出了一个残酷的决定。1310年5月12日，54名先前撤回供词的圣殿骑士被烧死在火刑柱上，原因是他们再次成为异端，两名圣殿骑士辩护者从监狱中

有罪还是无罪？

圣殿骑士为所犯罪行被烧死，这些罪行的真相是什么？

赞同 | 反对

在十字架上吐痰

赞同： 尽管经常被认为是腓力众多捏造的指控之一，但有证据表明，这一指控有事实根据。不仅许多圣殿骑士承认了这一点，腓力的间谍秘密加入了骑士团，也证实了这一点。最近在梵蒂冈宗座图书馆发现的"希农羊皮纸"进一步证实了这项指控。在1308年的审讯中，雅克·德·莫莱承认了这种做法。

反对： 尽管德·莫莱证实了在十字架上吐痰的行为，但将其归咎于异端，说明还是对其缺乏深入的了解。德·莫莱说，这些做法是为了让圣殿骑士更坚强地面对撒拉森人的折磨，训练他们"只凭头脑而不用心灵"去否认自己的信仰。腓力的间谍很可能目睹了这些行为，但他们很可能误解了这样做的目的。

崇拜一个叫巴弗灭（Baphomet）的偶像

赞同： 对圣殿骑士团的指控是"他们用绳子围住或触碰每一个偶像的头部，而后把绳子系在衬衫上，或贴身佩戴"。与腓力的其他指控不同，这一指控是针对圣殿骑士团的，很难相信他没有一些内幕消息。很多骑士都承认崇拜过这个偶像，它通常和真正的人头一般大小。我们知道圣殿骑士拥有一些头颅，像迦克墩的圣尤菲米娅（St Euphemia of Chalcedon）。骑士团保留这些头颅的事实意味着他们当然能以某种方式进行崇拜。

反对： 在巴黎审判中，只有9名圣殿骑士承认头颅崇拜，而整个欧洲对这个"偶像"的描述也各有不同。在一个说法中，头颅上"覆盖着苍老的皮肤，两只眼睛镶嵌着红宝石"，在另一个版本中，头颅是由黄金和白银制成。有的说头颅有三或四条腿，还有的说头上有角。这些相互矛盾的叙述表明这些供词是酷刑的结果。据称，这个偶像被命名为"巴弗灭"，但这可能是"穆罕默德"的误译。不管怎样，如果圣殿骑士真的崇拜这样一个偶像，而他们的圣殿中没有这个偶像的清晰象征物，这似乎很不正常。

同性恋

赞同： 圣殿骑士面临的指控是："他们告诉新来的修士们他们可能会有肌肤之亲……他们应该这样做并相互服从。"由于圣殿骑士宣誓独身，不准结婚，有人相信他们通过同性恋活动来满足欲望。尽管很少有人认罪，但许多人证实他们确实没有禁止性行为。许多人在酷刑时坚持否认说明人们认为同性恋可耻，这使圣殿骑士有更多的理由来隐藏真相。

反对： 这是这个时代用来诋毁或毁灭任何人最常见的指控。腓力曾经指控教皇卜尼法斯八世非常类似的罪行，这似乎是他最喜欢用来对付敌人的工具，因为被告很难反驳。然而，尽管遭受酷刑，在巴黎审判中只有三名圣殿骑士承认同性恋。尽管德·莫莱很快承认自己否定过基督，但他强烈反对这一指控，称圣殿骑士团的规则明确禁止任何此类行为，如有违者，会给予严厉的惩罚，例如驱逐出骑士团。

▼ 在十字军东征的关键战役中,圣殿骑士团经常冲锋在前

消失。

由于没有人为他们辩护，圣殿骑士的案子失败了。在腓力的极端压力下，克雷芒很可能希望彻底摆脱这件事，于是他发布了一项敕令，正式解散圣殿骑士团。这并不意味着修士们有罪，但这是圣殿骑士团的终结。令腓力非常恼火的是，第二则教皇诏书把圣殿骑士团的财富移交给了医院骑士团。最后，教皇诏书《长时考量》（Considerantes Dudum）允许各地以他们认为合适的方式处理居住在那里的圣殿骑士。然而，圣殿骑士团领袖们的命运掌握在教会手中。

德·莫莱和他的三名高级成员在监狱里苦苦等待着消息。最后，在1314年3月18日，这些领导人被带到圣母院前的一个平台上听取对他们的判决。这四位都是老人了，德·莫莱至少70岁了，其他人的年龄在50—60岁之间。由于他们早前的供词，他们被认定犯有异端罪，被判终身监禁。其中两个人默默接受了自己的命运，将在阴暗潮湿的牢房里挨饿受冻，度过余生。圣殿骑士团蒙受屈辱，丧失名誉，它最后一位领袖，德·莫莱终于鼓起勇气说出了真相。圣殿骑士团诺曼底分团团长杰弗里·德·查尼也大声力辩他们的清白，这让围观的群众和枢机主教震惊不已。他们推翻了自己的忏悔，坚称他们的骑士团是圣洁的。在七年的监禁中，德·莫莱没能捍卫他的骑士团，但现在，他用生命捍卫了骑士团。

这完全出乎意料，让枢机主教们不知所措。当腓力听到这个消息时，怒不可遏。他裁定，由于圣殿骑士现在宣称他们是清白的，他们重新成为了异端，而对异端的惩罚是火刑。在那天结束之前，德·莫莱和德·查尼牺牲了。德·莫莱没有选择在牢房里度过他羞耻的最后时光，他最后的勇敢时刻让许多人把他誉为烈士。

其余的圣殿骑士并没有忘记他们的修士誓

▲ 据说，雅克·德·莫莱在火刑柱上诅咒了国王

▲ 圣殿骑士被指控崇拜一个叫巴弗灭的异教偶像

▲ 朝圣者在前往耶路撒冷的途中冒着被抢劫和屠杀的危险

言。许多人受到了诸如长期监禁等惩罚，有一些人加入了医院骑士团，还有一些人被送到与世隔绝的修道院里度过余生。即使这些数字被计算在内，欧洲数万修士的遭遇仍然存在疑问。骑士团的档案与他们的大部分宝藏一样，从未被发现，这使得许多人相信圣殿骑士团收到了某种警告，使得许多人在被捕前得以逃脱。于是出现了关于其余圣殿骑士命运的各种猜测，有说法称他们乘船逃到苏格兰西部，后来成为瑞士的自由战士。虽然我们知道圣殿骑士团毁灭的悲惨故事，但剩下的圣殿骑士的去向这一谜团可能还没有解开。

法国大革命

当路易十六（Louis XVI）在法国大革命的高潮时期被送上断头台时，据一些消息称，一名男子跳上断头台，用手指蘸血，喊道："雅克·德·莫莱，你的仇终于报了！"人群随之欢呼起来。当时，圣殿骑士团诅咒其君主的传言很流行，因此，关于他们参与革命的猜测甚嚣尘上。这个传说与剩下的圣殿骑士转入地下的想法并行不悖，这样做依赖圣殿骑士团坚定的信仰。不管它的真实性如何，雅克·德·莫莱的仇的确报了。

《大宪章》的诞生

在"坏"国王约翰即将赢得他臭名昭著的绰号的时候，
一帮贵族将迫使一个任性君主最终尊重王国的需要。

当第一次男爵战争（the First Barons' War）爆发时，王室权威的格局已经发生变化。不合作的国王约翰一世（John I）的行为迫使他最有特权的贵族反抗他，并要求他签署一份契约，契约要求国王有义务像人民为他服务一样地为人民服务。这终究是自私的人之间的分歧——一个需要金钱来重建王国并赢得一场无法赢得的战斗的君主，和一群希望保护自己的金库不被王室染指的贵族——但这是第一次让国王遵守法律规则的尝试。这成为英国议会民主的种子，早在13世纪初就已播种下来。

《大宪章》的起源要从金雀花王朝第三任国王约翰一世的所作所为说起。在约翰登基之前，他就已经是一个颇具争议的人物。他的哥哥"狮心王"理查，在1191年的第三次十字军东征期间不在国内，约翰试图通过与法国国王腓力二世结成秘密联盟来推翻他的兄弟。政变失败了，理查原谅了他，但这证明约翰是一个精于算计的

无名作者

虽然我们知道谁签署了《大宪章》，但我们可能永远无法知道谁起草了《大宪章》

沿用条款
在今天的英国法律中，《大宪章》中的三个法律概念仍然延用，包括禁止非常规的惩罚、由同等级的人陪审和维护正义。

丢失的原件
原件共有七份，其中四份保存至今。但是，约翰最初签署的版本可能已经佚失。

私人金矿
2007年，唯一一份私人持有的《大宪章》以2130万美元（超过1000万英镑）的价格拍卖成交。

莎士比亚的省略
《大宪章》构成了约翰一世统治时期的一个决定性章节，然而，莎士比亚关于约翰的戏剧却从未提及它。

他们订立了一项契约，这是在英格兰历史上第一次要求国王承担责任。

▲《大宪章》是英格兰人民的一次胜利，这座于2015年建立的献礼亭，正是这一遗产的见证

《大宪章》对中世纪法律的影响

虽然将近一个世纪之后，英格兰普通人才会在生活中感受到《大宪章》对法律的根本影响（主要是因为《大宪章》是让国王对违法行为负责，而不是让人民负责），但这并不意味着这份文件没有影响力。即使作为一个象征性的文件，《大宪章》也在中世纪立法层面激起了涟漪，这是其他法律宪章从未有过的影响。

随着《大宪章》的不断修订和推广，王国的人民发现了新的法律先例，改变了中世纪立法的方式。例如，那些认为治安官违背了他们作为王室代表角色的人可以引用《大宪章》，因为治安官的职责是在全国正式执行国王的统治。到1350年底，《大宪章》条款中有一半已不再在英格兰法律中有效，但这些法规的存在本身就为之后进一步的完善提供了法律基础。有权得到同等级者的公平审判等原则还需要几个世纪才能生效，但国王同意尊重这一原则确实具有象征意义。

人，他愿意制造麻烦来达到自己的目的，这一性格在他1199年加冕礼后变得越发明显。

约翰想要重组这个王国的愿望与他好战的哥哥留下的王国并不相容。理查没有在圣地寻求荣耀时，他住在法国，只有在官方场合要求时才会来英格兰。这种缺席使得英格兰贵族中地位最高、最有影响力的领主们变得越来越富有、越来越强大，正是他们成了约翰统治的最大阻力。

他与法国和教会的关系使这种阻力更加强大。虽然约翰设法使英格兰人控制了苏格兰和叛逆的爱尔兰，但法国是另一回事。约翰希望把注意力集中在统治自己王国的细节上。英格兰对诺曼底戒备森严地区的控制促成了1200年5月《勒古雷条约》（Treaty of Le Goulet）的诞生。通过这个条约，腓力接受了约翰继承已故兄弟在法国的领地，以换取约翰承认腓力为他的君主。这一决定削弱了英格兰在贵族眼中的地位，使约翰获得了相当不体面的"软剑王"（Softsword）的称号。

历史表明约翰是一个追求秩序，将控制力看得高于一切的国王，这种追求导致他与这个国家几乎所有其他形式的权威发生冲突。他想限制罗马在英格兰事务中的影响，于是在1209年6月被逐出教会，这只会使原本就对他不满意的贵族们进一步与他保持距离。到1213年，约翰被迫再次承认教皇的权威，但他与罗马的关系已经受到了不可挽回的损害，教皇英诺森三世甚至宣布任何选择推翻国王的人都有合法的权利这样做。

已经与约翰形成联盟关系的反法贵族转而反抗他，这使得约翰的统治再起波澜。约翰被迫采取行动夺回诺曼底,但这场征战代价高昂,最终约翰的军队在1214年的布汶战役(Battle of Bouvines)中败北。约翰失去了他在欧洲大陆最重要的领土,耗尽了他本该发展经济的金钱,并使他的王室权威一落千丈。

约翰回到英格兰时,水里已经有了血的味道,鲨鱼般的贵族们已经在伺机等候了。约翰为了支撑他在法国失败的征战,对贵族丰富的资源采取了掠夺性的征税方式,因而在英格兰最富有的阶层中造成了不满。约翰入侵式的统治方式更是让形势雪上加霜——多事而又不妥协,国王希望监督王国的方方面面,贵族们已经受够了——国王管得太多了,是时候要采取行动了。

在腓力的支持下,贵族们开始反抗约翰和他越来越贪婪的税收政策,英格兰北部和东北部的贵族首先应声而起。随着约翰的公众形象江河日下,越来越多不满意的贵族加入了这一队伍,1215年4月,反叛武装开始向南进发。到5月份,叛军已经放弃对约翰的忠诚,向伦敦进军。约翰试图秘密地从罗马获得支持,声称他愿意带领十字军东征夺回圣地。然而,这一切都是徒劳的,因为反叛的贵族占领了伦敦,国王被迫逃离。

> 《大宪章》是用拉丁文写在羊皮纸上的,为了节省空间,许多单词都被缩写了。

▲ 约翰王对贵族们的苛捐杂税太繁重了,最终导致了他的垮台

至此，约翰知道自己根本应付不了内战，于是在距首都中心20英里的兰尼米德（Runnymede）草地上会见了叛军首领。正是在这里，反叛分子向国王提出了他们的法律要求，形成了一份被称为《男爵法案》（Articles of the Barons）的文件。正是在这份手稿中，《大宪章》的原则得以形成。《男爵法案》分为两部分，并不代表单方面的要求，而是国王和贵族之间数周谈判的最终结果。

第一节分为48段，列出反叛分子迫使国王让步的各个条款。它指出，国王承认的法律和权利应对所有土地所有者一视同仁，从而将宪章的条款从贵族扩大到整个领土。这些条款更像是非正式的立法——要求所有自由人都能得到同等级者的公平审判是一件非常复杂的事情，不可能一蹴而就——但他们还是订立了一项契约，这是在英格兰历史上第一次要求国王承担责任。

> 《大宪章》是一个详尽的文件。其现代英语的翻译总共有4922个单词。

《男爵法案》的第二部分是保证法案有效性的安全条款，由25位贵族作为担保人。在这里，我们找到了建立贵族委员会以确保国王遵守条款的第一个证据。该文件还有一项条款，允许坎特伯雷大主教及其主教签发自己的宪章，从而阻止约翰寻求通过教皇来废除这项法案。国王在文件底部盖上蜡印后，它成为一份正式的宪章，将作为国王同意的证据向整个王国公布。

《大宪章》又被誊写了六份，一共有七份，并重新由国王签印，被传遍整个王国，这标志着英格兰新时代的开始。从短期看，它也许谈不上太大的成功。在约翰向叛军让步后的几个月里，基本上不可能执行。但在未来的几个世纪里，它有助于英格兰法律的进步。《大宪章》第61条规定，如果国王没有履行宪章规定的义务，国王的城堡和土地就可能被充公。这25位贵族和国

决定性时刻
约翰王加冕礼 1199年

虽然约翰在理查一世参与第三次十字军东征期间试图通过政变夺取王位，但当他的哥哥1199年在法国去世时，约翰最终才成为英格兰国王。约翰现在是这个国家最有权势的人，他开始了英格兰历史上最混乱的统治之一。与教皇的持续斗争和对他国王地位的一系列威胁削弱了他的权力基础。他好战，因而需要更多地征税，这迫使他的贵族队伍反叛，导致英格兰议会民主的第一次萌动。

决定性时刻
约翰王签署《大宪章》 1215年

通过签署《大宪章》，约翰极大地削弱了国王在自己国家中的权力，为英格兰的民主播下了种子。约翰几乎不同意《大宪章》中的任何一条，包括他不能再向贵族要钱，每个自由人都有权得到公平审判，教会对于国家治理有重要的一票等。约翰讨厌这份文件，甚至把它销毁了，但《大宪章》的影响已经像野火一样蔓延开来。

时间轴

1214 英诺森三世执掌教皇权力
教皇英诺森三世禁止神父行大多数的圣礼，并在1209年将约翰逐出教会。五年后，约翰重新接受了教皇的权威。**1214年4月21日**

1215 男爵起义攻占伦敦塔
繁重的税收和奇怪的立法迫使一帮贵族违抗国王的命令，发动一场全面的叛乱。最终他们攻占了伦敦塔。**1215年5月17日**

1215 兰尼米德会谈
约翰意识到他无法用武力打败男爵，于是被迫在兰尼米德与叛军会面，讨论他们在《男爵法案》中的要求。**1215年6月10日**

1215 英格兰恢复和平
虽然国王试图淡化《大宪章》的重要性，但影响已经形成。随着贵族们再次宣誓效忠国王，和平得以有效恢复。**1215年6月19日**

1215 《大宪章》开始传播
七份冗长的《大宪章》文件已经完成，并被送到国内各地，以确保约翰同意的条约被英格兰人民看到和了解。**1215年6月24日**

▲ 这幅壁画绘制于1900年，描绘了约翰王与反叛贵族会面，并最终签署《大宪章》，使之成为法律的情景

王互相猜疑，第61条在约翰的肩膀上沉重地压着，进一步的冲突不可避免。

到8月15日，叛军仍然拒绝撤离伦敦，尽管叛军与国王达成的和平协议要求他们撤离。不久之后，教皇颁布了一项敕令，认定《大宪章》违法，英格兰陷入了一场内战，即第一次男爵战争。随后，反王室贵族们联系腓力二世的儿子路易八世（Louis VIII），提出支持他登上英格兰王位，以换取军事援助。战争一直持续到1216年。10月19日，约翰死于痢疾。参与制定《大宪章》的人被不信任和贪婪蒙蔽双眼，而《大宪章》本身却幸免于难。1217年，为了迎接约翰的儿子和继承人亨利三世（Henry III）登基，这一里程碑式的文件终于开始对王国产生实际影响。虽然不是每一个条款都得到了贯彻，很多条款在进入英格兰法律的过程中都被蚕食了，但《大宪章》体现出来的对负责任领导人的渴望会一直影响到17世纪的英格兰内战以及更远的将来。

> **决定性时刻**
> 爱德华一世确认《大宪章》1297年
> 1297年，爱德华一世急需资金，但他不能迫使贵族们掏钱，以免遭受与其先祖约翰王相似的命运。为了合法地颁布一项新的税收，并让贵族们站在自己一边，国王被迫重新确认《大宪章》及其历次修订。正是这一版本至今仍保留在英国的法律法规中。不过应该指出的是，随着英格兰开始向军事强国过渡，爱德华和后来的一些国王废除了其中的一些条款。

教皇废除《大宪章》
《大宪章》并不安宁，约翰选择完全服从罗马，于是教皇英诺森三世签署一个教皇诏书，认定该文件无效。
1215年8月24日

●约翰王逝世 1216
尽管罗马试图删减该文件，但《大宪章》还是在民众中广受欢迎。约翰在签署14个月后去世，享年49岁。**1216年10月19日**

《大宪章》第一次修订 1216
约翰王尸骨未寒，在新摄政王彭布罗克伯爵（Earl of Pembroke）的监督下，《大宪章》便进行了第一次修订。
1216年11月12日

《大宪章》第二次修订 1217
距《大宪章》第一次修订差不多一年的时候，《大宪章》的第二次修订版正式发布，主要在税收和保护人民的公民自由方面做出了修改。
1217年11月6日

亨利三世重新颁布《大宪章》 1225
亨利三世成年并登上王位时，《大宪章》已正式纳入英格兰法律。**1225年2月11日**

卡斯蒂利亚的伊莎贝拉与西班牙宗教裁判所

西班牙宗教裁判所一词在今天成了残忍和酷刑的同义词，实际上它是在西班牙最著名和文明的君主统治下建立的。

伊莎贝拉就是为这一刻而生的。当走进西班牙塞哥维亚的圣米格尔教堂（church of San Miguel）时，这位23岁的公主声色不动，脸上只能看到沉着与坚定。终于，这一天到来了，她将走上卡斯蒂利亚和莱昂女王的位置，这是伊比利亚半岛林立的王国中最大的一个。

全城的人都出来见证她的胜利。就在几个小时前，他们埋葬了老国王，现在，他的继任者骑着一匹白马，戴着珠宝和财富来显示她的力量，将把人民从长期困扰他们的混乱和无序中解救出来。

伊莎贝拉在臣民的簇拥下，优雅而权威地宣布了她对这个四面楚歌的王国的打算。她承诺，这里会获得和平与稳定，最重要的是，她会维护教会，教会是她整个世界的基石。伊比利亚半岛将再次实现宗教统一与和平。上帝已经通过她下令，她不会失职的。

伊莎贝拉出生于1451年4月22日，父亲是卡斯蒂利亚的胡安二世（John II of Castile），母亲是葡萄牙的伊莎贝拉（Isabella of Portugal），她在当时和未来几个世纪一直被称为西班牙有史以来最伟大的统治者之一。但据说在她出生时，她被认为是如此无关紧要，以至于她的出生日期和洗礼日期都没有被记录下来。

她出生在尚未统一的西班牙：卡斯蒂利亚和伊比利亚半岛的其他地区是政治、宗教和社会动荡的温床，这位公主的童年并不能无忧无虑。在弟弟阿方索（Alfonso）出生后，她成了王位的

宗教裁判所不是一个新概念——中世纪宗教裁判所始于13世纪。

伊莎贝拉收藏的订婚戒指

伊莎贝拉在婚姻市场上相当抢手，追求者甚众

1457年 阿拉贡的斐迪南
原因：卡斯蒂利亚的恩里克和纳瓦拉的胡安二世（John II of Navarre）为了显示他们的统一战线而进行谈判。
结果：这一安排像他们之间的友谊一样变化无常，四年后就中断了。

1461年 维亚纳的卡洛斯
原因：卡斯蒂利亚国王求助斐迪南40岁的弟弟来巩固联盟。
结果：胡安二世把他的儿子囚禁起来，当维亚纳的卡洛斯（Charles of Viana）那年去世时，订婚就成了泡影。

1464年 英格兰的爱德华四世
原因：另一个联盟的尝试。还有一个好处就是能把伊莎贝拉从卡斯蒂利亚赶走。
结果：爱德华四世（Edward IV）已经爱上伊丽莎白·伍德维尔（Elizabeth Woodville），并秘密结婚。

1465年 葡萄牙的阿丰索五世
原因：又一次将伊莎贝拉从继承人行列中除名的战略尝试。
结果：外交关系破裂，这令伊莎贝拉感到宽慰，因为她对阿丰索五世（Afonso V）的印象并不太好。

1466年 佩德罗·吉隆·帕切罗
原因：佩德罗是卡拉特拉瓦骑士团（Order of Calatrava）的团长，他把她的兄弟扣为人质，直到订婚协议达成。
结果：惊恐的公主祈祷能被解救。佩德罗（Pedro Giron Pachero）在去娶她的路上死了。

1468年 约克的理查
原因：他是英格兰权力第二大的人物，是与公主十分般配的驸马。
结果：随着两国关系的破裂，与英格兰的同盟关系已不复存在。

1468年 贝里公爵查理（Charles Duke of Berry）
原因：西班牙和法国之间历史上的不愉快被搁置一边。
结果：两国之间的习惯性冲突意味着很快联盟被搁置一边。

1469年 葡萄牙的阿丰索五世
原因：阻止伊莎贝拉继承卡斯蒂利亚王位的最后一次尝试。
结果：结合最终被伊莎贝拉自己的行为挫败。

1469年 阿拉贡的斐迪南
原因：伊莎贝拉从未忘记她的第一次订婚，因而亲自参加了谈判。
结果：在终于见面后，被迷住的伊莎贝拉宣布她非斐迪南不嫁。

第三顺位继承人。父亲1454年去世后，她的继兄成为国王恩里克四世（Henry IV）。虽然远离宫廷，但伊莎贝拉、她悲痛欲绝的母亲和弟弟一直处在哥哥手下的监视之中，被挡在公众视线之外，表面上是为了他们好，实际上是为了让他们远离宫廷和棘手的继承问题。

在生活条件大大降低的情况下，在这里，伊莎贝拉的母亲和朋友精心培养了伊莎贝拉毕生的虔诚，这种宗教信仰将使她渡过许多难关。在这些年的艰难岁月里，伊莎贝拉已经显现的自制力和钢铁般的意志得到了充分磨炼，这对她处理接下来的事情大有裨益。

恩里克统治下的卡斯蒂利亚岌岌可危：国王懦弱无能，受宠臣的控制，于1465年被他的贵族们推翻，伊莎贝拉的弟弟称王。内战爆发，随着王国进一步陷入恐怖和暴乱，伊莎贝拉转而宣布支持她的弟弟。大家都期望阿方索能让卡斯蒂利亚重回昔日的辉煌，但这位年轻的王位继承者于1468年突然去世，人们的希望破灭了。官方称他死于瘟疫，而关于中毒的谣言流传甚广，被立为阿方索继任者的伊莎贝拉成了这个王国新希望的完美焦点。

在恩里克下台后的几年里,她谨慎行事。她没有屈服于叛军的压力,而是对哥哥表面上和蔼可亲,通过娴熟的谈判来实现自己的愿望。伊莎贝拉磨炼着她的控制力和决心,她在等待时机,等待着被召唤来恢复她的王国秩序的那一刻。

这些年来,伊莎贝拉吸引了众多追求者,但让她持久关注的是邻近阿拉贡王国国王胡安的次子斐迪南。斐迪南与她年龄相仿,身材健美,体格健壮,英俊机智,他们的结合最初在伊莎贝拉只有6岁的时候就开始讨论了。大约12年后的今天,她在兄弟的眼皮底下,公然蔑视国王,在1469年与斐迪南结婚。

恩里克于1474年去世时留下了一个四分五裂的王国。最后,伊莎贝拉得到了她为之奋斗的东西:1474年12月11日,她成为卡斯蒂利亚王国和莱昂王国女王。虽然许多人都认为她是王国的救世主,但她统治的早期并不是一帆风顺的,充满了反叛和推翻她的阴谋。尽管伊莎贝拉没有受过统治国家的训练,也缺乏拉丁语和其他被认为是完成这项任务所必需的技能,但她并没有动摇。她相信自己是由上帝任命的,上帝将带领她进行统治,只有她才能给分裂的王国带来宗教统一。她一生都在等待这一刻,她不会失败的。

犹太人在西班牙居住的历史已有1500多年,在伊莎贝拉时代,国内人口中约有8万犹太人和600万基督教徒。犹太人的信仰问题在整个欧洲一直非常微妙。犹太人1290年被逐出英格兰,不到一个世纪后被逐出法国,卡斯蒂利亚和阿拉贡王国没有效仿上述两国。在相对较近的历史上,犹太人曾两次被迫皈依基督教,那些皈依者被称为"改宗者"(conversos)。

然而,也有人认为改宗者并不完全是真诚的,他们利用了自己的新身份;事实上,许多人在王国内部获得了权力和财富,这进一步助长了谣言和嫉妒。这些"假皈依者"信奉新宗教的同时又信奉原来的宗教,被视为对国家安全和居民灵魂的威胁。

虽然他们隐藏得很高明,但还是有办法判断一个皈依者是否仍然秘密地坚持犹太教的生活方式。比如,食物在判断一个人的皈依是否真诚

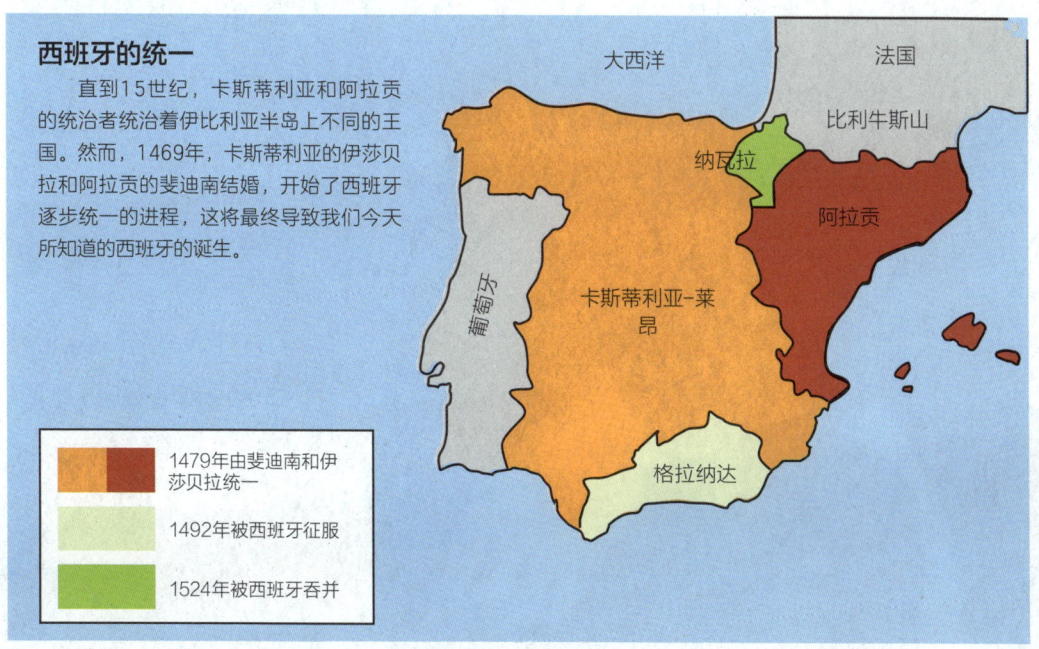

西班牙的统一

直到15世纪,卡斯蒂利亚和阿拉贡的统治者统治着伊比利亚半岛上不同的王国。然而,1469年,卡斯蒂利亚的伊莎贝拉和阿拉贡的斐迪南结婚,开始了西班牙逐步统一的进程,这将最终导致我们今天所知道的西班牙的诞生。

- 1479年由斐迪南和伊莎贝拉统一
- 1492年被西班牙征服
- 1524年被西班牙吞并

> 虽然最初得到了教皇的批准,但宗教裁判所后来受到了教廷的谴责。

▲ 伊莎贝拉和她的丈夫斐迪南的改革影响远远超出了其王国的边界

时起了很大的作用。一种表现是不吃猪肉、兔子和被扼死的鸟，另一种表现是用橄榄油代替猪油煎肉。一般来说，清洗肉类、切掉肥肉、事先烹调肉类以避免在周六做饭也被当作虚假皈依基督教的证据。另外，避免给孩子施洗，否认耶稣是弥赛亚，这些也都是确定一个秘密犹太教徒的方式。

由于有各种程度的假皈依，使得问题更加复杂。一些改宗者强烈反对天主教会的教义，尽可能多地保留他们的旧信仰。另一些人则采取了一种折中的方式，将犹太习俗与基督教混合在一起，这在各个家庭中各有不同。

有一件事是肯定的，那就是女王再也不能容忍异端信仰了。异端不是新女王可以忽视的问题：不仅她的人民的灵魂，而且她自己的灵魂都将处于危险之中，她必须不惜一切代价加以拯救。

人们常说，1477年塞维利亚的一次行程激起了伊莎贝拉对其王国宗教状况进行调查的兴趣。拿到城内虚假皈依者的第一手报告使虔诚的女王感到非常震惊。对伊莎贝拉来说，这些人对她王国的宗教统一和福祉构成的威胁是一个非常现实的问题。

有人从一开始就主张采取激进的做法，但伊莎贝拉似乎本不倾向于这样的方针。尽管教皇西斯笃四世（Sixtus IV）1478年下发的教皇诏书允许在卡斯蒂利亚建立宗教裁判所，但伊莎贝拉并不急于付诸实践。伊莎贝拉无视主张高压手段的强硬派，反而把注意力集中在宗教教育上，或者说是把注意力集中在缺乏宗教教育的问题上。她确信，教育不力是改宗者未能遵循其新信仰的原因，于是她开始了一项教育计划来统一宗教，这对她统治的长治久安至关重要。

伊莎贝拉非常信任的两个人被委以重任。他们是枢机主教门多萨（Mendoza），以

改革王国

伊莎贝拉在继承了一个动荡的王国后，发起了一场卓有成效的改革

法律： 圣兄弟会（La Santa Hermandad）得以恢复，这是一个古老的地方武装民兵系统，是一支公民警察部队。他们对女王负责，跟踪和抓捕罪犯，并帮助建立和维护秩序。圣兄弟会效率很高，成功率接近100%。伊莎贝拉还亲自监督法官的任命，通过定期检查、问责官员，整个司法系统的效率得以提高。

财政： 整个王国金融形势不好，货币贬值，通货膨胀使人民陷入财务危机。伊莎贝拉减少了王室铸币厂的数量以应对这一问题，并控制了货币生产，恢复了卡斯蒂利亚货币的价值。先前的统治者使王室的财力遭受了毁灭性的破坏，特别是不道德地出售王室土地。在伊莎贝拉统治下，这种情况被停止和逆转，这些土地要么被出让，要么被卖回王室。

政府： 王室委员会的改革是伊莎贝拉优先考虑的问题，她将委员会的组成结构调整为由九名律师和三名贵族组成，从而消除了贵族的统治地位。她还认识到与臣民进行个人接触的重要性，并确保人们有充分的机会在她面前表达自己的不满。她对国务委员会也进行了改革，建立了新的理事会，精简了整个政府机构，以便最大限度地提高效率。

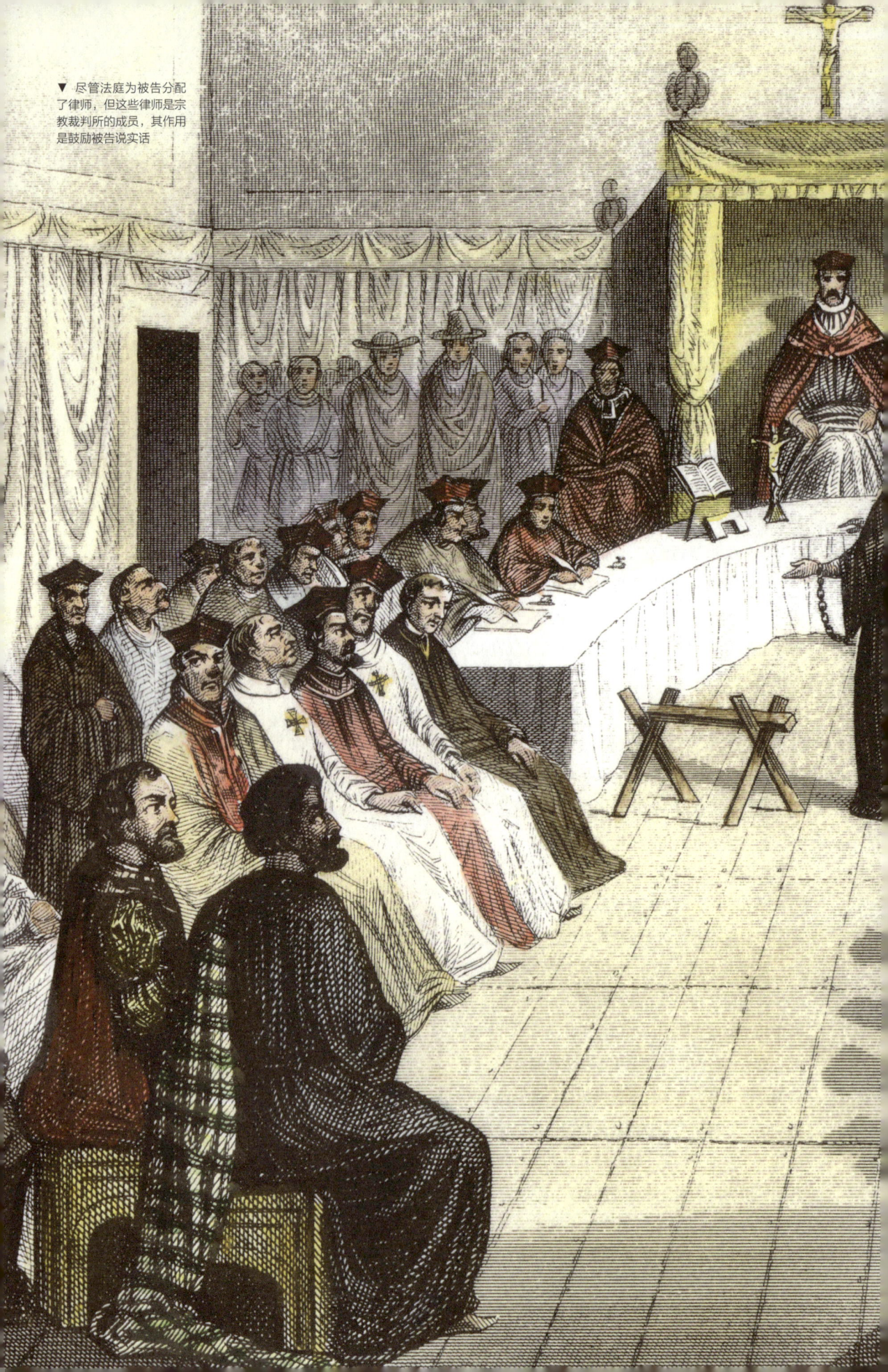

▼ 尽管法庭为被告分配了律师,但这些律师是宗教裁判所的成员,其作用是鼓励被告说实话

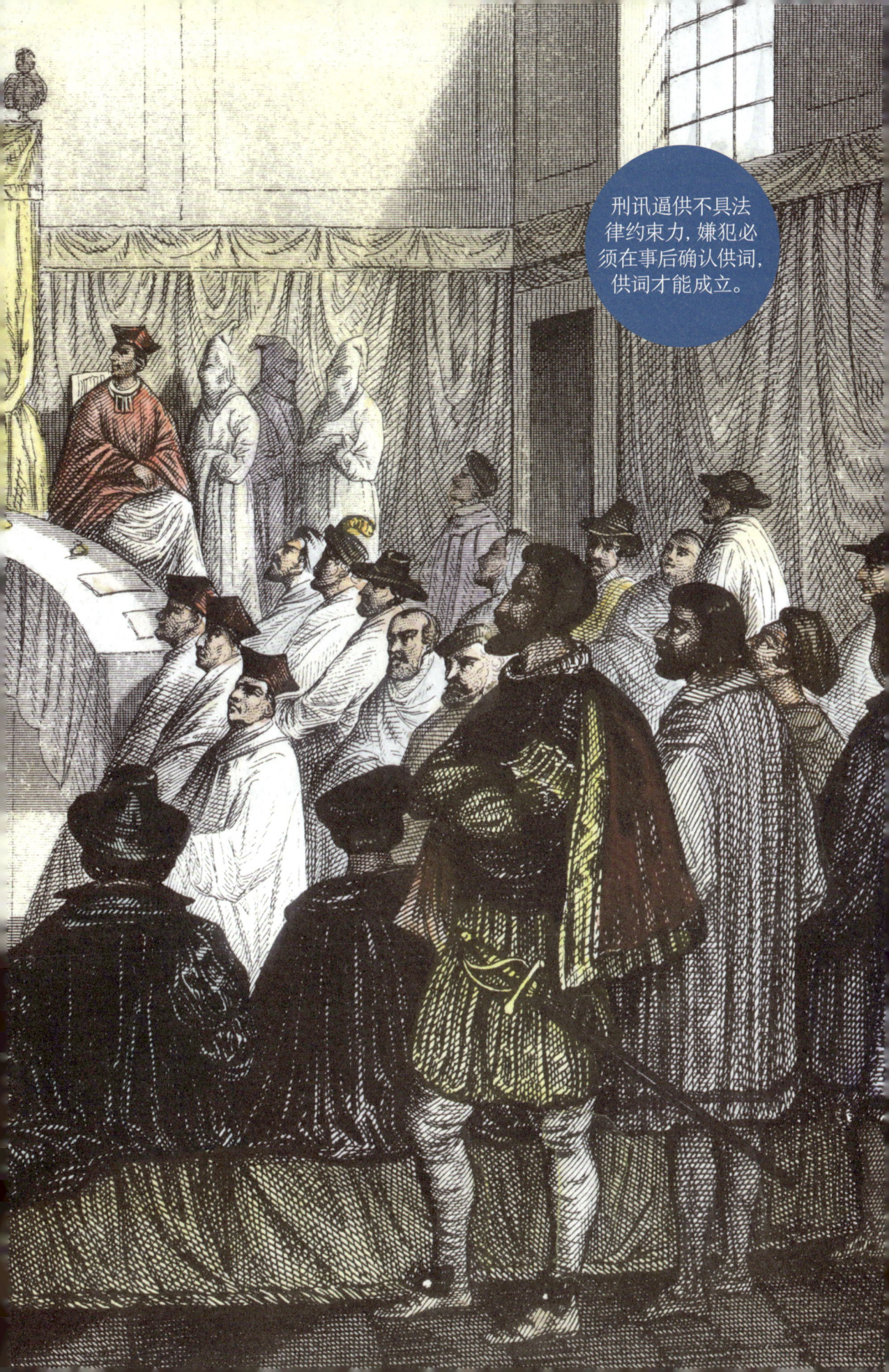

刑讯逼供不具法律约束力,嫌犯必须在事后确认供词,供词才能成立。

及听她告解的神父——后来格拉纳达的大主教埃尔南多·德·塔拉韦拉（Hernando de Talavera）。他们抵达塞维利亚后立即开始工作，组织神父启发误入歧途的改宗者。但是，他们并没有取得太大进展，而且很快明白他们几乎无法渗透到当地宗教无知的环境中去。

两年来，他们一直在努力，但收效甚微。尽管伊莎贝拉的意见没有改变，但她身边的一些人坚持主张引入宗教裁判所。甚至她的丈夫斐迪南，一个向来的实用主义者，也完全赞成这一点。不说别的，通过没收改宗者财产来填充国库起码是件好事。伊莎贝拉怀着沉重的心情和坚定的决心，不得不让步，她为自己的王国带来宗教统一与宗教和平的努力失败了。根据1480年9月27日的一项王室法令，西班牙宗教裁判所来到了卡斯蒂利亚。

伊莎贝拉的最初目标很简单：铲除虚假的改宗者，让她心爱的王国摆脱异端信仰。尽管宗教裁判所在西班牙兴盛一时，但这并不是当时刚刚出现的新想法，新的宗教裁判所是在较早的中世纪宗教裁判所的基础上建立的。在伊莎贝拉和斐迪南的统治下，由于伊莎贝拉坚信无论付出多少代价都必须实现宗教统一，这种审问方法才被赋予了新的生命。

尽管西班牙宗教裁判所后来变得臭名昭著，但它最初还是受欢迎的。在王国几乎因内战的不稳定而四分五裂的时候，看到伊莎贝拉加强对国家的控制，对有些人来说会感到欣慰。然而，这种欣慰被证明为时过早：卡斯蒂利亚王国的人民会为宗教裁判所在其国内建立而后悔。

审判长身着标志性的白色长袍和黑色头巾，首先来到著名的改宗者聚居的城市——塞维利亚。他们抵达时，改宗者聚居区爆发大规模恐慌，约4000人逃离该城。他们害怕是对的。惩罚迅速到来。审判长采取行动追查那些逃走

工作流程

嫌犯从被指控到被定罪到底发生了什么，他们又能期待什么样的结果呢？

告发
如果在一定时间内认罪，就能得到宽大处理，这鼓励人们站出来，承认自己的罪过，并在此过程中供出别人的名字。

拘留
嫌犯被监禁起来，家产充公，他们的家庭陷入了经济危机。这一过程是秘密的。被告不会得知对他们指控的性质。

审讯
被告需要做证，原告同样也需要做证。寻找证人或证明原告不可信是被告唯一的辩护手段。

自首
这是最安全的选择。坦白承认可能意味着保住性命，并且与拒不招认相比，刑罚减少了，尽管也不总是绝对如此。

酷刑
此举的目的在于逼供认罪，而不是为了制造痛苦本身，但这对被告来说并不是什么安慰，任何年龄、性别或体弱多病者都不能幸免。

西班牙宗教裁判所招聘启事

寻找职业转型？想要成为欧洲基督教已知最残忍组织的一员？
不必再寻找啦，令人兴奋的新机会就在这里！

就业机会

宗教大法官
职位描述：监督宗教裁判所，根除不真诚的天主教皈依者，你将帮助和鼓励宗教裁判所在西班牙及其他地区扩张。在这一重要职位上，你还将主持最高宗教裁判所的工作。
技能要求：良好的领导能力，致力于西班牙回归基督教，愿意留任数年，厚脸皮。

审判长
职位描述：向宗教大法官负责。薪酬：60000铜币，随着资历渐涨而增加。这是一个一线职位，你将花费大量时间审议判决和收集证据，以便从西班牙铲除异端。
技能要求：无需神学培训，但必须精通法律：有大学法律学位或现任税务员优先。

审查官
职位描述：这个职位需要你来权衡法庭案件的是非曲直，辨别证据，判断嫌犯是否是异端，决定是否需要逮捕嫌犯也在你的职权范围之内。
技能要求：具备神学教育背景，以及良好的倾听和决策技能。

法警
职位描述：你将负责逮捕和监禁嫌犯，没收他们的财产。这个职位需要你以创造性的方式提取口供，并准备为此尽一切努力。
技能要求：毅力和决心对成功完成本职工作至关重要。冷酷无情者优先。

检察官
职位描述：宗教裁判所的核心工作：提出指控、调查谣言，从证人那里得到真相，在这个职位中从来没有无聊的时刻。晋升前景好，可升至审判长。
技能要求：要有推动起诉程序的能力。必要时，需要对嫌犯施加精神和身体折磨。

财产公证人
职位描述：负责在被告人被拘留时登记其财产，详细记录他们随身携带的物品和他们名下的其他资产。
技能要求：良好的记账能力，能判断财产的价值，字迹工整者优先。

机要公证人
职位描述：需要记录被告和证人的证词，讯问案件期间需要详细记录所有发生的事情。这是永久性职位，具有查阅审讯档案和永久任职权这种不可多得的好处。
技能要求：注意细节，快速和清晰的写作能力，良好的记忆力和组织能力，这些都是成功的关键。

密从
职位描述：一个非全职位，成功的应聘者将成为宗教裁判所的荣誉仆人。本职位特别适合贵族或有头衔的人，福利包括允许携带武器来保护审判长，当然，还能保护你自己。
技能要求：必须随时做好履行职责的准备。有告密倾向不是必要条件，如果有则更好。

无罪释放
不常见，但也并非闻所未闻，嫌犯可能被宣判无罪，从而获释。

暂停审判
在这种情况下，审判中止，嫌犯要么被释放，要么被监禁，直到诉讼重新开始。

告解
在一个公开的仪式上，被告会收到特许证，允许他们回归教会生活。惩罚很严厉，包括没收财产和鞭刑。

悔罪
不够虔诚的皈依者必须对自己的罪恶表示悔改。处罚可以是从接受罚款到终身监禁于修道院等各种形式。

移交世俗法庭
这是一条穷途末路：那些执迷不悟的嫌犯会被交给世俗法庭去判处火刑。如果有悔改的表现，罪犯会先被勒死再上火刑柱。

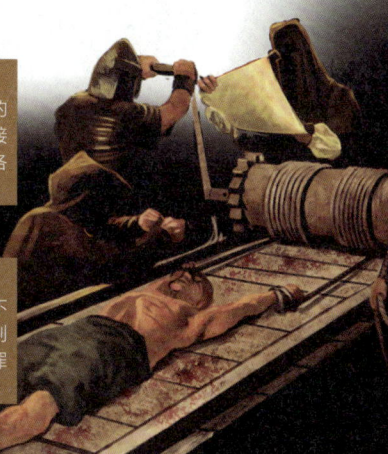

▲ 在审讯期间，酷刑只能作为一种胁迫手段，而不是惩罚手段

人，而贵族则在被逐出教会的威胁下通报他们知道下落的人的情况。

第一次公开处决于1481年2月6日在塞维利亚举行。在惩治异端的仪式（auto-da-fé）中，有6人被烧死，这宣告了宗教裁判所的威力和它背后君主的意图。

此后，宗教裁判所在西班牙逐步蔓延，到1485年，在科尔多瓦（Cordoba）、哈恩（Jaen）和宗教首都托莱多（Toledo）都设立了宗教裁判所。一种固定的模式很快建立起来：首先，镇上的人民做好了准备——对上帝的恐惧，以及由此衍生出的对宗教审判所的恐惧。裁判所的人会在讲道坛上宣讲，好让所有人都听到。随着审判长的到来，一切正式开始，《恩典敕令》（Edict of Grace）将被宣读，它召唤人们站出来忏悔，审判长会给予镇上人民一段时间来回应。他们若承认自己的罪，承认自己信犹太教，就可以得到救赎。如果没有，他们就会看到宗教裁判所的全部愤怒如何降临到他们身上。

嫌犯一旦被拘留，首要目标就是逼供。如果嫌犯坦白情况，那么一切都好办。如果没有，有几种方法可以获得所需的信息。"酷刑"和"西班牙宗教裁判所"实际上已经成为大众眼中的同义词，这是有充分理由的：酷刑是15世纪的标准做法，宗教裁判所通过酷刑能获得最重要的认罪。虽然从理论上讲，嫌犯只能遭受一次酷刑，但从操作上讲，有办法绕过这一限制——暂停审判，这意味着可以在第二天继续开庭，而不必违反规则。

一旦获得供词，就要对案件的细节进行审

▼ 被定罪的异教徒被迫戴着一顶尖顶的帽子——悔罪帽,这是惩罚的一部分

理，必要时做出判决。无罪释放虽然很少见，但有时也会发生。同样，嫌犯也可能被判处悔罪，或更严厉的判决，比如告解，这可能意味着无限期监禁、宗教监禁、鞭刑或在帆船上服役。告解的罪人要穿一件黄色及膝羊毛长袍——称为悔罪服，戴一顶高高的圆锥形帽子——称为悔罪帽，向人们宣示他们犯过罪。这罪过甚至在罪人离世后都不能被忘记——悔罪服将在当地教堂展出，让活着的家人蒙羞。

让宗教裁判所如此可怕的是匿名指控，宗教裁判所也靠匿名指控这种最致命的武器而壮大起来。而且一旦认罪，嫌犯就必须供出其他也有过失的人，从而使宗教裁判所有源源不断的嫌犯。拒不通报或不主动向当局通报异端者的身份或下落也可能招致逮捕和处决。

尽管教皇最初给予了批准和祝福，但宗教裁判所是由伊莎贝拉和斐迪南自己资助和组织的。伊莎贝拉是否亲自出席过宗教裁判所下令的处决还不得而知，但不可否认的是，她知道并赞同宗教裁判所使用的审讯方法。尽管如此，她最亲密、最值得信赖的许多顾问都是从犹太信仰中皈依而来，为这两位君主服务的三位秘书就来自改宗者家族。甚至有人说斐迪南自己的血管里也流淌着来自其改宗者祖先的犹太血液。

> 西班牙直到1834年伊莎贝拉二世统治时期才最终废除宗教裁判所。

然而，仅仅针对改宗者显然是不够的，尽管伊莎贝拉希望如此。1492年，所有犹太人都被驱逐出西班牙。在随后的几十年里，宗教裁判所遍及西班牙控制的领土，包括那不勒斯、西属尼德兰和西班牙在美洲控制的领土。目前还没有确切的数字显示总共有多少人受到牵连，不过据估计，在伊莎贝拉统治期间，有3000人获刑。宗教裁判所至今仍然是"西欧历史上最残酷、最持久的宗教迫害之一"，宗教裁判所的名称和行为与卡斯蒂利亚女王伊莎贝拉的名字密不可分。

生命、死亡与现代之路

中世纪的生活很艰苦，但它为现代社会奠定了基础。

180 十二个中世纪的流行风尚

186 封建主义的到来

190 中世纪的日常生活

196 中世纪的宴会

199 中世纪欧洲的艺术和文化

207 但丁·阿利吉耶里

210 中世纪的罪与罚

212 黑死病之劫

220 中世纪是如何塑造世界的

213

203

十二个中世纪的流行风尚

从审判猪到无毛的面孔，探索中世纪什么最流行。

每个时代，人们都爱回顾老一辈的生活，评判当时的风俗、信仰和传统。然而，可以公平地说，历史上很少有时期像中世纪那样让人觉得奇怪。它有时缺乏古埃及的那种神秘魅力，有时缺乏文艺复兴时期的那种美丽，或缺乏伊丽莎白时代的那种兴奋和冒险。出生在中世纪被认为是相当不幸的，人们普遍认为中世纪的人贫穷，食物单调，一切都很肮脏，而且在绝大多数时间里，人口数量都在锐减。但我们不知道的是，中世纪的人们创造了人类历史上一些最奇特、最搞笑和最令人震惊的流行风尚。是时候拥抱中世纪及其所有可爱的怪癖了。

无毛的面孔

地点：西欧

虽然今天许多女性花钱来突出睫毛，但在中世纪却完全不同。因为那时前额被视为脸部的中心点，所以女性会把睫毛和眉毛去掉，以突出前额。有些人是如此执着，她们甚至会拔掉发际线前部的头发，以呈现一个完美椭圆形的秃额脸庞。

▲ 中世纪的美是活生生的卡通片《落发危机》

男士时尚

地点：欧洲

对于中世纪的精英阶层来说，衣服是非常重要的，因为它是一种展示财富和整体优越感的方式。正因为如此，各种不寻常的时尚潮流席卷欧洲，比如男士尖头长鞋。鞋子越长就表示穿着者的财力越雄厚，因此他们的社会地位也就越高。有些鞋太长了，必须用鲸须加固。14世纪晚期，男人们热衷于炫耀自己的身体，穿着时髦暴露的衣服，超短的外衣和紧身裤。紧紧跟随这一潮流的是裤前饰袋———个连在男式裤子前面的小袋，它的形状和衬垫突出了穿着者的阳刚之气。

▲ 服装被用来显示一个人的财富

▲ 这种鞋是中世纪流行的式样

动物法庭

地点：欧洲各地

中世纪的生活可能很艰难，这不仅仅适用于人类。就像它们两条腿走路的主人一样，各种各样的动物——从牲畜到昆虫——如果涉嫌违法，都会受到审判。有记录显示，中世纪至少有85次动物审判，过程既悲惨又荒谬。显然最恶劣的惯犯是猪，它们被指控和定罪为咬人，甚至吃掉儿童。大多数猪嫌犯被认定有罪，并被处以绞刑或火刑。1386年，一头被定罪的猪穿着马甲、手套、衬裤和口罩赴刑。不过，感受到法律威力的不仅仅是猪。1474年，一家法院认定一只公鸡犯了下蛋的"非自然罪"。不受欢迎的老鼠总能收到言辞严厉的信件，这些信件要求它们离开房屋。奇怪的是，1596年在马赛还有一次对海豚的审判。然而，并不是所有的审判都以残忍的刑罚告终。一头驴子成了性骚扰的受害者，修女院院长为其做证，称它是一只"善良"和"规矩"的动物，于是被判无罪。

▼ 一头猪正在法庭受到审判

法院认定公鸡犯了下蛋的"非自然罪"。

这是婚姻，但不是我们了解的婚姻
地点：西欧

人们对中世纪上流社会婚姻的许多看法是与事实相符的——婚姻很少是为了爱情，而是为了政治和社会利益。女性在婚姻方面，就像她们在中世纪生活的几乎所有方面一样，没有发言权。事实上，男女"一到青春期就被认为进入了'准备好'结婚的状态，这时女孩只有12岁，男孩只有14岁"。

但是，今天我们所知道的婚礼在当时是非常不同的。例如，直到很久以后才出现了正式的婚礼仪式。那时的夫妇不需要许可，只需要说出同意就能结婚，这导致许多街上、酒吧甚至床上缔结的婚约的出现。这意味着很难证明人们是否已经结婚。因此，到了12世纪，婚礼被宣布为一项圣礼，必须经由上帝见证。

不仅是婚礼需要见证，新婚之夜也绝非私人场合，尤其是上流社会的新婚夫妇更是如此。新娘被家人抱到床上并不罕见。"床上行为"并不被视为私密时刻，而是一种结合的投资，一种值得由证人观察、见证的行为。有些夫妇因有豪华床帘而幸免脸红，但并非每个人都有此好运，观察家们会在房间里一直等到"演出"结束。

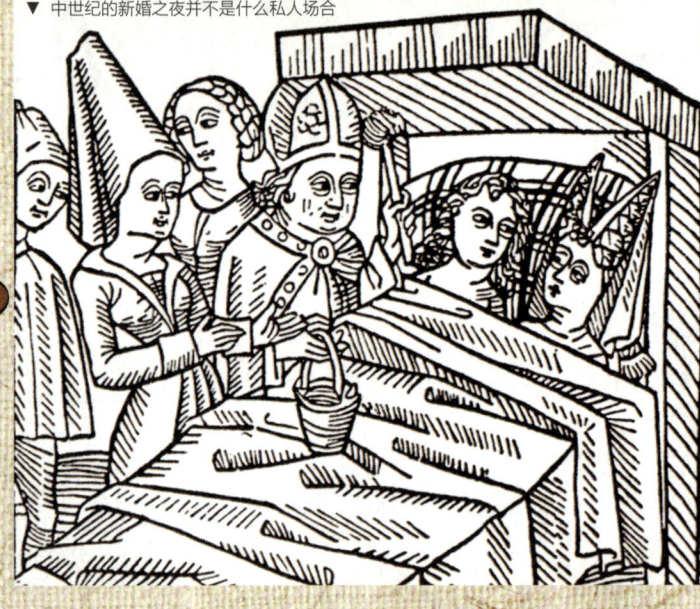

▼ 中世纪的新婚之夜并不是什么私人场合

> "床上行为"并不被视为私密时刻。

宫廷爱情
地点：法国

▲ 在宫廷里，爱情是一件复杂而危险的事情

如前所述，中世纪大多数上流社会的婚姻往往是纯粹为了经济和社会利益而设计的联盟。因此，中世纪贵族常常在"宫廷爱情"中实现他们的浪漫愿望。毫不奇怪，宫廷爱情是宫廷成员的爱情，宫廷爱情允许贵族男女实践爱情元素，而不管他们的婚姻状况如何。这包括跳舞、调情，甚至是牵手。然而，性关系是被严格禁止的，而且只为配偶保留。宫廷爱情相当流行，于是有人写了一份规则清单，其中包括："婚姻不是不爱的真正借口。"

解决婚姻纠纷
地点：德国

▼ 婚姻咨询的前身

中世纪的德国夫妇在解决纠纷时从不浪费时间。他们不像普通夫妇那样争吵，而是直接走进拳击场。一对一的搏斗是流行的解决分歧的方式。当夫妻打架时，会有奇怪的限制。例如，丈夫必须背着一只手站在一个洞里，而妻子则拿着装满石头的袋子绕着她丈夫跑。

中世纪的疾病

中世纪的疾病使你陷入了一场非常危险的博弈游戏

可以肯定地说，中世纪可不是生病的好时候。这段时期可以说是医学的一个"实验"期。人们把疾病归咎到从恶魔到臭味的一切东西上。一些治疗疾病的方法也同样怪异，包括病人鞭打自己，用蜡烛烧牙齿来治疗牙痛，当然，还有老式的充满危险的朝圣之旅。然而，不管是纯粹的运气还是实际的医学知识，中世纪一些不寻常的治疗方法实际上是行之有效的，并且在一定程度上沿用至今。

一个例子是放血疗法（bloodletting），用刀片划开静脉，放出血液，或在某些情况下使用水蛭吸血。颅骨穿孔术（trepanation）可能听起来是中世纪最残忍的治疗方法，因为它包括直接在人的头骨上开一个洞来释放"恶灵"；然而，颅骨穿孔术仍然被用作今天的治疗方法——尽管它现在被称为开颅手术（craniotomy）。

但是，除了认可当时的一些医疗程序，现代医学还发现，许多奇怪的中世纪草药混合剂实际上是成功的，例如使用含有抗生素的洋葱来治疗麦粒肿，另一个稀奇古怪的例子是用蜗牛黏液治疗尿布疹。如今，这种药物依然在使用，被冠以无毒无害的名字"蜗牛凝胶"。

美丽的死亡
地点：西欧

中世纪的人们非常重视人生的终点，如果考虑当时社会是多么虔诚，加之许多人死于黑死病，这是可以理解的。因此，一种被称为"死亡艺术"的潮流开始盛行起来。这个想法是围绕着好好地以基督徒的方式离世展开的。这个"好好地"死亡应该是有计划的、平静的。临死的时候，人应该像基督一样，接受他的命运，不要绝望、不要怀疑、不要焦急、不要骄傲，也不要贪婪。这种"死亡艺术"在神职人员之中相当流行，这使得中世纪许多画作臭名昭著：在描绘修士和圣人的画作中，他们平静安详地接受了对自己的残忍谋杀。

▲ 他们的目标是平静地离世

▲ 为了解决牙齿疼痛，人们不得不拜访理发师，因为理发师兼任牙医

足球　地点：英格兰

如果你认为足球流氓是一种现代现象，请三思——中世纪英格兰就已经有与足球有关的暴民骚乱，那时足球还没被称之为足球。我们今天所称的足球在那时充斥着暴力和混乱，甚至是致命的危险。比赛没有固定数目的球员，整个村庄都可以参加，但踢的往往不是球，而是对方球员。

《忏悔日足球规则手册》指出，除谋杀之外，任何手段都可以用来得分。1314年，爱德华二世决定禁止这项运动。下令"禁止日后在城中开展这项运动，违者监禁"。显然，他是一位射箭迷。

▲ 中世纪足球赛没有伤停补时

化身独角兽的耶稣　地点：欧洲

如果中世纪的人们喜欢两样东西，那就是神话和宗教。这两者常常以一种非常奇特的方式结合在一起。可能是对牛的误译，早期人们普遍认为《圣经》中耶稣被比作独角兽。中世纪的人们认同并发展了这个想法，因此独角兽，或他们认为是独角兽的任何东西，反复出现在中世纪的宗教艺术之中。因为只有纯洁的少女才被允许触摸独角兽，独角兽也被不太恰当地用来比喻圣母孕育基督。

> **早期人们普遍认为耶稣被比作独角兽。**

▲ 化身独角兽的耶稣：为什么不爱？

▲ 海狸尾巴被认为是海鲜，所以可以在斋戒日食用

戴头盔的公鸡

地点：欧洲

如果你在中世纪是个穷人，在大多数情况下食物是清淡、单调和重复的。然而，对于富人来说，则没有什么禁忌。他们喜欢吃天鹅，为了顺利通过斋月，他们会吃海狸尾巴。他们吃着这么多动物，所以得创造出新的、更奇特的动物来。餐桌上最受欢迎的是戴头盔的公鸡——这只阉过的公鸡和猪缝合在一起，鸡看起来就像是骑在猪身上一样。

傻人节

地点：最初是法国，后来是全欧洲

新年伊始，许多欧洲中世纪的人在元旦初聚在一起庆祝傻人节（Feast of Fools）。像大多数基督教节日一样，这项活动受到异教徒节日农神节（Saturnalia）的启发，并把节日的庆祝方式来了个一百八十度大转弯。受尊敬的高级官员与最低级的官员互换身份，女佣变成主人，还会为罪孽之王加冕。

虽然庆祝最初只打算局限在教堂的圣殿里举行，但老百姓还是自发庆祝起来。庆祝活动有游行、喜剧表演、服装表演、男女换装、靡靡之音，当然还有不醉不归。驴节（Festival of the Ass）与此并不完全相关，但同样令人费解。节日里，一位少女抱着一个孩子骑着驴进入教堂，在整个礼拜过程中，会众们用驴叫代替"阿门"。

考虑到这些庆祝活动是在条件严苛的中世纪基督教欧洲举行的，而且它们能延续这么久，着实令人惊讶。然而，随着时间的推移，规则被收紧，某些行为被禁止。最后，随着宗教改革的到来，一切过度娱乐的事情都被禁止了。

▲ 傻人节那天，谁也不知道会发生些什么

> 整个礼拜过程中，会众们用低沉的驴叫代替"阿门"。

开玩笑的自由　**地点：西欧**

中世纪所有弄臣的帽子都是模仿驴耳朵制作的，因此在中世纪当弄臣看起来不怎么走运。然而，弄臣们有一项独特的权利。根据王室法令，从弄臣们口中出来的一切都是"玩笑"，所以他们可以尽情发表自己的政治见解，而不必担心因诋毁宫廷里的贵族和夫人而受到惩罚。这一点除了弄臣之外，对其他人都是严令禁止的。所以，即使是在中世纪的宫廷里，有趣也是有好处的。

▲ 弄臣们享有言论自由

封建主义的到来

探索如何统治一个拥有忠诚追随者的统一国家。

当征服者威廉在1066年成功入侵英格兰并成为国王时,他彻底改变了国家的运转方式。在威廉加冕之前,这片土地由两个伯爵分别管理,他们可以自由地以任何他们认为合适的方式进行统治,这可能导致专制统治和法律零散化。而威廉把每一块土地都分给了被称为第一土地保有人(tenants-in-chief)的领主。领主仍然服从国王,且不得不在国王需要时提供金钱和骑士。如果他不能提供这些,就会被撤职。这个体系把更多的控制权交给了君主,但控制这么多雄心勃勃和家财万贯的人是一项艰巨而费时的工作,控制得好与不好的区别就是一个强大的联合王国和一个任人宰割的破碎国家之间的区别……

5种王室头衔

公爵/公爵夫人
国王手下最高等级的贵族。第一任公爵由爱德华三世任命。

侯爵/侯爵夫人
侯爵的头衔低于公爵,他们在王国的边界拥有土地,被国王委以防御外敌的重任。

伯爵
伯爵有权管理一个地区,并收取罚款和税款。他们还负责在战争中领导国王的军队。

子爵/子爵夫人
子爵协助管理各省,并频繁参与宫廷的管理。

骑士
骑士比男爵低一级,但仍然是贵族的一部分。他们被要求遵守骑士准则。

安排封建婚姻

是政治，不是爱情
如果领主逝世，留下一个未婚的继承人，国王可以用领主资产的价格以婚姻形式卖掉这个继承人。女儿和寡妇也可以通过婚姻出售，国王安排所有女性继承人的婚姻。

新娘
领主的女儿在婚姻中没有发言权，12岁就可以结婚。一旦结婚，她就不能与丈夫离婚。

新郎
婚姻的目的要么是为了增加领主的财富、土地或地位，要么是为了结束家族间的竞争，增加政治影响力。国王有时会把他的兄弟姐妹嫁入豪门以增加他的权力。

四次封建起义

多热·哲尔吉起义
（Rebellion of György Dózsa）
1514 匈牙利王国
匈牙利农民发动大规模起义，成千上万的绅士被杀，大量城堡被烧毁。

瓦特·泰勒农民起义
1381 英格兰
一千多名英格兰农民揭竿而起，抗议税收和无偿劳动，摧毁了伦敦的许多建筑，杀害了一些高级官员。

伊瓦伊洛起义
1277—1280 保加利亚
猪倌伊瓦伊洛（Ivaylo）领导了一场反抗保加利亚沙皇君士坦丁一世的起义，沙皇被推翻，伊瓦伊洛被起义军拥立为新国王。

佛兰德农民起义
1323—1328 佛兰德
由于税收急剧上涨，一系列分散的农村骚乱爆发，并慢慢升级为五年之久的叛乱。

如何不……管理你的封臣

当英格兰国王约翰在海外遭遇一连串失败时，他被迫向他手下的封臣们索要更多的钱来资助他的军队。1204年，约翰失去了他在法国北部的土地，所以为了从这场惨败中恢复过来，他在没有征求领主们意见的情况下提高了税收——这在当时是很普遍的做法。然而，当约翰在布汶战役中再次被击败时，许多英格兰领主在诺曼底失去了他们的财产。除此之外，约翰回国后还要求征收更多的税。这种公然无视封建法律的做法，对领主们来说，是压死骆驼的最后一根稻草，于是他们领导了一场针对国王的大规模叛乱，成功占领了伦敦。1215年春，约翰被迫与领主们谈判，最终结果是签署了《大宪章》——一份限制国王权力、保护领主部分权利的文件。

01 选择封臣

当征服者威廉称霸英格兰时，他从最优秀的战士中挑选了封臣。封臣死后，其土地就传给他们的继承人。为了保证他们对你的忠诚，所有的封臣都需要在获得利益之前宣誓效忠。所拣选的人要在你面前跪下，宣告说："陛下，我已经成为您的人了。"

02 召集封臣

领主们会参加采邑法庭，这是议会的前身。没有固定的日程安排，所以你必须向所有你想在法庭上见到的领主发出私人文书。领主们会给你提供建议，但这也是你提出棘手的资金问题的机会；毕竟，治理一个王国是费用昂贵的。

03 发出战斗信号

作为一个国王，你需要充足的兵力来保卫边境，战胜敌人。你必须向手下的领主们提出为你提供骑士的要求。每个领主都有一套不同的骑士配额，他们必须一次为你提供服务最多40天的骑士。确保他们的装备符合你的要求，并明智地使用他们。

04 收税

征服是昂贵的生意，所以如果你的封臣们不能为你提供骑士，他们需要向你支付兵役免除税，这样你就可以招募雇佣兵代替骑士。你还需要收取封臣们已经收集了的税款、土地租金，还有封建继承金，即领主死后，遗产继承人支付的一次性税款。

05 享受免费住宿

你需要经常周游全国，所以你的封臣们也有义务为你提供免费食宿。国王往往会带着相当多的随从旅行，所以这对封臣们来说是非常昂贵的；威廉一家曾在圣诞节出游期间消费了6000只鸡、1000只兔子、200只鹅、90只野猪、50只孔雀和数百桶葡萄酒。

06 保持克制

给予臣子广阔土地的麻烦在于他们会变得强大，有时甚至会造反，就像法国和德国的领主那样，他们开始以独立国家的身份统治自己的土地。预防这种情况的最好办法是赏罚分明。如果他们失败了，你总是可以剥夺麻烦制造者的地位（或他们的生命）。

中世纪的日常生活

那些生活在中世纪的人真的只劳动不娱乐吗?

农民在凌晨从睡梦中醒来,黎明时分出门,在土地上辛苦劳作一天,贵族则会在相对奢侈的环境中醒来,处理一些不那么让人耗费体力的差事。对于那些处于中世纪社会底层的人来说,这更像是一场生存之战。封建制度受法律的约束,法律赋予农民很少的权利,这保证了农民始终服从统治阶级的命令。

那时生活很艰难。农民不仅要在领主的土地上劳作,还要耕种租来的土地养家糊口。这意味着农民完成了最艰巨的任务,从采伐到打谷、扬谷。他们需要在各种天气下工作,但至少是自给自足的。

每年都差不多。农民倾向于采用三圃制,这样他们就有一块地种夏粮,一块地种冬粮,还有一块地休耕,以便来年能恢复养分。他们会在春天播种,五月耕种休耕地,六月和七月剪羊毛,八月收割,九月打谷,冬天制作和修理农具。

如果他们想离开庄园,需要获得许可,他们还必须纳税,包括向教堂缴纳什一税。虽然他们的处境因不得不手工劳动而变得更加艰难,但一群农民也能一起干大事。他们在星期天、圣徒节和宗教节日也有休息。

农民们在村里的庄园有用木棍、稻草和泥土搭成的一到两个房间的小屋。小屋十分简陋,离领主的住处很远。他们睡在稻草床垫上,用石炉给家里取暖。但是由于没有烟囱,房子里烟雾缭绕,又因为窗户很小,室内光线很差。

同时,领主和他的家人拥有石头建造的华丽房屋。他们有做饭、打扫和洗衣的仆人,有从事基本劳动的农民,有做面包的面包师,有锻造

> 在中世纪,卫生很重要——人们洗手洗脸,还洗澡。

▲ 这座有着茅草屋顶的重建房屋是14世纪典型的房屋样式

武器的铁匠,还有兼任医生和牙医的理发师。这些条件农民都无权享用,他们的平均寿命还不到35岁。

瘟疫肆虐期间,住房标准有所改善。1348年,由于许多农民丧生,导致劳动力短缺,他们因此获得了更高的工资。1349年的《劳工条例》(Ordinance of Labourers)试图限制农民的行动自由,但那时的大环境已经改变。

▲ 德国丁克尔斯比尔的中世纪小镇。它的部分历史至今仍值得骄傲

创造美好生活

中世纪的手艺人

农民阶级之上的是受过较好教育的手艺人。有些人当铁匠或金匠,有些人则制作陶器、长弓、面包或者铸币。手艺人们自己组织行会,行会为他们提供保护并帮助制定价格。

工具制造

为了更好地耕地,农民们用木头、皮革以及牛羊的角来自创工具。这些工具很粗糙,但肯定比什么都没有强。人们借助动物来完成更重的劳动,如犁地和搬运货物。

刑事司法

不法行为将受到严厉的惩罚,罚款、肢解、上枷羞辱和绞刑都是非常常见的。人们相信严厉的惩罚会吓退大多数企图犯罪者。陪审团庭审在庄园法庭进行,较严重的犯罪将面临神明裁判①。

城镇生活

大多数人住在村庄里,但随着人口的增长,繁华的城镇出现了,这也使得村庄之间的贸易得以产生。许多城镇由领主拥有,商人们需要向领主纳税。人们希望自己的城镇成为自治区,因为自治区能有一定程度的税收减免。城里人被称为市民。

重获自由

有种摆脱农奴身份的方法,但它会使人丧失安全保护。如果一个农奴逃跑一年零一天而没被发现,他就可以获得自由。攒钱买地也能获得自由。

① 神明裁判指通过神的旨意来裁判是非曲直,通常为水火的考验。

中世纪的家庭

尽管中世纪作家霍滕修斯（Hostensius）认为，女孩12岁、男孩14岁就可以结婚了，但青少年结婚只在富裕贵族中常见。在这些情况下，这种婚姻通常是出于政治原因的包办婚姻，所以夫妇不一定深爱对方。

不过，对社会的其他人来说，晚婚更为普遍。妻子往往比丈夫年轻，因为男性往往希望在做出承诺之前有能力养家糊口。有利的一面是，农民最有可能为爱情而结婚，而且夫妻关系往往比那些上层人更加亲密。

事实上，穷人会一起睡觉、一起社交，在同一张桌子上吃饭。妻子们准备食物，从早餐浓汤（一种丰盛的、主要以蔬菜为基础的肉汤，用来填满丈夫饥渴的肚子）到烹制兔子、猪肉、鱼和其他肉类，来丰富主要是面包和蔬菜的饮食。

妇女的工作也和男性的一样辛苦，甚至要付出更多的努力。除了操持家务和照顾孩子外，她们还要在农田里帮助她们的丈夫，特别是在最繁忙的收割期。她们照看牲畜，确保家人有衣服穿，但许多妇女也有自己的工作。

在城镇里，妇女会在烘焙、纺织和酿造业工作。另一项受妇女欢迎的工作是纺纱。穷人的生活与富人的生活千差万别。在上流社会，仆人会准备有着丰盛且上乘食材的宴会。富有的女性身边会有很多帮手来照顾家庭。

在较为贫苦的人家，子女7岁左右就开始帮助母亲操持家务。在乡下，孩子们向父母学习家务和耕种。在城镇里，孩子们成为用人或开始做学徒。

家庭常有伤心事。糟糕的医疗条件意味着婴儿的死亡率很高，四分之一的婴儿等不到一岁生日那天。许多妇女成为寡妇，因为她们的年长丈夫会先于她们离世，从而打破曾经紧密的家庭关系，给那些活着的人带来额外的压力。

> 人们有娱乐消遣的时间，跳舞、斗鸡、摔跤和球类运动都很受欢迎。

除了操持家务和照顾孩子外,妇女还会在田里帮助丈夫干活儿。

关系和利益

中世纪农民家庭成员是为生存而共同工作的伙伴。一般来说,人们根据家庭经济发展情况挑选妻子或丈夫。封建领主能对农民的婚姻选择施加影响。最穷苦的人买不起房子,只好在城堡里工作。

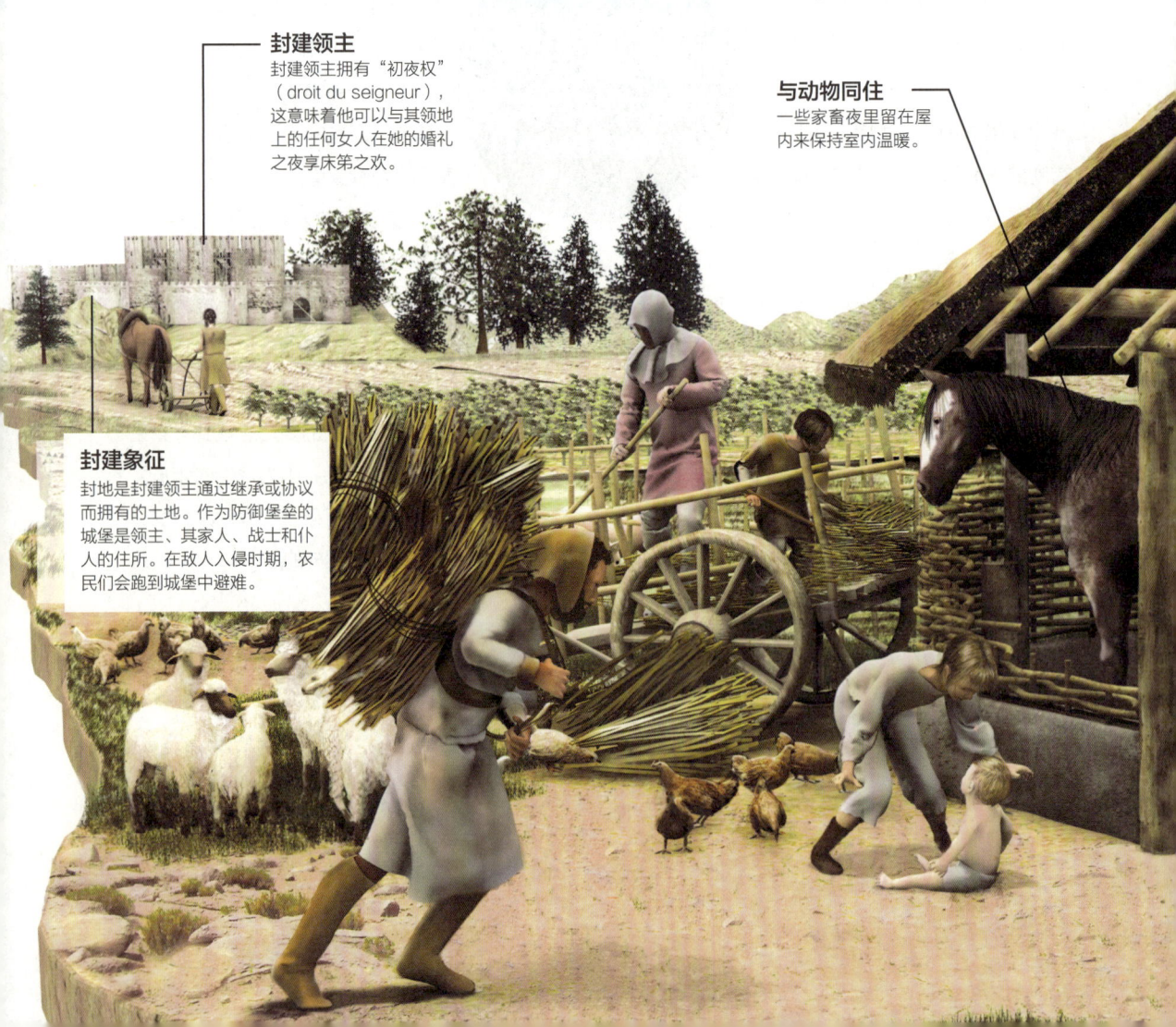

封建领主
封建领主拥有"初夜权"(droit du seigneur),这意味着他可以与其领地上的任何女人在她的婚礼之夜享床笫之欢。

与动物同住
一些家畜夜里留在屋内来保持室内温暖。

封建象征
封地是封建领主通过继承或协议而拥有的土地。作为防御堡垒的城堡是领主、其家人、战士和仆人的住所。在敌人入侵时期,农民们会跑到城堡中避难。

子孙繁多
中世纪的农民家庭常常有许多孩子，孩子们在成长过程中会帮助家庭和村庄做点儿事请。

家庭住宅
在中世纪，社会中卑微的阶层与动物、工具和食物生活在一个空间里。家庭成员一起睡在铺着稻草的地板上，晚上挤在一起取暖。

生活还是生存
人的预期寿命只有30岁多一点，45岁以上的人被视为老年人。大多数妇女在15至30岁之间死于难产或产褥热。婴儿出生率很高，但死亡率也很高——许多婴儿都活不下来。

大家庭
农民家庭（平均有六个成员）比那些特权阶层家庭的人口要多。

中世纪的宴会

中世纪的人如何享受饕餮盛宴?

当十字军从圣地归来时,他们带回的不仅仅是新领地。这场征战让骑士和贵族们接触到了东方美食,东方美食充满异国情调、奢华展示、优雅礼仪和政治意味。十字军东征之前,欧洲人饮食简单,基本是用当地食材制作的简单家常菜。突然间,中世纪欧洲的富裕家庭开始举办盛大的宴会,宴请来自四面八方的客人,并借此炫耀财富、结成联盟。

城堡建有一个中央大厅,在那里举行宴会。新年和五旬节(Pentecost)总是需要一个盛宴,但最大的盛宴是为了庆祝婚礼、加冕礼或新主教的就职典礼。在这些活动中,客人往往是与身为接待方的贵族有着同等社会地位的家庭成员,但在活动结束时,当地农民和劳工也会被邀请参加著名的中世纪宴会。

乐师
大多数大厅都设有容纳游吟诗人或乐师的平台。用餐时使用背景音乐的传统起源于法国的游吟诗人,他们会演唱有关宫廷爱情的故事。阿基坦的埃莉诺与英格兰的亨利二世结婚时,表现出了对音乐的热爱。上每道菜时,乐师都会奏乐。

桌次安排
主人(通常是王室成员或贵族成员)与社会地位最高的客人们坐在面向大厅的主桌。这张主桌通常比较高,上面铺着大马士革锦缎。次桌垂直于主桌摆放,客人按照等级降序落座。

服务人员
侍从供应食物和酒。主人和贵宾品尝食物之前,会先有人试吃,以确保食物没有下毒。随着时间的推移,这不再是出于实际考虑的措施,而是成为一种仪式。

菜单

浓汤——肉和蔬菜汤

***

烤野猪、鹿肉、三文鱼和白斑狗鱼

***

塞满了鹅肉、野鸡肉、母鸡肉、鸭肉、小菜和鹌鹑肉的孔雀

***

美味甜馅饼

***

蜜饯水果和奶酪

中世纪欧洲的艺术和文化

在这 1000 年的大部分时间里,艺术、建筑、文学和音乐的发展见证了中世纪的黄金时代和黑暗岁月。

在中世纪的漫长岁月里,艺术表现的是人们对宗教的虔诚本性,但后来慢慢出现了更大胆和更具煽动性的思想。就像中世纪本身一样,这一时期出现的艺术代表了一种深刻的、甚至是恐惧的精神状态。艺术要么是信息性的(以伟大的手稿、挂毯、马赛克和传统绘画的形式出现),要么是功能性的(从刺绣、银器到陶瓷、纹章),总是表现出一种美丽但令人窒息的质地。购买颜料往往比雇用画家更昂贵,如金叶和阿富汗群青(ultramarine)常被用来装饰宗教和世俗的艺术作品。

实用性在中世纪的建筑中也有体现,中世纪的真实本质开始显现。欧洲的建筑师开始为了建筑物的强大功能而不是为了艺术价值或美感而设计建筑。中世纪并不是像罗马那样生活富足、发明丰富和纵情享乐的时代——这是一个充满不确定性、战争、瘟疫和贫穷的时代。因此,中世纪的人们认为建筑应该更具保护性,庄园制度随之兴起——你的家也是保护你的城堡。

就像艺术一样,音乐和文学也发生了变化。在音乐成为一种丰富的表达方式之前,创造性思维极少被否定,但现在却被扼杀了……至少有一段时间是如此。教会利用其影响力确保所有的这些媒介都是通过赞美诗等方式来表达宗教热情。它施加了一种绝对的控制,这种控制会在另一种创作媒介——文学中引起巨大的冲突。书面文字为教会提供了强有力的控制手段,而普遍的文盲加剧了这种控制手段。但是人们知道,未经批准的文学作品的非法传播可能是对控制手段最大的威胁。

历史画布

当欧洲和世界进入中世纪时，
古典艺术享乐而又虚幻的世界变得更加保守

> 拜占庭帝国的艺术影响了中世纪的艺术，形成了一种平面且不立体的艺术呈现。

中世纪艺术是欧洲历史上最独特的艺术表现时期之一。与之前的古典时代和之后的文艺复兴时代不同，中世纪的社会由一种强大的力量统治着：对上帝的恐惧。中世纪的教会沉迷于《旧约》的地狱之火和愤怒，教会将神的愤怒景象渗透到它影响如此之深的社会之中。

这在很大程度上源于古典主义与基督教观点的冲突。在基督教横扫欧洲大陆之前，希腊人和罗马人所传播的艺术是虚幻的，他们把神描绘成人在获得所有荣耀后的理想形象。这些都是享乐主义的文化象征，不像在后来几个世纪那样受到限制。基督教带来了一种克制感，制造上帝形象的偶像是被禁止的。这给中世纪的艺术家带来了一种矛盾——一方面要保持教会统治下社会的虔诚，另一方面要控制内在的表达欲望。

这见证了艺术意识从虚幻走向抽象：动态现实主义变得僵硬和形式化。在古典风格中运用得非常好的那些栩栩如生的细节被抛弃了，取而代之的是更为简洁的意象，缺乏细节、阴影和透视。这种风格，表现在从王室画像到挂毯的各个方面。这使早期基督徒不平静的灵魂在享乐主义的异教过往和基督教现在严格的本质之间找到了一个平衡点。正是这种妥协，使得古典风格在14世纪文艺复兴最早期重新出现。

中世纪的艺术很大程度上与宗教有关，但仍有其他影响渗透并塑造了艺术家们的艺术风格和手法。历史学家将其分为七种不同的风格：早期基督教艺术（Early Christian art）、民族大迁徒时期的艺术（Migration Period art）、拜占庭艺术（Byzantine art）、岛屿艺术（Insular art）、前罗马式艺术（Pre-Romanesque）、罗马式艺术（Romanesque art）和哥特式艺术（Gothic art）。随着中世纪建筑风格的改变，前罗马式风格和罗马式风格（后来的拜占庭艺术）的影响为整个中世纪时期的艺术发展奠定了基础。由于基督教通过君士坦丁大帝在罗马兴起，即使在罗马帝国衰落之后，罗马仍然影响了虔敬主义的绘画，如色彩鲜艳的彩绘玻璃的运用，使用精细金属、镀金制品和珐琅装饰珠宝盒和神龛，以及如巴约挂毯等大面积刺绣的制作。

基督教带来了一种克制感，制造上帝形象的偶像是被禁止的。

▲ 壁画、马赛克和大型石雕也成为表达与上帝和教会亲近的流行方式

文字的力量

在普通人一生都不识字的时代,
出现了一些有史以来最有影响力的文学作品

在中世纪以前,英格兰和其他国家都没有真正的文学。历史、医学配方、工程概念等等都是口口相传得以延续下来,正因如此,这些流传下来的信息往往不太准确,多多少少会掺有口述人自己的理解。随着罗马天主教会的崛起,宗教经典的重要性也随之提升,中世纪的书籍都由修士

▲ 在1440年约翰内斯·谷登堡发明印刷机之前,手抄几乎是整个中世纪书本的常态

中世纪建筑的兴起

随着欧洲迎来中世纪，建筑开始围绕备战发展

就像中世纪的艺术发展一样，中世纪的建筑也并不是原创的。相反，它是一些建筑风格的综合体。中世纪建筑被细分为三种不同类型——宗教建筑、军事建筑和公民建筑。宗教礼拜场所的建筑主要为罗马式和哥特式风格。

中世纪时期，大多数教堂都采用了常见的"十字形"设计，这一设计的灵感来源于罗马巴西利卡式教堂（一个中央或主厅），同时引入了拜占庭时期的圆顶和"希腊十字"（Greek crosses）。这种罗马风格有助于引入一种更为奢华的建筑风格，即使用拱顶、桶形穹窿和支撑拱顶的十字形支柱来创造内部和外部均能对称的感觉。罗马时代的繁荣也塑造了宗教建筑及其装饰的镀金风格。

从11至12世纪开始出现的哥特式建筑也很流行。随着欧洲重新重视希腊的人文主义哲学，建筑风格开始融入复杂的细节。哥特人的建筑很快从宗教场所扩展到了民用建筑——很快，诸如飞扶壁（flying buttress）、尖拱、拱顶和彩绘玻璃窗等特征就司空见惯了。

这个时代还出现了一种新的建筑——城堡，它是为了防御功能而建造的。城堡兴起于9至10世纪，它可以保护小宫殿或庄园，或作为抵御入侵的第一道防线。早期的城堡使用木材建造，后来的中世纪城堡开始使用石材，形成围绕城堡中心主楼或塔楼的整个结构。

们费尽心思地手工抄写并用插图加以修饰（即使是一卷书，也需要数年的时间才能完成）。纸张也是稀罕物品，所以像牛皮纸（由小牛皮制成）和羊皮纸（由羔羊皮或山羊皮制成）这样的替代品非常有用。

由于中世纪的大多数人都很穷，大多数人从未学过读写，所以教育的唯一来源是教会。这一地位赋予基督教信仰一种无与伦比的力量来传播国家的新闻，以及对上帝的恐惧。这使教会金库充实，人们感念教会的存在。宗教经典成为教授给中世纪人民的主要内容，但它同时也为一个新兴的文学世界打开了大门。

教科书开始流传，里面充满着关于灵性和医学的启发性理论；亚瑟王传说的故事最终被写下来并被相互传阅，同时还有最早的西方神话——斯堪的纳维亚英雄的史诗《贝奥武夫》（Beowulf）。从中世纪开始，我们看到以乔叟的《坎特伯雷故事集》为代表的社会评论和讽刺文学的兴起，与此同时，第一部真正的游记——《马可·波罗游记》也诞生了。

▲ 哥特式风格的影响可以在一些欧洲最宏伟的主教座堂中看到，如巴黎圣母院

黑暗时代的旋律

尽管中世纪经历了各种阴暗事件，但中世纪仍然是流行音乐的起源

就像中世纪其他艺术和文化形式一样，音乐有两种截然不同的形式。一种是受教会和教义影响的音乐，另一种是游吟歌者演唱的歌曲、诗歌和故事。罗马天主教会是艺术的赞助者，推广了"素歌"（plainchant）——一种单声部的宗教歌唱形式，又称格列高利圣咏（Gregorian Chant）。素歌使用简单且单一的旋律，成为整个欧洲教堂仪式统一的一部分，并为教会提供了一种消除其之前异教徒文化痕迹的方式。

千百年来，单声部吟唱依然是与基督教敬拜密切相关的音乐风格，但这并不意味着基督教音乐的发展从来没有超越过这种形式。在9世纪，教堂的音乐理论家们开始尝试复调的概念，即两段旋律同时进行。这种复调现在听起来很简单，但在当时极具革命性，并于12、13世纪在法国巴黎圣母院等标志性的礼拜场所蓬勃发展。

音乐也在宗教监督之外蓬勃发展，在整个中世纪晚期，游吟诗人的吟唱成为歌曲传播的最常见形式。这些流浪歌手的歌曲内容一开始是世俗的，但很快就演变成关于爱情、失意，以及人类精神的音乐叙事。与素歌的含蓄表达不同，游吟诗人的演唱通常是生动有趣的，把娱乐和教育融为一体。

> 在中世纪，人们认为音乐有助于消化食物，所以常常在两餐之间演奏音乐。

▶ 中世纪时，随着音乐在教堂和世俗环境中的发展，出现了大量的乐器

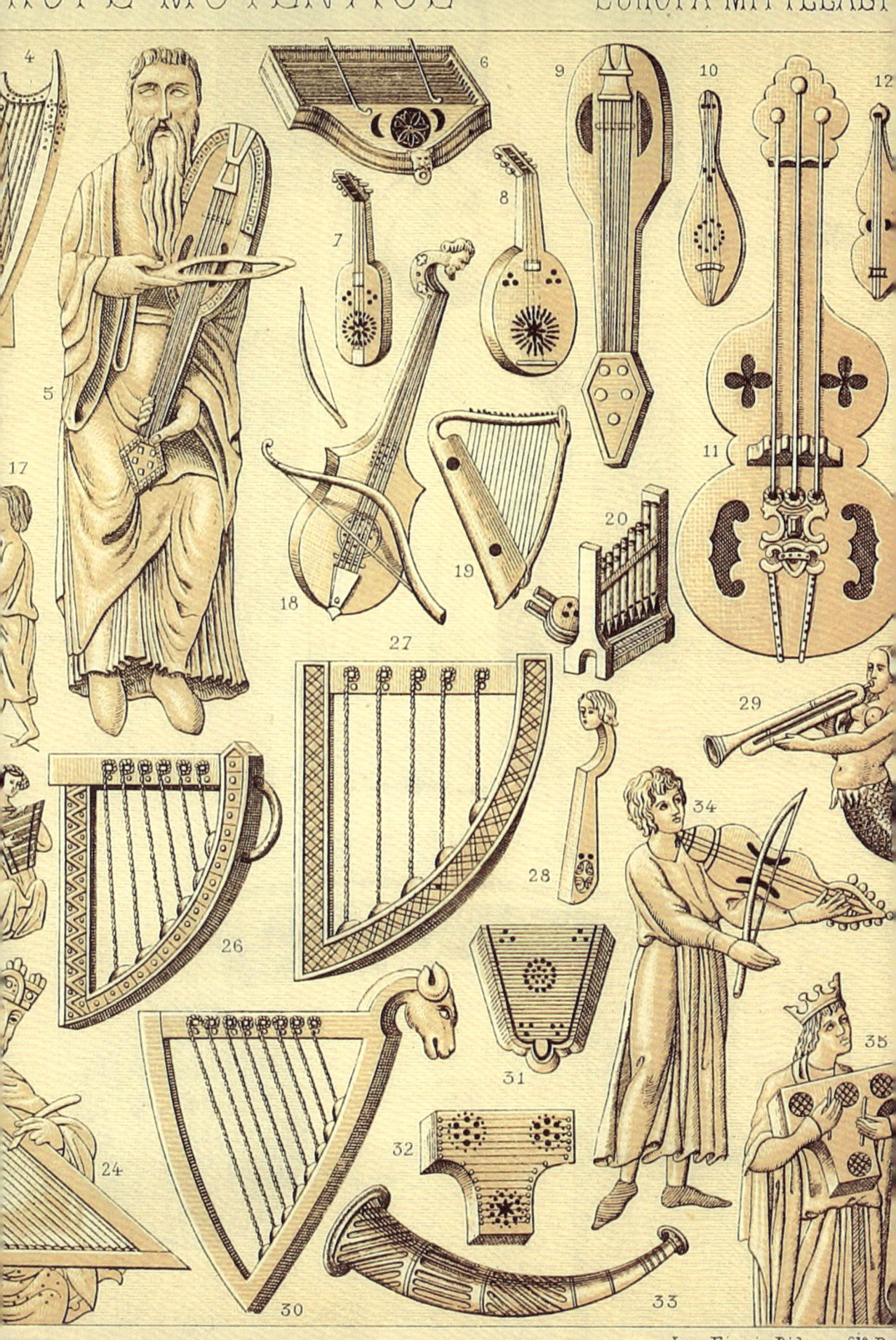
ROPE-MOYEN-AGE — EUROPA MITTELALT

教皇本笃十五世称赞但丁是"天主教引以为荣的众多著名天才之一"。

但丁·阿利吉耶里

但丁是意大利语言之父，
他探问人类的永恒命运并将文学名著带给了大众。

但丁确切的出生日期至今还不得而知，不过据信是1265年5月或6月的一天。他出生在佛罗伦萨共和国（Republic of Florence），其家庭也深深卷入了当时正在瓦解的动荡政局。他父亲的家族支持归尔甫派（Guelphs），归尔甫派效忠教皇，而另一个著名的派别吉伯林派（Ghibellines）则忠于神圣罗马皇帝。这就导致了权力斗争，但丁因为其家庭出身，被推到了权力斗争的中心。

但丁还未满十岁，他的母亲贝拉就去世了。他的父亲后来又有了两个孩子：但丁同父异母的弟弟弗朗切斯科（Francesco）和妹妹塔娜（Tana）。遵循这一时期的传统，年轻的贵族但丁与杰玛·多纳蒂（Gemma Donati）订了

《神曲》

但丁最重要的作品最初被简单地称为《喜剧》，描述了诗人穿越地狱、炼狱和天堂的旅程，以及在更深层次上，其灵魂走向上帝的旅程。它融合了中世纪基督教的许多思想，书中人物包括一系列著名诗人，如维吉尔，以及但丁失去的恋人贝缇丽彩。《神曲》之所以如此重要，除了文本内容之外，还因为它是用意大利语写成的，而当时几乎所有的作品都是用拉丁语或希腊语写就的。这意味着有更多的民众可以阅读它，它在很大程度上促进了世人的读写能力，开创了一个无障碍文学的新时代。

婚。和大多数中世纪的婚约一样，这纯粹是一个政治婚约——男孩才12岁，这场婚约将阿利吉耶里家族与强大的多纳蒂家族联系在了一起。尽管当时但丁还年轻，但有证据表明，他对这次订婚并不十分满意，原因很简单——他爱上了另一个姑娘。但丁九岁的时候第一次见到贝缇丽彩·坡提纳里（Beatrice Portinari），后来他声称那是一见钟情。尽管但丁对贝缇丽彩情有独钟，但据我们所知，他的爱是一场单相思，并没有得到她的回应。然而，这是一种持久的迷恋，这种迷恋将贯穿他的余生，贝缇丽彩出现在他的几首十四行诗和爱情诗中，而他的妻子却没有出现在任何一首诗中。贝缇丽彩在1290年早逝，这对坠入爱河无法自拔的但丁产生了深远的影响，他于是投身哲学和政治世界。

1289年，但丁参加了坎帕尔迪诺之战（Battle of Campaldino），与归尔甫派骑兵并肩作战，他对胜利的贡献将影响到他之后的生活。佛罗伦萨宪法的改革意味着任何想参与公共生活的人都必须加入该城的一个行会。但丁加入了医师和药剂师行会，但他对这些行会不太感兴趣，只是为了能在人民委员会任职。他后来也成为佛罗伦萨的六大最高行政官之一和"百人会议"的成员。尽管在这段时间里，但丁并没有取得任何特别有影响力的成就，但他深深地卷入了笼罩着佛罗伦萨不安定的政治旋涡之中。

> 也许但丁最为人熟知的名言是刻在地狱之门上的这句"入此门者，了断希望"。

归尔甫派在战胜吉伯林派之后又分成了两派，但丁加入了白派，他们希望摆脱罗马的影响获得更多的自由，而黑派则支持教皇。最初，白派只要求拥有权力，但教皇的回应却是计划军事占领佛罗伦萨。为了查明教皇的意图，一些代表被派往罗马，但丁也在其中。但丁在罗马的时候，黑派入侵，摧毁了城市，屠杀了敌人。由于但丁与白派的交往，他被认为是一个潜逃者——回到他心爱的佛罗伦萨城则意味着死亡，因此但丁注定要永远流亡。

但丁对政治越来越失望，他发誓要自成一派。虽然他以前曾出版过诗集，最著名的是《新生》（Vita Nuova），讲述了他与贝缇丽彩的爱情悲剧。流放使但丁有时间专注于他的艺术追求，正是在这些年里，他写下了一些他最有影响力的作品。1304年，他来到博洛尼亚，在那里开始了他的拉丁文论著《论俗语》（De Vulgari Eloquentia）。

1306年，当所有佛罗伦萨流亡者被勒令离开博洛尼亚时，但丁发现自己再次被驱逐，于是来到了帕多瓦（Padua），但在随后的几年里，他的下落不明，有些人甚至说他到了巴黎。1308年，卢森堡的亨利成为神圣罗马帝国皇帝亨利七世（Henry VII），但丁回到他心爱故乡的希望重新燃起。但丁希望亨利能恢复交战城市的秩序，统一教会和国家。然而，亨利于

▲ 在画家笔下，但丁经常身着红色衣服，因为红色是贵族专用的衣服颜色，以显示他们的财富和权力

1313年去世，但丁重返故乡的希望随之破灭，他于是回到维罗纳（Verona）居住。正是在这一时期，但丁开始创作他最著名的作品《神曲》（The Divine Comedy）。

但丁两次拒绝了对他的赦免，因为随赦免而来的是巨额罚款和羞辱性的惩罚。因此，他和儿子们被判死刑，罪名为反抗共和国的叛乱分子。尽管如此，但丁仍然希望他能通过工作获得尊敬，并荣归故里。在他最著名的史诗中可以看到许多关于流亡和痛苦的诗行。但是，但丁的确在拉文纳（Ravenna）过着宁静幸福的生活，在那里他和孩子们度过了最后的时光。在完成《神曲》后不久，但丁去世，可能是因为在威尼斯的外交出访时感染了疟疾。56岁的但丁被安葬在拉文纳的圣皮尔马焦雷教堂。后来在1483年，人们为纪念他建了一座但丁墓。

但丁的其他作品

《新生》

这本诗集收录了但丁的一些十四行诗和坎佐纳（Canzone）。诗集讲述了宫廷爱情的故事，缘起于但丁初见贝缇丽彩，高潮是她早逝，以及给他带来的影响。这本诗集结合了散文和诗歌来表现但丁个人的情感反应，在意大利语的使用上具有开创性。

《论帝制》（De Monarchia）

但丁用拉丁文写了这部关于世俗和宗教权力的论著，写于教皇和神圣罗马皇帝为争夺权力而激烈斗争的时期。但丁在著作中表示，两者的力量都来自上帝，因此一方不应统治另一方。

《飨宴》（Convivio）

这部未完成的作品共分四篇，是但丁对自己诗歌作品的自我评论。它在本质上比以爱为中心的《新生》更具哲理性，最初计划写作十五篇。

《诗句集》（Le Rime）

《诗句集》是但丁一生创作的许多诗歌的集合，涉及诗人许多存在主义的哲学思想。这些诗歌不是但丁自己挑选的，而是由现代批评家们共同收集和整理而成的。

《论俗语》

这部拉丁论著讨论了意大利方言，认为要想使意大利语成为一种严肃的文学语言，就必须把意大利宫廷语言和方言结合起来，同时还需要统一意大利的领土。

▲ 一幅描绘但丁和贝缇丽彩相遇的画作，尽管贝缇丽彩在24岁时去世，但她一生都是诗人的缪斯女神

---

① 坎佐纳，中世纪意大利或法国普罗旺斯的抒情歌谣。

中世纪的罪与罚

从轻微罪行到谋杀，中世纪的违法者面临着严厉的惩罚

对任何在中世纪触犯法律的人来说，后果都是可怕的。由于没有正式的警力或司法系统，处罚权掌握在当地人手中。由于没有中央监狱系统，所以罪犯被暂时关在当地监狱，牢房维护相当糟糕，以至于被拘禁者通常在审判前因病死亡。如果他们幸存下来，他们经常被整成残废或被扔进牲口棚里，这样当地人就可以教训违法者了。当然，如果罪犯掌握了一些当局需要知道的信息，他们会被带入刑讯室，这里会让几乎所有罪犯都招供。这些房间位于城堡深处，这样贵族就听不到受害者痛苦的尖叫声了。

拉肢刑架
臭名昭著的总裁判官托尔克马达（Torquemada）喜欢一种叫做刑椅的拉肢刑架。受害者被绑在木架上，当铁杆向相反方向移动时，他们的身体被拉扯，关节脱臼，造成极度痛苦。

烤脚
在嫌犯的脚上涂满油脂，然后慢慢接近燃烧的烈火，越来越烫，直到疼痛使其无法忍受。宗教裁判所是否使用过这种刑罚尚有争议。

犹大的摇篮
这个装置是由一个高凳和一个金字塔形的尖顶组成，嫌犯被扔上尖顶，被迫顶在上面来回摇晃，尖顶会刺入身体，造成不同程度的痛苦。宗教裁判所是否使用过这种刑罚尚有争议。

苦刑梨
这个梨形装置被插入选定的身体孔洞中，如嘴巴等。然后，这些分开的部分在受害者体内慢慢打开、伸展，以至撕裂皮肉。

头部压碎机
顾名思义，嫌犯的头被放在下面的一根金属棒和上面的一个盖子之间，然后转动并拧紧装置，使这两个部分慢慢地收拢。结果是造成剧烈的疼痛，以及不同程度的脑、颌和眼损伤。

灌水刑
嫌犯被放在一块木板上，堵住鼻孔，头被固定在低于脚的地方。强行被打开嘴巴后覆上一块布。然后把水倒在布上，模仿溺水的感觉。

亨利二世最终在12世纪统一了英格兰的法律体系，他是第一位从伦敦派遣法官到全国各地审理案件的国王——而在此之前的审判是通过所谓的"神明裁判"来完成的。这是一种极其粗糙的审判推理方式，被告被迫与原告抗争，胜者将被判为说真话的人。胜者被无罪释放，而输家得直面刑罚，不管谁是真的诚实。显然，在中世纪时身体强壮些是十分必要的。被告会受到水与火的裁判，如要被告抓住一根炽热的铁棍，或整个人被捆在水里。如果他们活下来，就证明了他们的清白。

在诺曼人征服盎格鲁-撒克逊人以获取财富的过程中，酷刑被广泛使用，拇指吊刑是欧洲大陆入侵者的最爱。在这个时代，犯下同样的过失，下层阶级常常被判有罪，而贵族则可略予申斥。这种不平等助长了民众的不满情绪，例如1124年，在英格兰一次大规模处决中，吊死了44名小偷。这种不满导致了1381年的瓦特·泰勒农民起义。尽管如此，酷刑还是很受公众欢迎，而且经常会吸引大量围观群众。如果一个臭名昭著的杀手被处决，甚至可以有公共假日。随着欧洲启蒙时代的到来，酷刑程度有所减轻。到1640年，英格兰正式废除了酷刑。

吊刑
这个装置的西班牙版本被称为滑轮刑。受害人手腕被绑在背后，人被安装在滑轮上的绳子吊到空中，使手臂脱臼，然后迅速放开绳子，循环往复，一系列快速坠落使受害者痛苦不已，让受害者身上负重可以加剧其痛苦。

异端尖叉
该刑具两端各有一个金属"叉子"，一个放在下巴下面，另一个抵住胸口。嫌犯不能睡着，也不能乱动，否则叉子会刺入身体，导致巨大的疼痛。

指夹
这个装置简单但有效，被用来压碎嫌犯的手指，从而逼迫他们坦白。每次转动螺丝时，它都会进一步拧紧，慢慢压碎手指。

嫌犯在审判前可能会被监禁数月，甚至数年，而且不会被告知对他们的指控。

黑死病之劫

黑死病的疫情使中世纪世界陷于瘫痪，
让我们看看它真实的故事。

在享受了几代人的阳光和温暖气候之后，欧洲经历了前所未有的人口激增，欧洲大陆上的人口比以往任何时候都多。在第一个千年之交，欧洲有2400万人，到1340年，这一数字已增至5400万。

所有国家都在农田的边缘开垦着森林，人口达到粮食供应的极限。然而，就在小冰期开始的时候，一个可怕的恶魔开始在大地上肆虐，一个世纪后，欧洲人口骤降到3700万。

这是一种致命的传染病，起源于中亚。它沿着人来人往的丝绸之路进发，1346年到达克里米亚，一路来到地中海和欧洲。这头怪兽用一百万条腿在潮湿的船舱、装满谷物的筒仓、磨坊、肮脏的街道和满是污垢的码头里疾驰，在未来的岁月里将蹂躏大地。

它从大黑鼠的背上跳下来，由感染鼠疫杆菌（Yersinia pestis）的跳蚤通过血液传播，在鼠疫患者剧烈咳出的血痰中茁壮成长。它随着淋巴液渗出，从人们的腹股沟和腋窝里发出恶臭。它猛烈无情地袭击，几天之内就能摧毁一个城镇，几小时之内就能消灭一个家庭。

虽然我们现在称这场在14世纪中叶使欧洲屈服的大流行病为"黑死病"，但当时人们用另一个名字来称呼它——瘟疫，是世界末日的绰号。随着百年战争席卷西欧，东欧则与不可阻挡的钦察汗国发生冲突，饥荒开始在那些粮食不足以供给人口的国家出现，接踵而至的是迅速蔓延的疾病——随之而来的是死亡——全世界都知道瘟疫就在身边，很多人担心世界末日即将来临……

瘟疫笼罩在神秘之中，即使是现在，研究人员仍然在争论这种疾病怪兽横穿欧洲大陆的路径。可以肯定的是，它起源于欧洲大陆的东端，在冲到卡法（Caffa，现在乌克兰的费奥多西亚，Feodosiya）、西西里岛和南欧之前，它一直在蒙古帝国中穿行，而在袭击法兰西和英格兰

时达到了顶峰。

科学家们一致认为，这种疾病怪兽的主要武器是腺鼠疫，一种由受感染的跳蚤携带的细菌性疾病，这些跳蚤寄生在非洲大陆随处可见的黑鼠身上，也存在于其他类型的啮齿动物、兔子和有时像猫科动物这样稍大的哺乳动物身上。

导致疾病的鼠疫杆菌是一种相当凶险的菌种，它会感染跳蚤的血液，然后在前胃（跳蚤胃前的瓣膜）内造成血液和细菌的积聚。这种积聚意味着，当饥饿的跳蚤叮咬下一个受害者时，它胃里的高压会迫使一些吸入的血液回流到伤口中，同时也会迫使成千上万的细菌细胞聚集到前胃中来。

然后，这群鼠疫杆菌会沿着受害者的淋巴管从伤口进军最近的淋巴结。一旦到了那里，细菌就会开始全面占领淋巴结，淋巴结会肿胀、变硬并渗出一种腐臭的脓液。大多数人的感染是因为腿被跳蚤咬了，这通常影响的是腹股沟的淋巴结。这些肿大的淋巴结被称为腹股沟淋巴肿块，是瘟疫的主要症状。这些丑陋的肿块从葡萄大小到橘子大小不等，任何肢体动作都会触发让人无

▲ 17世纪初治疗瘟疫的医生

病亡或治愈

许多草药疗法被认为对黑死病有效。患者需要定期服药，根据患者的收入决定他们的处方——可以是碾碎的绿宝石，也可以是用刚下的蛋的碎蛋壳与切碎的金盏花、麦芽酒和糖浆混合制成的溶液。糖浆是这个配方中的关键药物，据说它必须存放10年之久才能发挥功效。另一种有效的治疗药物是尿液，人们普遍认为每天饮用两杯可以增强体质、抵御疾病。

治疗腹股沟淋巴肿块是一件棘手的事情。恐惧迫使人们相信可以通过先把面包按在疖子上，然后把它埋到地下来消除瘟疫。还有更不可思议的方法：把一只活母鸡绑在肿大的地方，然后冲洗干净，再不断重复来消除瘟疫。医生后来发现，在患病的早期阶段，刺破腹股沟淋巴肿块，引流脓液，然后涂抹药膏相对有效。这些药膏通常由松香、白百合根、干燥的人类排泄物、砷或干燥的蟾蜍制成，根据手头拥有的材料适当增减。温和一些的药膏由煮熟的洋葱以及黄油和大蒜混合制成。其他的疗法还包括用水蛭或切口进行放血，以及涂抹黏土和紫罗兰。在大多数情况下，由于"黑死病"被认为与瘴气有关，因此最好的预防措施是随身携带装有芳香植物和香料的香包（或称为"香丸"的香水球），并在家中用它们熏香。大多数人认为他们唯一的选择是禁食、祈祷并加入鞭笞者兄弟会（the Brotherhood of Flagellants），忏悔自己的罪过，并杀死可疑的女巫或在井里下毒的人，同时等待土星移出木星宫。

> **在农耕时代，这是一个惊人的损失，当时国家的大部分财富都在土地上。**

法忍受的疼痛。

不过，在腹股沟淋巴肿块出现之前，受害者身上会有轻微的预兆。首先会出现流感的症状，紧接着是高烧。在一两天内，身上会出现"上帝的标记"，即小的圆形皮疹，也被称为玫瑰疹，这种皮疹会蔓延到全身，在被感染的淋巴结周围尤其多。该症状是由薄血管壁和内出血引起，这是鼠疫的确定信号，表明你不仅仅是得了重感冒，正如莎士比亚所说："瘟疫一旦导致斑疹，死亡已成定局。"一旦腹股沟淋巴肿块化脓，病情往往急转直下。随后会出现腹泻和呕吐，腹股沟淋巴肿块破溃引发败血症性休克，进而导致呼吸衰竭和肺炎，夺取最后一丝生机。两周内，五分之四的感染者死亡。

来自意大利锡耶纳的编年史家阿尼奥洛·迪·图拉记录了当时的恐怖景象："我不知道该如何描述它的残酷。几乎每个亲眼看到的人都悲伤不已。人的语言无法讲述这种可怕的事情，那些没有看到这种恐怖景象的人可以被称为有福。病人们几乎立即死亡，他们的腋下和腹股沟处会肿胀起来，说着话的时候突然就死掉了。父亲抛弃了孩子，妻子离开了丈夫，兄弟互相抛弃。所有人彼此逃离，因为似乎疾病可以通过呼吸和眼神传播。他们就这样死了，人们甚至找不到人去将他们埋葬，此时金钱和友谊都不管用了。"

面对瘟疫和也许即将到来的末日，法国国王腓力六世委托巴黎大学医学院查找邪恶的根源，以便将其根除。这些教授没发现什么好办法，因为他们把这场悲剧归咎于土星、火星和木星在宝瓶宫的会合，以及土星进入木星宫的位置——没有什么可以挑战宇宙的意志。当时，木星被认为是温暖潮湿蒸汽的来源，而炎热干燥的火星则将其点燃。这些瘟疫的雾气被认为形成了一种被称为瘴气的浓重臭气，由火山喷发的硫黄和导致地震的愤怒力量混合而成。

人们认为这种气体是黑死病的罪魁祸首，于是放弃了洗澡（因为洗澡会让毛孔张开，便于瘴气进入人体），把自己关在封闭房间里，墙上挂满厚厚的挂毯，以便阻挡有毒的空气，人们还带上花束和香盒来压住这股邪恶的臭气。但这些都救不了他们。

1346年，据说东方的瘟疫正在肆虐，那里的人们经历着《圣经》上记述的灾难——青蛙和蛇如雨般落下、冰雹、恶臭的烟雾和雷声此起彼伏。钦察汗国的蒙古人此时袭击了黑海北岸的一个岛屿港口城市卡法。蒙古铁骑准备通过一场持久战攻下这座城市，这时黑死病袭击了他们的大部队。忽然间，他们的攻城队伍开始瓦解。随后发生的是人类已知的第一次生物战：蒙古铁骑旋即撤退并返回东部，临走之前，他们收集了病死者的尸体，并将其通过石弩弹射到卡法的城墙内。

瘟疫立即袭击了欧洲，尽管其横越亚洲花了15年的时间，但它在不到5年的时间内几乎摧毁了欧洲。随着蒙古人战败回家，黑死病在黑海沿岸蔓延，并直接穿过拜占庭帝国（现代保加利亚南部）。1347年，就在金雀花家族的琼（Joan of England）离开英格兰，与卡斯蒂利亚的佩德罗王子（Prince Pedro of Castile）结婚并结成政治联盟时，黑死病已经抵达地中海，并在西西里岛袭击了墨西拿（Messina）。这里受惊的农民们开始意识到，这个怪兽来自海上，于是开始

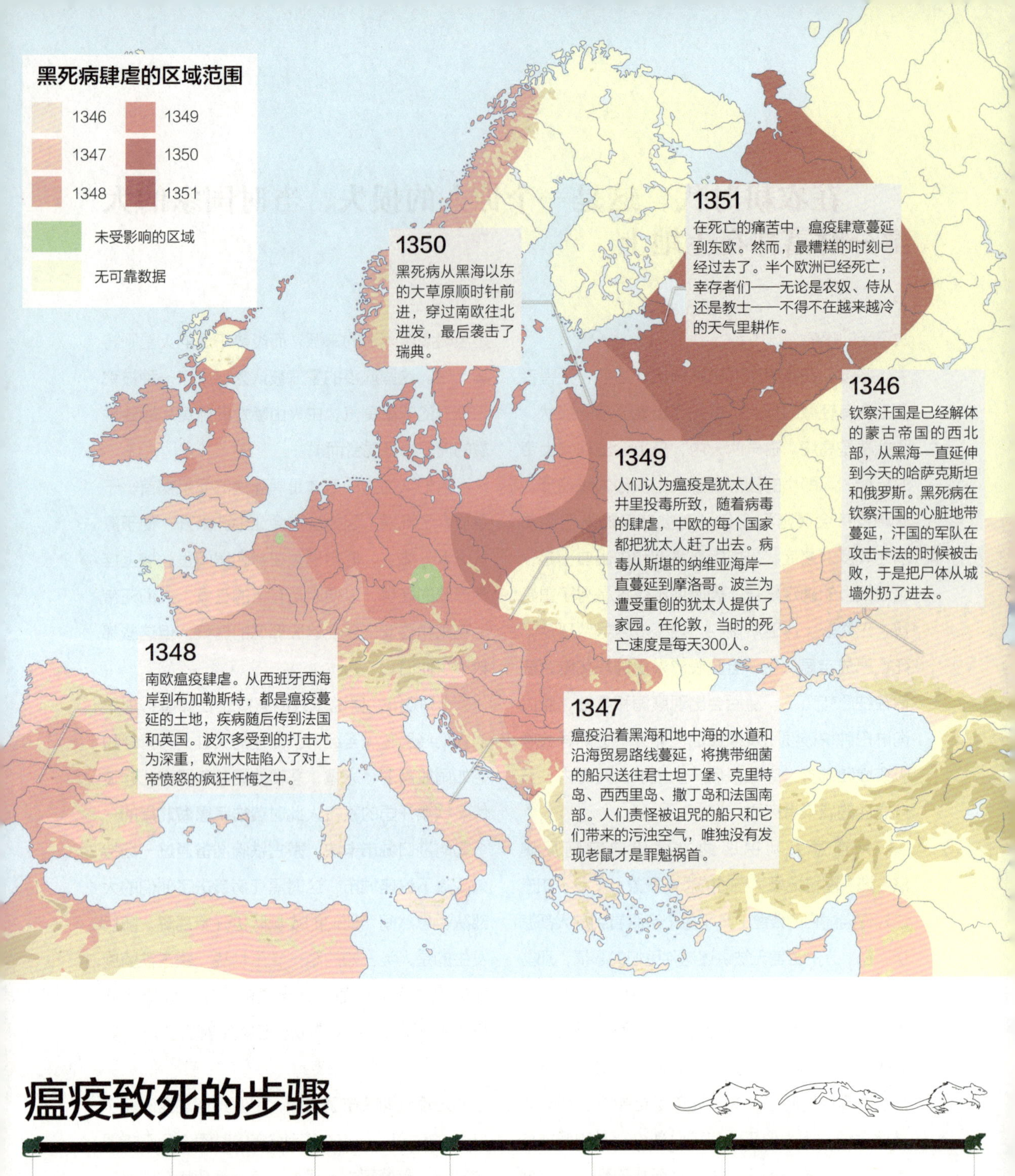

黑死病肆虐的区域范围

- 1346
- 1347
- 1348
- 1349
- 1350
- 1351
- 未受影响的区域
- 无可靠数据

1350
黑死病从黑海以东的大草原顺时针前进，穿过南欧往北进发，最后袭击了瑞典。

1351
在死亡的痛苦中，瘟疫肆意蔓延到东欧。然而，最糟糕的时刻已经过去了。半个欧洲已经死亡，幸存者们——无论是农奴、侍从还是教士——不得不在越来越冷的天气里耕作。

1346
钦察汗国是已经解体的蒙古帝国的西北部，从黑海一直延伸到今天的哈萨克斯坦和俄罗斯。黑死病在钦察汗国的心脏地带蔓延，汗国的军队在攻击卡法的时候被击败，于是把尸体从城墙外扔了进去。

1349
人们认为瘟疫是犹太人在井里投毒所致，随着病毒的肆虐，中欧的每个国家都把犹太人赶了出去。病毒从斯堪的纳维亚海岸一直蔓延到摩洛哥。波兰为遭受重创的犹太人提供了家园。在伦敦，当时的死亡速度是每天300人。

1348
南欧瘟疫肆虐。从西班牙西海岸到布加勒斯特，都是瘟疫蔓延的土地，疾病随后传到法国和英国。波尔多受到的打击尤为深重，欧洲大陆陷入了对上帝愤怒的疯狂忏悔之中。

1347
瘟疫沿着黑海和地中海的水道和沿海贸易路线蔓延，将携带细菌的船只送往君士坦丁堡、克里特岛、西西里岛、撒丁岛和法国南部。人们责怪被诅咒的船只和它们带来的污浊空气，唯独没有发现老鼠才是罪魁祸首。

瘟疫致死的步骤

● **流感症状**
黑死病开始的时候像重感冒一样，伴随着疼痛、寒战和发烧。

● **上帝的记号**
几个小时后，感染的淋巴结周围出现红色的圆形皮疹。

● **腹股沟淋巴结肿起**
一两天内，淋巴结变黑，肿胀到橘子大小。

● **呕吐**
严重的体液流失，包括血液在内，伴随恶化了的腹股沟淋巴肿块一起发生。

● **败血性休克**
感染后两到三天，败血性休克和肺炎常常袭击受害者。

● **呼吸衰竭**
由于受到攻击，身体的核心系统开始失灵。

● **死亡**
通常在两到四天内，瘟疫就能夺走病人的生命。

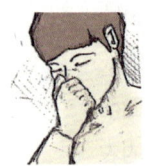
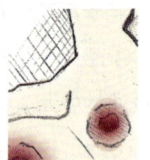
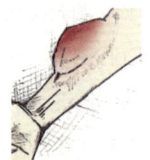
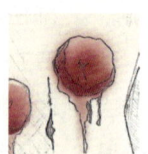

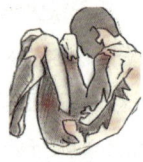

随着死亡率的上升和妇女对遗产的索求，年轻的贵族变得和穷人一样囊中羞涩。

拒绝船只进入港口，但已经太迟了。

来自热那亚和君士坦丁堡的商船把瘟疫带到了意大利，在那里，瘟疫在受感染的河流、运河和街道上来回传播。到1348年，威尼斯每天有600人死亡；罗得岛、塞浦路斯和墨西拿都已经沦陷。黑死病入侵的步伐加快，然后猛烈袭击了欧洲的中心，马赛60%的人口和巴黎一半的人口丧生。死亡人数如此之高，波尔多市长甚至放火烧了港口，考虑到这个时候的人们害怕毒蛇和毒雾更甚于老鼠，这是一个非常有先见之明的举动。

当时英国的情况稍好一些。黑死病于1348年抵达英格兰南部海岸，主要途经布里斯托尔、韦茅斯和伦敦等港口。到1349年春天，黑死病夺走了50%的人口，伦敦每天的病死者达到了300人左右。

在农耕时代，这是一个惊人的损失，当时国家的大部分财富都来自土地。金色的庄稼地没有农民来耕种，骑士和教士汗流浃背地劳作——这导致了自耕农这一新阶级的壮大，没有农奴的地主被迫把他们的产业租给幸存的农民，劳动力在严重的通货膨胀下供不应求，农民第一次独立了。这释放了资本，使之具有更强的流动性，导致了原始资本主义的诞生，但同时也导致了英格

▲ 一幅描绘瘟疫患者在神殿外得到照料的法国画作

据估计，瘟疫夺走了欧洲人口的40%至50%——约2000万人。

兰"失落的村庄"的泛滥。

除了疾病致使人口锐减，富人的财富也通过遗产的方式进入了寡妇们的腰包，这些寡妇有权拿到去世配偶收入的三分之一。随着死亡率的上升和妇女对遗产的索求，年轻的贵族变得和穷人一样囊中羞涩，也没有更好的办法抵御瘟疫。在黑死病之前，英格兰长期的人口过剩意味着劳动力市场最初并没有受到大的影响，但到了下一代，也就是14世纪70年代，劳动力市场出现了严重短缺。这导致英格兰政府通过越来越严格的规定来抑制工资上涨，并最终导致1381年的瓦特·泰勒农民起义。欧洲其他地方也是如此，黑死病的影响导致了法国札克雷暴动（1358年）和意大利的梳毛工起义（Revolt of the Ciompi，1378年）。

尽管神职人员能安慰人心，但宗教对黑死病却无能为力。教堂里的牧师往往是最类似于医生的人，因上帝造人，人体神圣，他们无法进行尸检，从而无法了解确切的死因。害怕瘟疫的神父拒绝举行最后的仪式，并敦促人们互相忏悔即可。葬礼也同样被废弃，尸体堆成几层埋葬，每层之间都只有一点点泥土，有经济头脑的农民开始赚点收尸的小钱。

最后，神职人员拒绝尸体入城。由于死亡已经太过常见，于是丧钟不再敲响。1348年，一个更大的宗教威胁出现了。鞭笞者兄弟会在德国兴起，他们带领1000人在德国游行33天半（为了纪念救世主在世上的岁月），用镶有铁钉的皮带残忍地鞭打自己，向上帝展示他们的忏悔，并希望从上帝的愤怒中以此寻求保护。他们有着像现今摇滚明星的地位，许多人伸出手去接他们神圣的伤口中飞溅出来的血滴。

到1349年，这场运动已经逐渐消失，成为一种从众效应的牺牲品，太多不称职的会员和流浪汉损害了鞭笞者兄弟会的名声，但这场运动对公众感情的影响是深刻的。面对世界末日，极端基督教意识形态的强化激起了欧洲各地的反犹太浪潮，犹太人受到前所未有的迫害。

由于犹太人与神秘的卡巴拉（Kabbalah）[①]，以及巫术（black magic）联系在一起，生活在欧洲的250万犹太人成为当时巫术和邪恶行径的主要嫌疑人。他们在公元1000年成为强大的跨国商人后，此时进入了衰退期，终于，在公元1500年由意大利商人取代了犹太人的经济地位。散布在欧洲各地、四处游荡的犹太人被指控从蛇皮、蜘蛛、蜥蜴和青蛙中提取毒素，甚至用基督徒的心脏和圣饼酿造毒药，然后下井投毒，传播疾病。

在严刑拷打下得到的虚假供词，例如1348年瘟疫最严重时犹太人阿吉米特（Agimet）的供词，当然没有起到任何好的作用。1349年的情人节那天，在斯特拉斯堡，2000名犹太人被烧死在墓地里。这一罪行在德国和瑞士的其他城市一再重现，促使犹太人在欧洲大规模移民。

他们逃到波兰，因为国王卡齐米日（King Casimir）爱上了一名犹太女子，因此向她情人的同胞打开了国家的大门，他们在那里可以一直待到大屠杀结束。当犹太人在逃避人为的杀戮和破坏时，疾病本身正逐渐消亡。瘟疫于1350年到达瑞典，当它抵达俄罗斯时，法国和英格兰的

[①] 卡巴拉，是犹太教中的一种神秘主义学说。——编者注

▲ 鼠疫受害者的葬礼通常在晚上举行，这样能尽量减少与其他人的接触

瘟疫已经差不多结束了。

历史学家们从未就到底是什么结束了疫情达成一致。隔离、进步的卫生条件以及往返欧洲的人数减少都被认为起了作用。由于大规模人口减少和对疫病肆虐的贸易路线的恐惧，人口的流动性大大降低。据估计，这场瘟疫夺走了欧洲40%—50%的人口——约2000万人。相比之下，1918年第一次世界大战结束后的西班牙大流感（此时欧洲人口数量之多今非昔比）夺去了5000万人的生命。在此之前从未有过如此严重的传染病席卷欧洲大陆。

有一首童谣传唱至今，一些人认为它承载了瘟疫那段可怕历史的印记（尽管民俗研究者强烈不同意），在潜意识中言说了幸存者深远的心理创伤："围着玫瑰转啊转。口袋满是花瓣，花瓣飘，花瓣飘。我们都跌倒。"在患病初期，病人的皮肤上会长圆环状的玫瑰色红疹，而且人们经常携带芬芳的干花来抵挡伴随着瘟疫的恶臭。许多人不知道怪兽的真实本性，认为黑死病是一种由空气中的瘴气引起的恶性疾病。因此，人们在家里摆放波斯菊，用其焚香，人们拒绝洗澡（因为洗澡会打开毛孔），甚至还把尿液洒在自己身上来增强抵抗外界有毒空气的能力。这首童谣据猜测就反映了这一事实。

历史学家认为，1666年的伦敦大火消灭了黑鼠，这才是唯一拯救英格兰免于完全毁灭于黑死病的事件。欧洲用了150年的时间才完全恢复，那些幸存下来的人相信他们经历了世界末日。

在黑死病之后的一个世纪里，战争、死亡和饥荒也十分猖獗，这四种灾难被比喻为四位骑士，整个欧洲都在他们的铁蹄下俯首称臣。对极度迷信、敬畏上帝的民众来说，他们完全无力自卫，这是一段永远不会被遗忘的地狱般的经历。

中世纪是如何塑造世界的

从印刷机到长弓,中世纪把文明从古代带到了现代。

公元476年西罗马帝国的灭亡彻底改变了欧洲,奥多亚塞推翻了西方最后一位皇帝罗慕路斯·奥古斯都。随着西哥特人、汪达尔人(Vandals)、法兰克人、撒克逊人和维京人开始发挥他们的影响力,自罗马兴起以来几个世纪的中央集权统治分崩离析。这个时代被许多人认为是黑暗时代:嗜血的野蛮部落横冲直撞,天主教会完全控制了宗教和政治。虽然罗马帝国的体制消亡,社会变得更加动荡,但从罗马人的衰落到文艺复兴的开始,这一时期对旧世界的发展至关重要。欧洲的新居民既是侵略者也是殖民者。

中世纪的各项进步广泛地传播开来。因领土和宗教引发的战争数量之多使得军事技术飞速发展。例如,十字军东征使西欧社会与伊斯兰世界以及拜占庭帝国接触,这两个地方当时都正经历着黄金时代。尽管战争带来伤亡,诸如导致全世界7500多万人死亡的黑死病等致命流行病也造成了无可挽回的生命损失,但社会、医学和经济等方面还是得到了不同程度的发展。随着罗马帝国的解体,文化身份出现了,许多地区开始构建起将在未来为人们所熟知的民族习惯和社会习俗。到了文艺复兴时期,随着人口的增长、社会习俗的形成、城市的繁荣和现代国家的建立,中世纪世界已经成功地脱离古典时代。新世界的发现之路和欧洲殖民扩张的时代呼之欲出。

> 在公元1000到1350年间,欧洲的总人口几乎翻了一番,在一些地区甚至翻了两番。

▲ 描绘14世纪50年代中世纪大学课堂的画作

由于有了印刷机的技术，截至1500年，欧洲14个国家印刷了40000本书。

科学与技术

中世纪的发明创造帮助西方世界走出罗马帝国的阴影，迈向文艺复兴的启蒙时期

贵的进步，连同马项圈、作物轮作和风车的使用，极大地提高了粮食产量，而潮汐磨坊的发明则为水库提供了清洁的饮用水，这些都是中世纪知识进步的体现。在1315—1317年的黑死病和大饥荒期间，这些发明可以说是无价之宝。

机械钟现在已经司空见惯，但它在中世纪是革命性的发明。发明于13世纪的钟摆驱动着这个装置，它会在每一小时发出一次声音，而不是告诉人们一天中的确切时间。随着时间的推移，另一个至关重要的发明是印刷机。15世纪40年代，约翰内斯·谷登堡发明了印刷机，它可以大量印刷文本，这意味着文化和知识的传播速度比以往任何时候都要快得多。印刷技术得益于早先发明的纺纱轮，纺纱轮提升了布料的产量。眼镜通常不会与中世纪联系起来，但许多人指出第一枚光学镜片是由修士罗杰·培根（Roger Bacon）在1268年记录下来的。这些早期的光学知识建立在第一面镜子背后的科学基础上，最初只有修士才知道，但它们被越来越多的学者所接受，并与印刷机以及其他知识一起，向前所未有的多元的社会阶层传播开来。

教会的重要作用使《圣经》成为第一知识来源，但大学和修道院一样，也是学习的中心。在11世纪落成的意大利博洛尼亚大学（University of Bologna）被认为是世界上最早的大学之一，神学、法律、医学和文学的教学培养了受教育的群体，特别是中产阶级。即使远离大学，农民对他们的工作也变得更加熟练，皮革和金属制品等行业蓬勃发展。尤其是铁匠助推了新兴的采矿业，中世纪对煤炭开采重新产生了兴趣，这有助于缓解对木材燃烧的依赖，尤其是对16世纪经历了能源危机的英国。除了欧洲的发明外，中国的指南针和舵等工具也被引入和使用，这使得旅行和殖民变得更加方便快捷。

封建制度对整个中世纪都有深刻影响，促生了许多发明，既有对古代思想的继承和发展，也有全新的设计。随着人口膨胀，支配罗马世界的奴隶制度不复存在，人们对食物的需求不断增加。重型犁是一项改变了农业世界的发明，因为它让北欧那些难耕的土地变成了可耕地。这一宝

▲ 阿金库尔战役是百年战争的转折点,也是法国在百年战争中惨败的战役

战争和武器

从板甲到最早的火器,战场在中世纪发生了革命性的变化

中世纪充满了战争、战役和小规模战斗。骑兵首次被广泛使用,骑马和穿着板甲的骑士是中世纪战场的"坦克"。战马是军队的必要装备,它们践踏敌人的步兵和弩手。战马的影响力随着马蹄铁和马镫的普及而增强,马蹄铁增加了战马在战场上的威力,马镫能有效防止骑手落马。

这一时期的主要冲突之一是百年战争,从1337年到1453年,战争此起彼伏,一系列战役使长弓声名远扬。弓箭手主要来自威尔士和英格兰,长弓的速度比弩快得多,并有助于减少重骑兵在战场上的部署,因为箭头能过穿透锁子甲和板甲。在中世纪之后的战争冲突中,例如17世纪的三十年战争(这仍然是历史上最具破坏性的战争之一),轻骑兵的运用更为广泛,第一批被称为火枪的火器也开始投入使用。它们显得笨拙、缓慢,有时甚至毫无效果,但却为未来战争的武器发展提供了借鉴的思路。

火枪和其他原始火器是对加农炮这样的中世纪武器的发展。14世纪,火药从东方引入欧洲,永远改变了战争的进程。在发明加农炮之前,袭击城堡和设有防御墙的城镇的主要武器是投石机和冲车等攻城武器,攻方还使用过众多战术手段,如挖掘城墙地基使其坍塌,切断城内粮草供应和在城堡内传播疾病。火药的出现改变了这一切,它能轻轻松松把城垛炸成碎片。这使人们开始建造更为坚固的同心城堡,以及威力更大的大炮,如奥斯曼帝国早期发明的大型炮弹。

如果不是在冶金学上取得重大进展的话,许多新式武器就不可能被发明出来。古代的制铁技术得到了改进,剑、斧和箭头变得越来越结实和锐利,从而拥有了更强的打击力和穿透力。这些是用鼓风炉锻造出来的,因而质量更好。这时的军队比以往任何时候规模都大,一个新的战争时代即将到来。

运输和贸易

在没有中央政府的情况下,人们进行了广泛的探索

中世纪的欧洲是一个热衷于旅行的社会。无论是为了寻找财富、寻找生存空间还是逃避追捕者,通往不同领土的边界几乎总是开放的。除了加洛林帝国之外,没有出现任何控制广大疆域的中央政府,所以一些族群总是在流动。也许最伟大的流动者是维京人,他们占领了从伊比利亚半岛到君士坦丁堡的土地,甚至最早到达了新世界。他们标志性的维京长船使得这一切成为可能,长船设计精良,不仅有穿越大西洋的能力,而且同样便于在河流中发动快速突袭。维京人西进的成功与马可·波罗东进的成功不相上下。这位意大利商人从1271年到1295年的旅程加强了欧洲与中国的联系,并使西方了解了丝绸,从而使传奇的丝绸之路更为繁忙。

中世纪欧洲的道路网发展得不好,主要依靠罗马帝国遗留下来的陈旧道路。马和马车是最好的交通工具,富人多坐轿子或马车出行。水路交通取得了巨大的进展,新型舵、帆和罗盘的结合使海上航行变得非常高效。这些进步,加上航海图、锚和海上补给等设备的改进,把海上航行从罗马桨帆船时代的沉寂中解放出来,进入到了满是加利恩帆船(galleon)、卡拉维尔帆船(caravel)和福禄特帆船(fluyt)的舰队时代。欧洲海军开始在全球海洋探索和战争中占据主导地位。

▼ 威尼斯的造船工艺使这个城市拥有了一支巨大的海上力量

社会与法律

随着封建制度的建立，欧洲的法律和秩序体系业已形成，但还不太稳定

> 15世纪末，农奴制在欧洲已经基本消亡，但俄罗斯直到1861年才废除农奴制。

封建制度统治着中世纪的欧洲。君主在金字塔的顶端，由领主和骑士支持，他们同时保护和管理农民。农民分为熟手和生手。人们围绕领主居住，领主住在城镇中心的庄园或城堡，领主保护当地居民，而居民则需要在领主的田地里劳作。

农民或农奴的权利是有限的，但贵族有权要求君主制定各种规章制度。例如，在英格兰，约翰王在1215年被迫签署了《大宪章》，这限制了国王在税收方面的权力，迫使他尊重司法。这是一个转折点，因为这是国王的权力第一次受到法律的约束。一个多世纪后，1381年6月的瓦特·泰勒农民起义使英格兰四分五裂，一支农民军队向伦敦进发。黑死病和为支持百年战争而征收的人头税可以说榨干了他们最后一滴血，他们感到十分愤怒。起义最初对农民来说并没有带来太大的改变，但后来人头税得以废除；起义还给贵族阶层好好上了一课，贵族们开始认识到，团结起来的民众完全具有对抗精英阶层的力量。

中世纪的女性在社会中的地位被认为不如男性，但她们在中世纪生活中仍然扮演着关键的角色。许多女性在狩猎、医药、工具制造或演奏音乐方面都和男人一样优秀。这个时代有许多著名的女性，如圣女贞德和阿基坦的埃莉诺。教会是一个经常凌驾于法律之上的机构。宗教在中世纪生活中起着重要作用，天主教会在宗教改革之前一直是占主导地位的机构。投入教会的资金使它能够教授拉丁语，在政府中发挥重要作用，并建造了巨大的主教座堂，它们是这个时代最宏伟的建筑。

中世纪末期，百年战争和玫瑰战争的影响改变了社会，宗教改革和文艺复兴削弱了教会和封建制度的权力。虽然我们今天意义上的政府在那时并不存在，但是中世纪的公社确实赋予人们每年投票选举委员的权利。

▶ 瓦特·泰勒农民起义是由黑死病和苛刻的人头税带来的动荡引发的

▲ 查理曼统一了西欧，并为法国、比利时、荷兰和德国的未来身份埋下了种子

加洛林文艺复兴

查理曼在西欧建立了强大的法兰克帝国，一个新的学习时代随之到来

文艺复兴通常被认为始于中世纪末期，但在这一公认的复兴时期之前，已出现一些启蒙时期。最突出的是由著名的法兰克国王查理曼推动的加洛林文艺复兴，他提倡复兴艺术、教育和文化。

例如，在公元789年，查理曼规定每一个修道院必须有一所男孩学校，因为他认为在他的帝国里，人们越来越忽视学习。这些改革促进了书籍和手抄本的传播，这是几个世纪后印刷机发明之前最快的文本流通方法。查理曼帝国的首都是艾克斯拉沙佩勒［Aix-la-Chapelle，现在的亚琛（Aachen）］，他的宫殿模仿罗马风格，让人回想起罗马时代。他的帝国经常与北海的维京人和撒克逊人进行贸易，这让法兰克人得到了刀剑、陶器和玻璃，他们还与南部的威尼斯商人做生意。其中影响最持久的是法国货币的标准化。君主政权控制了帝国的所有造币厂，这一制度非常完善，后来被麦西亚国王奥法采用，在英格兰一直沿用至20世纪。

这种新的教育可能只提供给上层阶级中的一小部分贵族，但随着时间的推移，教育将渗透到社会的其他阶层。查理曼于814年去世，他的帝国开始崩塌，中世纪的学习热潮再次减弱。然而，皇帝的工作已经完成，这个短暂的启蒙时期已经成为西欧发展的基础。

医学

> 黑死病对中世纪欧洲的打击很大,但从长远来看,
> 它促进了医学的发展

中世纪医学完全无法应对黑死病造成的大规模死亡,但从疫情中学到了知识。欧洲最大规模的疫情暴发出现在1348年和1350年,仅在英格兰就有约150万人死亡。隔离于1377年首次在拉古萨共和国(Republic of Ragusa,现在的克罗地亚杜布罗夫尼克)实行,让受感染者远离公众,减少疾病在病程中的传播。尽管这是基于瘴气的错误观点,即疾病是由有毒的空气或蒸气传播的,但它确实将死亡降到了最低,并为进一步的医学理论的发展打开了大门,最终在19世纪形成了路易斯·巴斯德(Louis Pasteur)的细菌理论。

尽管如此,在中世纪,由于城镇往往肮脏不堪,疾病猖獗,医疗水平很差。像颅骨穿孔术和放血疗法这样的治疗方法常常会让病情恶化,盲目依赖宗教来治疗人们的疾病也是如此。与此同时,个人卫生水平和医学知识在伊斯兰世界和拜占庭帝国都有了很大的提高。伊斯兰世界在其主要城市建有"病坊"(Bimaristan),并且有一部30卷本的医学百科全书《医学集成》(*Al-Hawi*)问世;拜占庭帝国在其首都君士坦丁堡设有收容院(xenon),相当于医院和庇护所,确保病人得到最好的施治。

▲ 中世纪医学造成死亡的人数超过了救治人数,通过黑死病,人们艰难地认识到了这一点

书面语言

乔叟和其他文学作品体现了欧洲人读写能力的巨大飞跃

▲ 乔叟的《坎特伯雷故事集》围绕着英格兰人的生活展开，是最早描写普通人生活的作品之一

加洛林帝国之前，所有的手稿，无论是希腊文还是罗马文，都是用大写字母写成的，而且没有空格。这一切都在9世纪发生了变化，加洛林小草书体引入了小写字母和空格。这是书法的巨大飞跃，也是查理曼教育改革的一部分，至今仍然是单词和句子的基础。15世纪印刷机的出现，使第一批标点符号在欧洲传播开来，帮助更多的人学习阅读和写作。在英格兰，这一时期的主要文本是杰弗里·乔叟的《坎特伯雷故事集》。这部作品是一部史诗，讲述了一群朝圣者前往坎特伯雷大教堂的旅程，是最早用英语写成的书籍之一，让不懂拉丁语或法语的普通民众也能阅读。这本书首次收录了今天使用的许多英语单词，并成为后来英语文学的标杆。因为描写的是普通人的生活，这本书让读者也能够真切理解故事里的人物角色。中世纪的另一个首创是书中的插图。古代的插图大多是说明性的图解，但在中世纪，用图画来补充文字变成了常态。插图的使用帮助那些不识字的人理解书籍，这无疑是如今报纸、书籍和杂志中插图的最初实践。

> 乔叟活着的时候已经成名，是第一位葬在威斯敏斯特大教堂诗人角（Poets' Corner）的诗人。

▲ 以前的故事需要记忆和背诵，现在人们把故事写下来并配了图

货币与经济

银行业和城市化的诞生可以追溯至中世纪

银行家们需要感谢中世纪。我们今天知道,银行业最早始于中世纪。汇票的产生是为了避免人们携带铸币在漫长而危险的旅途中可能遇到的风险。中世纪甚至还有储蓄银行,这与我们在21世纪把钱存进储蓄账户或购买债券非常相似。百年战争再一次推动了这一发展,漫长的战争催生了第一种政府债券,用来维持经济在严重债务的影响下继续运转。

经济和公共卫生的双重发展推动了日益明显的城市化进程。伦敦、巴黎和米兰这样的城市最早在中世纪崭露头角,到10世纪,君士坦丁堡的人口已经多达80万。城镇的快速建设与12世纪70年代独轮车的发明、石匠技巧的不断纯熟,以及自流井(Artesian Well)的日益增多密不可分。自流井可以不用抽水就使水从地上冒出。从长远来看,黑死病实际上推动了经济的发展,因为劳动力短缺意味着幸存者可以选择他们为哪个领主工作。因此,贵族们需要争相提高工资待遇,这提高了农奴在社会中的地位。黑死病的一个负面影响是引发了"责怪文化"(blame culture)。当人们发现祈祷似乎对减轻腹股沟淋巴肿块的疼痛没有任何作用后,对正统宗教的信仰大打折扣,基督徒开始把他们的不幸归咎于犹太人。犹太人逃到东欧,直到纳粹主义的兴起和恐怖大屠杀的来临。

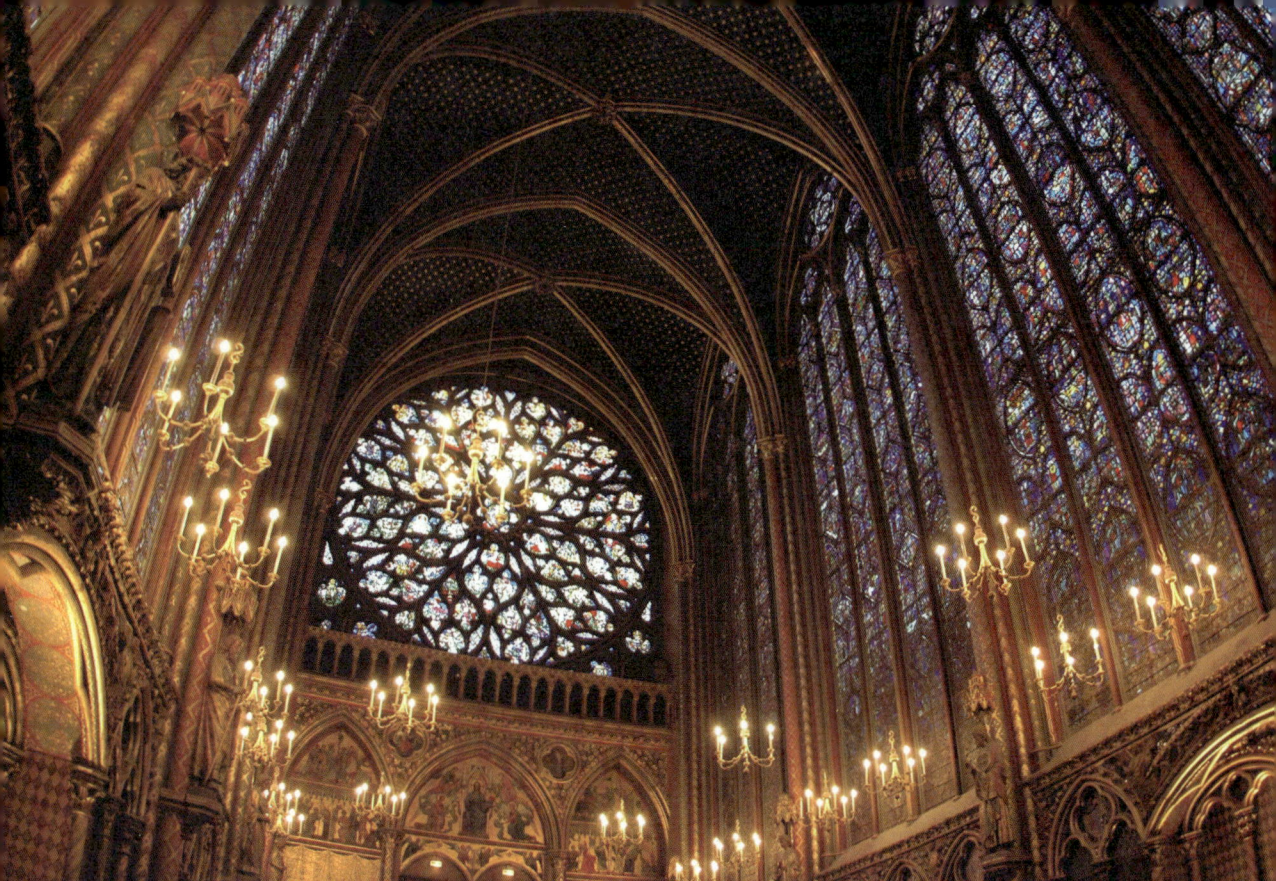

▲ 圣礼拜堂（Saint-Chapelle）是中世纪盛行的哥特式建筑的典范

文化

从主教座堂到音乐，中世纪的社会并不羞于表达自己

伊斯兰世界一度远远领先西欧，甚至在娱乐方面也是如此。象棋最早于6世纪出现在印度，后来在波斯传播，15世纪传入欧洲，并演变成我们今天看到的棋盘和棋子。油画最早也出现在中世纪，佛拉芒画家扬·范·艾克（Jan van Eyck）是开创油画的先锋。他的作品是文艺复兴时期已知最早的绘画作品之一，影响了几代伟大的欧洲画家。游吟诗人的歌谣发展成为多唱段的歌曲，音乐的复杂性提高了。

伊斯兰哈里发统治的区域在医学上领先于欧洲，十字军东征和收复失地运动展示了欧洲快速增长的军事实力。特别是收复失地运动把穆斯林摩尔人赶出了伊比利亚半岛，赋予了西班牙民众一种民族认同感，这也令西班牙后来成为世界上最大的帝国之一。罗马的观念在中世纪早期继续影响着欧洲，尤其是在建筑方面，罗马式美学在欧洲各地的教堂和修道院都有体现。到了12世纪，建筑风格已经向哥特式转变，我们可以在今天欧洲一些最宏伟的主教座堂中看到这种风格。在巴黎、科隆、索尔兹伯里和兰斯的主教座堂，人们能看到飞扶壁和肋拱（vaulted rib）的运用，这让工匠可以建造更高的结构和更绚丽的彩绘玻璃窗。

> 伊斯兰和拜占庭艺术在中世纪欧洲的绘画和建筑中产生了很大的影响。

图片所属

19	© Getty; Alamy
24	© Sol 90 Images; Alaamy
35	© Alamy, Look and Learn, Mary Evans, Sol 90
37	© Ed Crooks
45	© Alamy ; Look and Learn
53	To see more of © Stian Dahlslett 's work visit www.dahlslett.com
55	© Sol 90 Images; Abigail Daker; Alamy
81	© Alamy, Joe Cummings, Sol 90 Images
82	© Alamy
85	© Alamy
91	© Look and Learn; Sayo Studio
97	© Corbis; Alamy
105	© Getty
115	© Getty
127	© The Art Agency, Alamy, Osprey Publishing, Thinkstock; Nicholas Forder
141	© Joe Cummings; Getty; Alamy; Thinkstock
157	© Alamy, Corbis, Getty Images, Joe Cummings
163	© Alamy
177	© Alamy, freevectormaps.com, Nicholas Forder, Joe Cummings
185	© Alamy, Shutterstock
195	© Sol 90 images; Alamy
197	© Sol 90 Images
205	© Alamy
219	© SPL; Getty; Alamy
232	© Getty; Alamy